財產與責任保險

（第3版）

主編 ● 蘭 虹

S 崧燁文化

第三版前言

財產與責任保險是保險專業的主幹課程，本書系教育部「十一五」規劃教材，並獲四川省「十二五」普通高等教育本科規劃教材建設立項。近幾年保險業相繼出抬了一些新的政策，有的法規也作了相應的修改，保險業務也有一些創新和發展，為此，編者在第二版的基礎上進行了修訂，使教材保持其時效性和先進性。

本書的修訂由蘭虹擬訂大綱並負責全書的總纂。參加編寫的人員有些調整，具體分工如下：

第一章、第二章：蘭虹；第三章：孫蓉、李虹；第四章：蘭虹、李虹；第五章：蘭虹；第六章：彭雪梅；第七章：孫蓉；第八章：李洪；第九章：第一節（李洪），第二節、第四節（李虹），第三節（彭雪梅）；第十章：孫正成。

本書適合高等院校財產與責任保險課程的教學需要，也可作為保險從業人員及自學者的參考用書。

由於編著者學識水平有限，書中難免存在不足之處，懇請各位同仁指正。

編　者

目　錄

第一章　財產保險總論 (1)
第一節　財產保險的概念與特徵 (1)
第二節　財產保險的種類和作用 (7)
第三節　財產保險發展簡史 (10)

第二章　財產保險合同 (18)
第一節　財產保險合同概述 (18)
第二節　保險價值與保險金額 (25)
第三節　損失補償原則 (28)
第四節　代位原則和分攤原則 (31)

第三章　火災保險 (36)
第一節　火災保險概述 (36)
第二節　英國和美國的火災保險 (39)
第三節　企業財產保險 (42)
第四節　家庭財產保險 (50)

第四章　貨物運輸保險 (55)
第一節　貨物運輸保險概述 (55)
第二節　海上貨物運輸保險 (57)
第三節　國內貨物運輸保險 (67)

第五章　機動車輛保險 (74)
第一節　機動車輛保險概述 (74)
第二節　機動車輛第三者責任強制保險 (76)

第三節　機動車輛商業保險 …………………………………………（80）

第六章　工程保險 …………………………………………………（95）
　　第一節　工程保險概述 …………………………………………（95）
　　第二節　建築工程保險 …………………………………………（98）
　　第三節　安裝工程保險 …………………………………………（108）

第七章　農業保險 …………………………………………………（116）
　　第一節　農業保險概述 …………………………………………（116）
　　第二節　種植業保險 ……………………………………………（126）
　　第三節　養殖業保險 ……………………………………………（132）

第八章　責任保險（一）…………………………………………（142）
　　第一節　民事責任與責任保險 …………………………………（142）
　　第二節　責任保險標的和責任保險特點 ………………………（147）
　　第三節　責任保險的分類和責任保險合同的共同規定 ………（149）
　　第四節　責任保險的發展概況 …………………………………（151）

第九章　責任保險（二）…………………………………………（158）
　　第一節　公眾責任保險 …………………………………………（158）
　　第二節　產品責任保險 …………………………………………（165）
　　第三節　職業責任保險 …………………………………………（173）
　　第四節　雇主責任保險 …………………………………………（181）

第十章　信用保險與保證保險 ……………………………………（189）
　　第一節　信用保險、保證保險概述 ……………………………（189）
　　第二節　信用保險 ………………………………………………（194）
　　第三節　保證保險 ………………………………………………（203）

附錄 …………………………………………………………………（210）
　　附錄一　中華人民共和國保險法（修訂）……………………（210）
　　附錄二　機動車交通事故責任強制保險條款（2009）………（233）
　　附錄三　農業保險條例 …………………………………………（237）

第一章　財產保險總論

內容提要：本章作為財產保險的總綱，闡述與分析了財產保險的概念和特徵，介紹了財產保險的種類和作用，對財產保險的發展史作了簡要介紹，並對中國財產保險的發展進行了分析。

第一節　財產保險的概念與特徵

在我們生存的世界上，無論科學技術多麼發達，人類徵服自然、改造自然的力量多麼強大，自然災害和意外事故却總是不能完全避免。縱觀古今中外，洪水、地震、臺風、暴風雨、泥石流、雷擊等自然災害以及火災、爆炸、輪船傾覆、飛機墜毀、火車相撞、石油井噴、煤礦塌方、機械故障、交通事故以至人們的疏忽、過失行為所產生的責任事故等，導致的財產損失或人身傷亡事件頻發。由於世界人口增長、城市化加劇、人口密度增大、全球財富的增加、氣候和環境的變化、現代工業的發展等原因，使災害事故造成的損失其后果趨於嚴重化。人們為了避免災害事故給家庭和社會造成的不利影響，在長期的生產和生活實踐中，總結出了許多預測預防措施。面對災害事故發生所造成的巨大財產損失，各經濟單位渴望獲得補償以恢復正常的生產和生活秩序，財產保險正是為了適應這種需要而產生的。

表1-1　　　　　　　　　　20世紀主要巨災列表　　　　　　　單位：百萬美元

時　間	國家和地區	事　件	死亡人數（人）	經濟損失	保險賠償
1900年9月8日	美國	臺風	6,000	30	
1906年4月18日	美國洛杉磯	地震	3,000	524	180
1908年12月28日	義大利	地震	85,926	116	
1915年1月13日	中國甘肅	地震	235,000	25	
1923年9月1日	日本東京	地震	142,800	2,800	590
1931年7～8月	中國長江流域	洪水	140,000		

表 1-1（續）

時　間	國家和地區	事　件	死亡人數（人）	經濟損失	保險賠償
1935 年 5 月 30 日	巴基斯坦	地震	35,000	25	
1938 年 9 月 10～22 日	美國	臺風	600	300	
1939 年 1 月 25 日	智利	地震	28,000	100	
1939 年 12 月 26 日	土耳其	地震	32,740	20	
1942 年 10 月 16 日	孟加拉國	臺風	61,000		
1953 年 2 月	荷蘭、英國	風暴	1,932	3,000	
1954 年 8 月	中國洞庭湖	洪水	40,000		
1959 年 9 月 26～27 日	日本	臺風	5,100	600	
1960 年 2 月 29 日	摩洛哥	地震	12,000	120	
1965 年 9 月 7～12 日	美國	臺風	75	1,420	715
1970 年 11 月 12 日	孟加拉國	臺風海洋風暴	300,000	63	
1970 年 5 月 31 日	秘魯	地震、山崩	67,000	550	14
1972 年 10 月 23 日	尼加拉瓜	地震	11,000	800	100
1974 年 4 月 2～5 日	美國	龍捲風	320	1,000	430
1974 年 12 月 25 日	澳大利亞	颶風	65	800	235
1976 年 1 月 2～4 日	歐洲中西部	風暴	82	1,300	508
1976 年 2 月 4 日	危地馬拉	地震	22,084	1,100	55
1976 年 7 月 27～28 日	中國唐山	地震	290,000	5,600	
1983 年 8 月 17～20 日	美國	颶風	21	2,000	1,275
1984 年 7 月 12 日	德國慕尼黑	冰雹		950	480
1985 年 9 月 19 日	墨西哥墨西哥城	地震	10,000	4,000	275
1985 年 11 月 13～14 日	哥倫比亞	火山爆發	24,740	230	
1987 年 10 月 15～16 日	英國、法國	風暴	17	3,700	3,100
1988 年 9 月 9～17 日	美國加勒比海地區及中美洲	臺風	355	3,000	800
1988 年 12 月 7 日	亞美尼亞	地震	25,000	14,000	
1989 年 9 月 14～22 日	美國加勒比海地區	臺風	86	9,000	4,500
1989 年 10 月 17 日	美國加州舊金山	地震	68	6,000	950
1989 年 12 月 28 日	澳大利亞	地震	13	1,200	670
1990 年 1 月 3～25 日	歐洲西部	冬季風暴	230	14,800	10,200
1991 年 4 月 29～30 日	孟加拉國	海洋風暴	139,000	3,000	100
1991 年 9 月 26～28 日	日本	臺風	62	6,000	5,200
1991 年 10 月 21～22 日	美國加州奧克蘭	森林大火	25	2,000	1,750
1992 年 8 月 23～27 日	美國佛羅里達、拉斯維加斯	安德魯颶風	62	30,000	17,000

表1-1（續）

時　　間	國家和地區	事　件	死亡人數（人）	經濟損失	保險賠償
1993年9月30日	印度	地震	9,475	280	
1994年1月17日	美國加州	地震	61	44,000	15,300
1995年1月17日	日本	地震	6,348	>100,000	3,000
1997年7月5~8月10日	歐洲東部和中部	洪水	110	5,900	750
1998年1月4~10日	美國、加拿大	冰雹	45	2,500	1,150
1998年5月15日	美國	冰雹		1,500	1,305
1998年5~9月	中國長江、松花江流域	水災	3,650	30,000	1,000
1998年9月20~30日	美國加勒比海地區	喬治颶風	4,000	10,000	3,400
1998年10月25~11月8日	洪都拉斯、尼加拉瓜	米奇颶風	9,200	5,500	150
1999年4月14日	澳大利亞悉尼	颶風	1	1,500	960
1999年8月17日	土耳其	地震	>17,000	>13,000	1,000
1999年9月20日	臺灣	地震	2,400	>11,000	>850
1999年10月30日	印度	颶風海洋風暴	>10,000	2,500	

資料來源：李中. 20世紀主要巨災列表［N］. 中國保險報，2000-01-07.

一、財產保險的概念

財產是金錢、財物以及民事權利義務的總和。按所有權劃分，財產可分為國有財產、集體財產和私有財產；按存在形式劃分，財產可以分為有形財產與無形財產；按民事權利義務關係劃分，財產可以分為積極財產與消極財產。

財產保險（Property Insurance）是以財產及其有關利益為保險標的的保險。投保人根據合同約定，向保險人支付保險費；保險人集合眾多面臨同質風險的經濟單位，當其中部分經濟單位的財產及其利益因保險合同約定的災害事故發生造成損失時，向被保險人賠償保險金的商業保險行為。

財產保險的概念應從以下幾方面理解：

（一）財產保險的外延

財產保險屬於商業保險範疇。商業保險按保險標的劃分，分為財產保險和人身保險兩大類。財產保險是以財產及其相關利益為保險標的；人身保險是以人的壽命和身體為保險標的。既然財產保險是商業保險的一大類，因此，保險的基本原理、原則和要素等同樣適用於財產保險，這裡不再重述。

（二）財產保險的保險標的是財產及其有關利益

財產保險的保險標的是保險的對象，也是財產保險合同中約定的保險事故發生的本體。財產保險的保險標的從存在形式劃分有兩種：一種是狹義「財產」，它是客觀存在的、有形的，稱為有形財產或物質財產；另一種是「有關利益」，即投保人或被保險人具有利害關係的某種經濟利益，稱為無形財產，它包括預期收益、損害賠償責任、合同權利和義

務等。

（三）財產保險所承保的風險是各種自然災害和意外事故

當保險單上約定的災害事故發生造成保險標的的損失時，保險人對被保險人所遭受的經濟損失進行賠償。

（四）損失分攤機制是財產保險運行的基礎

損失分攤機制的實質是保險人通過集合眾多同類標的面臨同質風險的經濟單位，將個別經濟單位遭受的經濟損失，在全體被保險人中進行分攤。即少數被保險人所遭受的經濟損失由全體被保險人共同分攤。

二、財產保險的保險標的

從財產保險的概念中我們知道，財產保險的保險標的是財產及其有關利益。以此為依據將財產保險標的從形態上分為以下兩類：

（一）有形財產

有形財產是指投保時客觀存在的各種物質財產。財產保險最早承保的保險標的是海上的船舶和貨物，其后是房屋、機器設備、原材料等處於相對靜止狀態的動產和不動產以及內陸運輸的貨物、各種運輸工具、農作物、牲畜、在建工程等。目前，物質財產仍然是財產保險重要的保險標的，從家庭財產到企業財產，從普通財產到飛機、人造衛星等高科技產品，其涉及的範圍相當廣泛。

（二）無形財產

無形財產也稱為非物質財產，它們在投保時不是以物質財產形式存在，而是表現為投保人的預期收益、責任、合同權利和義務等。該類財產無論以何種方式表現，其實質是投保人（被保險人）的經濟利益。它們一旦受損，表現為投保人（被保險人）經濟利益的減少或喪失。該類財產主要有三類：

1. 預期收益

預期收益是由物質財產產生的，或依附於物質財產而存在的各種貨幣收入，是一種「積極」的財產。如工廠的利潤、房屋的租金、汽車的營運收入等。預期收益與物質財產有密切的關係，當物質財產未受損時，會給被保險人帶來收益；而物質財產一旦受損，會造成預期收益的減少或喪失。

2. 合同權利和義務

合同權利和義務表現為投保人（被保險人）在經濟合同中享有的權利和應承擔的義務。權利在不受損害的情況下，會給權利人帶來經濟利益；義務不能履行，義務方要向對方承擔經濟賠償責任。

3. 損害賠償責任

損害賠償責任是指應由投保人（被保險人）依法承擔的民事損害賠償責任。與預期收益不同，該類標的為「消極」財產，因為損害賠償責任一旦發生，被保險人必須對他人承擔經濟賠償責任，會使被保險人現有利益受損。

保險實務中具體到每一個險種，保險人並非對以上列舉的所有標的都承保，而是在每

一張保險單上規定有具體的保險標的範圍。保險人在承保時，一般把標的分為三類：第一類是可保財產，是保險人可以承保的財產範圍；第二類為特約承保財產，該類標的必須經保險合同雙方當事人約定才能承保；第三類是不保財產，即保險人不予承保的財產。

三、財產保險的特徵

財產保險與人身保險是中國保險業務的兩大種類，雖然二者都屬於商業保險的範圍，都對不幸事件造成的被保險人的損害按照保險合同約定進行經濟補償或給付。但由於財產保險與人身保險標的的性質不同，二者存在著許多差異，比較這種差異能進一步理解財產保險的性質。

（一）財產保險具有補償性

1. 保險標的具有可估價性

人身保險的保險標的是人的壽命和身體。人的壽命是一個抽象的概念，當其作為保險保障對象時，以生存和死亡兩種狀態存在；以人的身體作為保險保障對象時，以人的健康、生理機能和勞動能力等狀態存在。無論是人的壽命還是身體都不是商品，不能用貨幣來衡量其價值，即具有不可估價性。

與人身保險標的不同，財產保險的保險標的的價值是可以確定的，即具有可估價性。對於有形財產而言，其本身就有客觀的市場價；對於無形財產而言，投保人對其具有的經濟利益也必須是確定的、可以用貨幣來估算的，否則不能作為保險標的。

2. 保險金額的確定

人身保險的保險金額由合同雙方當事人約定。由於人身保險的保險標的沒有保險價值，因此其保險金額不是根據對保險標的估價的基礎之上來確定的，而是由投保人根據被保險人對人身保險的需要和投保人交納保險費的能力，在法律和合同允許的條件下，與保險人約定。

財產保險的保險金額根據對保險標的的估價而確定。由於財產保險的保險標的本身具有保險價值，因此保險金額是在對保險標的的估價的基礎之上來確定的。保險金額可以按標的的市場價確定，也可以按重置價或議商價確定。

3. 保險金的賠償方式

人的壽命和身體因意外事故或疾病造成傷殘或死亡時，難以用貨幣衡量傷殘程度，更難以用貨幣衡量被保險人死亡的價值量。因此，保險事故發生時，保險人一般根據保險合同的約定給付，人身保險是給付性保險。

財產保險是補償性保險，保險標的的損失可以用貨幣來衡量。保險事故發生後，保險人對被保險人的賠償要遵循損失補償原則。即在保險金額限度內，按保險單約定的賠償方式，損失多少，賠償多少，被保險人不能獲得超過實際損失的額外利益。

（二）財產風險的性質

人身保險承保的是人身風險，它表現為人的一生中由於可能遭受的種種不幸事故或疾病、衰老等原因，造成的人的「生老病死傷殘」；財產保險承保的是財產風險，它表現為財產可能因自然災害或意外事故的發生而造成損失。財產風險與人身風險比較，具有以下

特點：

1. 風險的分散與集中

人身保險的風險一般較為分散。人身保險受投保人交費能力的限制，單個保險單的保險金額一般不會很高；由於保險標的的不可估價性，為了防止道德風險，保護被保險人的生命安全，法律或合同對保險金額有一定的限制；由於科技和醫療衛生保健事業的進步和發展，人身風險的發生可以得到一定的控制。因此，人身風險往往是分散獨立的，保險事故的發生對保險人的財務穩定不會造成太大的威脅，一般無須辦理再保險。

與人身風險比較，財產保險的風險較集中。首先，財產保險承保了一些高額保險，如飛機保險、人造衛星保險等，其保險金額較高，保險事故一旦發生，保險人要支出巨額的保險賠款；其次，財產保險還承保了一些巨災風險，如洪水、風暴等，這些風險一旦發生，會使大量的保險標的同時受損，導致保險人的賠償劇增。由於財產風險的集中性，為了分散風險，保證保險經營的穩定，再保險對財產保險而言是必需的。

2. 掌握兩種風險規律性的難易程度不同，據以制定的保險費率與實際損失的偏差程度也不同

人身風險包括人的生、老、病、死、傷、殘，鑒於對人的重視，國家和社會有專門的部門對人的「生老病死」進行研究和管理。每隔一定時間，國家還要進行人口普查，編製國民生命表。保險人也要對其承保的被保險人進行專門的研究和統計，編製經驗生命表。這樣一來，保險人對人身風險的規律性的認識和掌握比較容易也比較準確，據以制定的保險費率與風險發生概率的偏差較小。

財產風險與人身風險不同：①財產風險種類繁多、千差萬別；②受人們的認識能力和科技水平的限制，人們對一些災害事故還無法有效地防範；③人們對財產風險的重視程度不夠以及統計資料的不健全。基於以上原因，保險人要準確地掌握財產風險的規律性較為困難，根據所掌握的風險資料所制定的保險費率與所承保的財產實際發生的損失之間往往存在一定的偏差。

（三）保險期限

人身保險，特別是人壽保險，由於保險期限較長，使其具有以下特徵：①採用年度均衡保險費制，保險費多為按年度分期交納，保險費按複合計算；②對被保險人而言，既具有保障性，又具有儲蓄性；③保險人每年都有固定的保險費收入，其形成的保險基金可供保險人進行中長期投資。

財產保險與人身保險（尤其是人壽保險）不同，其保險期限一般為一年或一年以內。由於期限短，保險實務中要求投保人投保時一次性交清保險費，保險費不計利息；其形成的保險基金不能作為保險人中長期投資的資金來源；財產保險只有保障性，不具有儲蓄性，保險單沒有現金價值。

此外，財產保險與人身保險的保險利益也不同（詳見第二章），二者在經營管理上也存在差異。

第二節　財產保險的種類和作用

一、財產保險的種類

隨著現代保險事業的飛速發展，財產保險已經發展成為一個內涵非常豐富、外延極為廣泛的概念，廣義的財產保險包括了人身保險以外的所有險種。

（一）財產保險的分類

從不同的角度劃分，財產保險有不同的分類：

（1）按實施形式劃分，分為強制保險和自願保險。前者是根據國家頒布的法律和法規，在規定範圍內的個人和單位必須投保的保險，如中國的機動車交通事故責任強制保險（簡稱「交強險」）；后者是指投保人與保險人在平等自願的基礎上協商建立的保險關係，財產保險的絕大部分險種是自願保險。

（2）按承保方式劃分，分為原保險、再保險、共同保險和重複保險。原保險是投保人與保險人直接建立保險關係的保險。再保險是保險人之間建立保險關係的保險，即保險人將其承擔的保險業務以投保方式部分轉移給其他保險人承擔，以達到分散風險、穩定經營的目的。共同保險是指保險標的的風險由兩個或兩個以上的風險責任者共同承擔。廣義的共同保險有兩種含義：①保險人與被保險人共同承擔風險。在財產保險合同中，出現在不足額保險或保險單有免賠額（率）規定的情況下。②共同保險是兩個或兩個以上的保險人聯合直接對同一標的、同一保險利益、同一風險事故提供保險保障，發生保險損失按照保險人各自的承保比例來進行賠款的支付。重複保險是指投保人對同一保險標的、同一保險利益、同一保險事故分別向兩個以上的保險人訂立保險合同的保險。

（3）按保險價值確定的方式，分為定值保險和不定值保險等。詳見第二章第二節。

（4）按適用範圍，分為國內財產保險和涉外財產保險。

（5）按保險標的劃分，財產保險分為財產損失保險、責任保險、信用保證保險等。以下介紹的財產保險種類主要是以保險標的為劃分標準。

（二）財產保險的種類

1. 財產損失保險（狹義財產保險）

財產損失保險是以物質財產為保險標的的保險業務，其種類很多，主要險種包括以下幾類：

（1）火災保險。火災保險是以存放在固定場所並處於相對靜止狀態的財產及其有關利益為保險標的，保險人承保被保險人的財產因火災、爆炸、雷擊及其他災害事故的發生所造成的損失。中國目前開辦的火災保險主要有企業財產保險、家庭財產保險、涉外財產保險等。其內容詳見第三章。

（2）貨物運輸保險。保險人承保貨物在運輸過程中因災害事故及外來風險的發生而遭受的損失。中國的貨物運輸保險分為海洋貨物運輸保險、內陸貨物運輸保險等。其內容詳見第四章。

（3）運輸工具保險。保險人承保因災害事故發生所造成的運輸工具本身的損失及第三者責任，也可承保各種附加險。中國的運輸工具保險主要有機動車輛保險、船舶保險、飛機保險等。其內容詳見第五章。

（4）工程保險。保險人承保建築工程和安裝工程等在建設和施工過程中，因災害事故發生所造成的損失、費用和責任。它分為建築工程保險、安裝工程保險等。其內容詳見第六章。

（5）農業保險。保險人承保種植業、養殖業標的因災害事故的發生所造成的經濟損失。它分為種植業保險和養殖業保險兩類。其內容詳見第七章。

2. 責任保險

責任保險以被保險人依法應承擔的民事損害賠償責任或經過特別約定的合同責任為保險標的，保險人承保經濟單位和個人在進行各項生產經營活動、業務活動或在日常生活中，因疏忽、過失等行為造成他人的財產損失或人身傷亡，依法應承擔的經濟賠償責任。

責任保險的承保方式有兩種：一種是作為各種財產損失保險合同的組成部分或作為附加險承保，不簽發單獨的保險單；另一種是簽發保險單單獨承保的責任保險，包括公眾責任保險、雇主責任保險、產品責任保險、職業責任保險等。其內容詳見第八章、第九章。

3. 信用保險與保證保險

信用保險與保證保險以被保證人的信用為保險標的。凡被保證人根據權利人的要求，要求保險人擔保自己信用的，屬保證保險；凡權利人要求保險人擔保對方信用的，屬信用保險。信用保險、保證保險主要有合同保證保險、忠誠保證保險、商業信用保證保險、投資保險、出口信用保險等。其內容詳見第十章。

廣義財產保險分類如表1-2所示。

表1-2　廣義財產保險分類表

財產與責任保險

廣義財產保險 { 財產損失保險（狹義財產保險）{ 火災保險／貨物運輸保險／運輸工具保險／工程保險／農業保險 ; 責任保險 ; 信用保險與保證保險 }

二、財產保險的作用

財產保險的功能表現為分攤經濟損失和實現經濟補償，它是財產保險本質的體現。財產保險的作用是財產保險在發揮其功能的過程中表現出來的具體效果。在今天的社會經濟生活中，財產保險的作用在以下方面得以體現：

(一) 財產保險對微觀經濟的作用

1. 對家庭和個人的作用

由於財產風險的客觀存在，會使人們產生恐懼感，影響其工作效率和生活質量；同時，災害事故一旦發生，會造成個人財產的損失，使家庭和個人生活陷入困境。家庭財產保險可以為家庭和個人的財產提供保險保障，解除人們的后顧之憂、保障生活的安定。

2. 對企業的作用

企業的生產經營活動可能因災害事故的發生而停頓，不僅造成財產的直接損失，而且受災后會使企業喪失利潤以及導致合同不能履行，影響企業的信用。企業如果參加各種財產保險，將未來不確定的損失變為確定保險費支出，可以保障企業財產安全、維持企業利潤、提高企業信用、促進企業發展。

(二) 財產保險對宏觀經濟的作用

1. 促進社會再生產的順利進行

在任何社會形態下，社會再生產是一個連續不斷的運動過程，其中任何一個環節的中斷，都會打亂整個社會再生產的秩序，影響國民經濟的健康發展。自然災害和意外事故會對社會再生產造成破壞，嚴重的災害事故甚至會使再生產過程中斷。財產保險業務的開展，雖然不能完全防止災害事故的發生，但可以解輕或消除這種破壞力對社會再生產的影響，為再生產的順利進行提供保障。

2. 促進社會穩定

公民個人和家庭生活安定是一個社會穩定的基礎。但在社會生活中，人們會面臨各種風險，如財產損失風險、信用風險以及交通事故、醫療事故、工傷事故、產品責任事故等會造成受害人的財產損失或人身傷亡。各種財產損失保險、信用保證保險、責任保險能對受害人進行賠償，消除各種不安定因素，促進社會穩定。

3. 促進科技進步

科學技術是生產力，科技的應用有利於勞動生產率的提高。但任何一項科技的發明和應用，都要冒較大的風險。有財產保險作為后盾，可將風險得以分散，有利於科技的推廣應用。如人造衛星保險、航空保險、核電站保險等為這些領域的發展起到了一定的推動作用。

4. 保障社會財富的安全

保險公司在經營財產保險業務中，為了減少保險標的的損失，降低賠付率，必然要開展防災防損工作。例如，參與社會的防災防損活動；隨時檢查保險標的的安全狀況，督促被保險人做好防災工作；當保險事故發生時，督促和配合被保險人採取施救措施，以減少保險財產的損失。保險公司通過以上一系列手段，客觀上起到了減少社會財富損失，保障社會財富安全的作用。

5. 促進對外貿易和國際經濟交往

在國際貿易中，無論是進口商品還是出口商品，都必須辦理保險，貨物成本、保險費和運費已成為國際貿易商品價格中的三個不可缺少的組成部分。中國實行對外開放政策后，同世界各國的經濟技術合作日益增多，對外貿易、技術引進、中外合資和外資企業、相互提供勞務、科學技術交流等迅速發展，對中國國民經濟的發展起到了重大作用。各種涉外保險業務的開展，對促進對外貿易和國際經濟交往發揮了積極的作用。

第三節　財產保險發展簡史

一、財產保險的形成與發展

(一) 海上保險的產生與發展

由於財產保險起源於海上保險，因此，研究海上保險的產生與發展對於瞭解財產保險的發展歷史是必要的。

1. 海上保險的產生

共同海損是海上保險的萌芽。公元前 2000 年左右，大規模的海上貿易活動在地中海範圍內興起。由於當時的船舶比較簡陋，航海是一種冒險活動。每當船舶遭遇風浪瀕臨傾覆時，最常用的應急措施是拋棄部分貨物，減輕船舶載重，以便盡快脫離危險。為了使所拋棄的貨物的損失能從受益的其他貨物方和船方得到補償，逐漸在航海商中形成了一條公認的原則，即共同海損原則。這一原則於公元前 916 年被《羅地安海商法》吸收，正式規定為：「凡因減輕船舶載重而拋棄入海的貨物，為全體利益而損失者，須由全體分攤歸還。」這是最早的有關共同海損制度的規定。共同海損體現了風險分攤這一保險的基本原理，因而成為海上保險的萌芽。

船舶貨物抵押貸款是海上保險的雛形。公元前 8 世紀至公元前 7 世紀，隨著航海貿易的發展，海上抵押貸款在從事海上貿易的腓尼基人與羅得人之間開始出現，其後通過希臘傳入羅馬帝國，最後盛行於義大利及地中海沿岸一些國家。在船東或貨主航海外出急需資金時，便以船舶或貨物作抵押向當地商人借款。若船貨中途遭遇災害事故滅失，則無須償還貸款；若船貨安全抵達，則必須還本付息，且所付的利息比普通貸款利息要高。比如，公元前 533 年的《羅馬法典》中，限定普通貸款利率為 6%，而船貨抵押貸款利率為 12%。由於當時航海事故發生率極高，貸款人客觀上要承擔本金損失風險，而船東或貨主支付給貸款人的高出普通利率的那部分利率，相當於其承擔風險的費用。船舶與貨物抵押貸款同現代保險有一定的相似之處，因而被公認為是海上保險的雛形。

義大利是現代海上保險的發源地。11 世紀末，在經濟繁榮的意大利北部城市的商人之間出現了類似現代形式的海上保險。至今世界上發現的最古老的保險單，是一個名叫喬治·勒克維倫的熱那亞商人，在 1347 年 10 月 23 日出立的一張承保「聖·克勒拉」號從熱那亞到馬喬卡的船舶航程保險單。到 1397 年，在佛羅倫薩的保險單上，已經出現了承保「海上災害、火災、天災、拋棄」等字樣，開始具備現代保險單的形式。

2. 海上保險的發展

海上保險在英國得以發展。如上所述，14 世紀后半期義大利是現代海上保險的發源地。其后隨著海上貿易中心的轉移，海上保險制度也自義大利經葡萄牙、西班牙，於 16 世紀初傳入荷蘭、英國及德國。英國的海上保險最初為漢莎商人所操縱，其后為義大利倫巴第人取代。至伊麗莎白王朝，英國的貿易逐漸由英國人自己掌握，海上保險也自 17 世紀后，逐漸由英國人經營。進入 18 世紀，倫敦已成為世界上最具實力的海上保險市場。1720

財產與責任保險

年英國政府為整頓當時的倫敦保險市場，頒布了法令，規定除個人經營者外，禁止任何其他公司和商業團體從事海上保險業，特許英國皇家交易保險公司和倫敦保險公司經營海上保險業務。18世紀的倫敦海上保險市場基本上為這兩家特許公司和市場的另一個主角——專營海上保險的保險人組織勞合社所控制。美國獨立戰爭（1775—1783年）的爆發以及1792—1802年間的法國大革命戰爭為倫敦保險市場的發展提供了一個有利的時機。這是因為戰爭所帶來的海上貿易風險不但使海上保險的費率提高了，而且把歐洲保險業務以及越來越多的保險商吸引到了倫敦保險市場，把倫敦海上保險業務推入了一個蓬勃發展的新階段。1824年英國政府撤銷了1720年頒布的有關限制團體性保險公司的法令，大量資金開始湧入海上保險市場，英國的海上保險業已不局限於倫敦一地，而是全面向英倫三島擴展。

英國《1906年海上保險法》對保障和促進英國海上保險的發展起到了重要作用。這個法律是由英國王座法庭首席法官曼斯菲爾德在利用20余年的時間收集了上千個海上保險判例，並結合國際慣例的基礎上起草而成的。它對海上保險的定義、基本原則和賠償標準等作了詳細的解釋和規定，還把勞合社制訂的S. G.保險單即船舶貨物保險單列為英國法定的海上標準保險單。勞合社保險單也就自此開始被世界各國視為海上保險單的範本，直至今天仍被美國、日本等國援用，而英國《1906年海上保險法》則在世界各國保險界引起了很大的反響，被各國奉為經典而效仿。

提起英國保險的發展史，必然要提到勞合社。與英國稱霸海上保險業的歷史幾乎同步的是勞埃德咖啡館的建立及其海上保險業務交易所——勞合社的演變。1688年，一個名叫愛德華·勞埃德的英國人在倫敦泰晤士河畔開了一家咖啡館，叫勞埃德咖啡館。由於其鄰近碼頭、海關總署和港務局的特殊位置，該咖啡館很快便成了一些經營海運的船長、船東、商人、經紀人和海關辦事員聚集的地方。他們邊喝咖啡邊交換有關航運和貿易的消息，有時也順便洽談業務。保險商也常聚集在此與投保人接洽業務。店主為招攬顧客，主動為以上這些人洽談業務提供種種方便。經過若干年的發展演變，1774年在勞埃德咖啡館的基礎上成立了勞合社。英國議會於1871年專門通過決議，承認勞合社為一個保險社團組織，勞合社通過向政府註冊，取得了法人資格。從勞合社的組織性質來看，它不是一家保險公司，而是由許多保險人組成的保險社團，它本身不承保業務，也不對其成員的保險業務負責，只是向他們提供交易場所，進行管理。勞合社保險商承保保險業務必須通過保險經紀人。勞合社從海上保險起家，從條款到費率，乃至具體承保方式，都對國際海上保險市場有著很大的影響。今天，勞合社的保險業務範圍隨著時間的推移幾乎遍及所有險種。

經過若干年的發展，今天的海上保險無論是內容還是形式都發生了變化，這種變化表現在以下幾個方面：

(1) 承保風險的擴展。最初的海上保險只承保海上風險。隨著海上保險的發展，其承保的風險從範圍上不再局限於海上風險，而擴展到陸上風險與空中風險；承保的風險從性質上看，既有財產和利益風險，又有責任風險；承保的風險從種類上看，既有災害事故引起的客觀風險，又有外來原因引起的主觀風險。總之，海上保險所承保的風險具有綜合性。

(2) 承保標的範圍的擴展。原來的海上保險只承保船舶、貨物等物質財產。為了適應

被保險人對風險保障的需要,承保的標的已逐漸擴大到與物質財產有關的非物質利益和責任(包括運費、船員的工資、一定的利潤等)。

(3) 險種的變化。海上保險從傳統的船舶保險、貨物運輸保險和運費保險三大險種,逐漸發展成為一個險種繁多的保險類別。為適應現代社會經濟和科技發展,新險種不斷湧現,業務範圍日益擴大。

(二) 火災保險的產生與發展

1. 火災保險的起源

對火災保險的起源說法不一,大多認為有兩個起源:一個是德國公營火災保險的起源,另一個是英國商業性的火災保險的起源。在中世紀,歐洲流行著許多對火災、盜竊等損失進行救濟的行會,也有專門對火災損失進行救濟的行會,但救濟對象皆以社員為限,且多偏重於道義上的救助。如1591年漢堡釀造者組成火災救助協會,凡加入者遭遇火災時,可獲得建築物重建的資金,又可以建築物擔保融通資金。此後由於各地火災發生頻繁,同類型的協會出現了很多。至1676年,由46個協會聯合在漢堡市組成了火災保險局,成為公營火災保險事業的先驅。其後,在柏林、科隆等市也先後成立了類似的火災保險組織。1718年,在柏林設立了公營火災保險所,並帶動了全國各地。但這些公營的保險組織是基於政府財政上和行政上的需要而設立的,公眾對火災保險的作用並未真正理解,且業務經營也是原始的。

現代火災保險起源於英國。1666年倫敦大火後的第二年,牙科醫生巴蓬開辦了第一家經營房屋火災保險的商行。1680年,該商行由其他人出資加入,改組為合股公司,命名為火災保險所,保險費以房租為標準,並按房屋的風險等級收取,木結構房屋的保險費為磚瓦結構房屋的兩倍。此種按房屋的風險情形收取不同保險費的方式是當今火災保險差別費率的起源。稍後,英國又出現了友愛社、太陽火災保險公司等火災保險組織。最初的火災保險人所承保的標的是房屋,承保的風險是火災,其名稱反應了火災保險的內涵。

2. 火災保險的發展

工業革命後,由於物質財富的大量增加和集中,火災風險也隨之增加,火災保險得以迅速發展,火災保險公司大量湧現。與此同時,火災保險承保的標的已從最初的房屋擴展為各種動產及相關的利益損失(如利潤、費用損失等);承保的風險也由最初的火災,擴展到以火災、爆炸、雷擊為基本風險,並可承保一系列自然災害和意外事故。也就是說,今天的火災保險雖然名稱未變,但其內涵已發生了變化,已成為了一個綜合性的險種。

(三) 其他財產保險業務的發展

海上保險與火災保險是兩個傳統的財產保險業務,它們在發展過程中其承保的標的和風險範圍不斷得到擴展,已發展成為兩個綜合險的財產保險險種。在此基礎上,19世紀後半期以後,除海上保險和火災保險外,各種財產保險新險種陸續出現。如汽車保險、航空保險、機械保險、工程保險、責任保險、盜竊保險、信用保證保險等。

與財產保險業務的迅速發展相適應,19世紀中葉以後,再保險業務迅速發展起來。最初獨立經營再保險業務的再保險公司是德國於1846年設立的科侖再保險公司。對於財產保險業務而言,由於其風險的特殊性,再保險已成為保險業務經營中不可缺少的手段。再保

險使財產保險的風險得以分散，特別是財產保險業務在國際上各個保險公司之間的分保，使風險在全球範圍內分散。再保險的發展又促進了財產保險業務的發展。今天，英、美、德、瑞士等國的再保險業務在國際上佔有重要的地位。

二、新中國成立后中國財產保險的發展

（一）20世紀50年代的財產保險

1949年10月20日中國人民保險公司在北京成立，從此揭開了中國保險史上新的一頁。中國人民保險公司成立后在全國範圍內陸續建立了分支機構，開辦了火災保險、國家機關和國營企業財產強制保險、貨物運輸保險、運輸工具保險、農業保險等財產保險業務。從1949年中國人民保險公司成立到1958年10年間，中國的財產保險有了一定規模的發展，取得了一些經驗，為恢復生產、重建家園、穩定社會發揮了積極的作用。但1958年10月在西安召開的全國財貿工作會議上認為人民公社化以後，保險已沒有存在的必要，決定停辦國內業務，國外業務繼續辦理。

（二）恢復國內保險業務后財產保險的發展

1980年恢復國內保險業務30年來，財產保險業務的種類從最初的企業財產保險、家庭財產保險、貨物運輸保險、機動車輛保險等業務，發展到農業保險、工程保險等其他財產損失保險業務以及責任保險和信用保證保險等領域。為適應改革開放的需要，涉外保險的服務範圍由原來的進出口貿易發展到技術引進、中外合資、對外承保工程等領域，並已涉足核電站、衛星發射等高科技領域。

國內保險業務恢復以來，財產保險業務的發展分為幾個階段：

1. 1980—1988年

中國人民保險公司（以下簡稱「中保」）獨家經營保險業務，保險市場基本處於壟斷狀態。在此階段，中保的保險業務增長基本上代表了財產保險發展的總趨勢，1980年中保財產保險的保險費收入為2.9億元，1988年的保險費收入為57.3億元，1988年的保險費收入是1980年的20倍。

2. 1989—1994年

此階段中國人民保險公司獨家經營保險業務的局面被打破，特別是1990年以後，隨著中國平安保險公司（以下簡稱「平安保險」）機構的成立和中國太平洋保險公司（以下簡稱「太平洋保險」）的正式成立，中國財產保險業務在三家保險公司的競爭中迅速成長，年均保險費收入的增幅在30%以上。

3. 1995—2000年

此階段產壽險分業經營，除中保、平安保險、太平洋保險經營財產保險業務外，隨著一批新保險公司的加盟和外資保險公司的進入，保險行業競爭加劇。

4. 2001年至今

此階段國內財產保險進入快速發展階段，市場主體的種類和數量不斷增加，市場競爭環境日趨完善；經濟補償和社會管理功能得到了較充分的發揮；創新開始活躍，經營管理水平顯著提高。具體表現為：

(1) 財產保險公司數量明顯增加。2001年年底，中國財產保險公司只有19家，其后一直在不斷地增加，到2014年年底財產保險公司數量已經增至65家（其中中資保險公司43家，外資保險公司22家）。近年來財產保險公司的數量變化情況如表1-3所示。

表1-3　　　　　2001—2014年國內財產保險公司的數量　　　　　　單位：家

2001	2002	2003	2004	2005	2006	2007	2008	2009	2010	2011	2012	2013	2014
19	22	25	32	35	38	42	47	52	55	60	62	64	65

資料來源：吳定富．中國保險市場發展報告（2008）[M]．北京：電子工業出版社，2008．（同時根據保監會網站統計資料整理）

(2) 中國財產保險保費收入快速增長。隨著中國經濟的持續發展，尤其是汽車消費和固定資產投資的增長，財產保險業顯示出了巨大的增長潛力。2004年開始，財產保險保費收入突破1,000億元，達1,089.86億元，同比增長25.36%，近年來首次超越壽險增長速度。之后幾年其增長率一直保持14%以上的增長速度。2014年，財險保險保費收入達到7,544.4億元，比2013年同期增長16.41%。見表1-4。

表1-4　　　　　1989—2014年財產保險業務發展狀況　　　　　　單位：億元

年份	財產保險保險費收入	同比增長（%）	總保險費收入	財產險所占比重（%）
1989	78.05		97.63	79.94
1990	106.76	36.78	135.17	78.98
1991	136.83	27.17	178.24	76.77
1992	147.40	7.72	211.69	69.63
1993	251.40	70.56	395.47	63.57
1994	336.90	34.01	500.35	67.33
1995	390.70	15.97	594.90	65.67
1996	452.49	15.82	776.60	58.27
1997	485.99	7.40	1,087.95	44.67
1998	499.60	2.80	1,247.30	40.05
1999	521.10	4.30	1,393.20	37.40
2000	598.40	14.80	1,595.90	37.50
2001	685.39	14.54	2,109.35	32.49
2002	778.29	13.55	3,051.14	25.51
2003	869.40	11.71	3,880.40	22.40
2010	3,895.64	35.46	14,527.97	26.81
2011	4,617.82	18.54	143,39.25	32.20
2012	5,529.88	19.75	15,487.93	35.70
2004	1,089.86	25.36	4,318.13	25.24
2005	1,229.86	12.85	4,927.34	24.96
2006	1,509.41	22.73	5,641.44	26.76

表1-4（續）

年份	財產保險保險費收入	同比增長（%）	總保險費收入	財產險所占比重（%）
2007	1,997.74	32.35	7,035.76	28.39
2008	2,336.71	16.97	9,784.10	23.88
2009	2,875.83	23.07	111,137.29	25.87
2010	3,895.64	35.46	14,527.97	26.81
2011	4,779.06	18.54	14,339.25	32.20
2012	5,330.93	15.44	15,487.93	35.70
2013	6,481.16	17.20	17,222.23	36.07
2014	7,544.40	16.41	20,234.81	35.40

資料來源：裴光．中國保險業監管研究［M］．北京：中國金融出版社，1999：388．（並根據歷年保險統計資料整理）

（3）機動車輛保險是財產保險的主要業務。自1980年恢復國內保險業務到1986年，企業財產保險是財產保險中頭號險種，保險費收入一直位居第一。從1987年開始，運輸工具保險費收入躍居第一。以1999年為例，財產保險的保險費收入為521.1億元。其中機動車輛保險的保險費收入為306億元，占財險保險費收入的58.7%；企業財產保險的保險費收入為113億元，占財險保險費收入的21.7%；貨物運輸保險的保險費收入為35.5億元，占財險保險費收入的6.8%；其他類別的財產保險業務的保險費收入為66.6億元，占財險保險費收入的12.8%。

近年來，財產保險業主動調整業務機構，在加大產品服務創新力度、加快薄弱領域發展方面做了大量工作，產險公司各主要險種均實現了較快增長，如2007年，全國農業保險累計實現保費收入53.33億元，同比增長529.22%；出口信用保險業務收入實現41億元，增長24%[①]。但從業務結構看，車險仍是財產保險的第一大險種，且由於「交強險」的實施，車險在產險公司業務中的比重不斷上升，2001年車險比重為61.61%，到2011年已經上升為73.33%，2014年穩定在73.10%。見表1-5。

表1-5　　　　2001—2014年財產保險公司主要險種結構　　　　單位：%

種類＼年份	企業財產保險	家庭財產保險	機動車輛保險	工程保險	責任保險	信用保證保險	貨物運輸保險	農業保險	其他業務
2001	17.66	2.77	61.61	0.88	4.09	1.02	5.99	0.44	5.54
2003	14.38	2.19	62.14	1.38	4.03	1.15	4.72	0.58	9.43
2005	11.60	0.94	66.87	1.79	3.51	3.13	3.98	0.55	7.57
2007	8.95	0.82	71.14	1.51	3.19	1.87	3.02	2.06	6.94
2009	7.40	0.48	72.02	1.43	3.08	2.62	2.05	4.47	6.45
2011	6.90	0.49	73.33	1.31	3.10	3.60	2.05	3.64	5.58
2014	5.10	0.40	73.10	1.10	3.40	5.30	1.30	4.30	6.00

資料來源：各年度《中國保險統計年鑒》，經過整理。

---

① 吳定富．中國保險市場發展報告（2008）［M］．北京：電子工業出版社，2008．

(三) 國內財產保險的發展

1. 轉變經營指導思想

商業保險公司的特點要求保險人以效益為中心、穩健經營、擴大資金累積，才能在激烈的市場競爭中生存與發展。保險經營者應進一步解放思想，增強市場意識，力求規模與效益、發展與管理並重；調整保險業務結構，尋求市場新的發展領域和增長點，全面提升服務質量。

2. 更新改造傳統險種

（1）企業財產保險等險種應在現有條款基礎上進行改造，擴大附加險範圍，開展機器損壞保險、新產品研製保險、間接損失保險等，以適應不同的需要；對面廣量多的中小私營、個體工商企業，要提供適宜的險種，採取靈活的服務手段，加大宣傳力度，擴大承保面，促使業務上規模，同時加強風險防範和防災防損工作指導；針對家庭財產保險業務分散的特點，除應加強宣傳外，還要對原有險種進行改造，增加新險種，或開發其附加險，或向綜合險種方向發展，以滿足不同收入層次的家庭對財產保障的需要。

（2）合理厘定費率，提高費率的科學性。加強對財產風險的測定和分析，運用概率論和數理統計方法，在測算損失概率的基礎上制定費率；增加費率的彈性，使全國不同地區能夠根據本地區災害發生的頻率、強度、財產損失率、保險賠付率等因素，合理地使用浮動費率；實行差別費率，對處於不同危險程度下的同類保險標的，應有不同的費率檔次，使保險人收取的保險費與承擔的風險相適應。

（3）努力開發新險種，拓展新的業務領域。調整業務結構，努力開發新險種，是國內保險公司增強競爭能力，參與國際競爭的重要手段。責任保險、工程保險、信用保證保險、科技保險等有較大市場潛力的險種，應作為產險業務開發的重點。財產保險新險種的開發要以市場需求為導向，注重市場調查與分析，以減少盲目性；處理好眼前利益和長遠利益之間的關係；加強對新產品開發的規範化管理。

3. 建立與完善仲介人制度

（1）加強對兼業代理人的管理，發展專業代理人和個人代理人。兼業代理是財產保險代理的主要形式。針對兼業代理的現狀，應加強對其資格、手續費支付標準及代理行為的管理，促使其規範化；財產保險要持續健康的發展，應按照國際慣例，發展專業代理人，形成專業化、職業化的代理人隊伍；對於分散性的財產保險業務，應發展個人代理制度，增加業務發展的后勁。

（2）建立保險經紀人與保險公估人制度。從保險公司的角度看，有利於克服保險公司職能大而全的局面，使保險人有更多的精力來研究市場、開發新險種、提高服務質量；從被保險人的角度看，有利於克服因保險合同附和性而產生的合同簽訂及保險理賠中的傾向性、片面性，維護保險合同的公正和被保險人的利益。

4. 注重財產保險承保風險的控制

承保是財產保險經營中的關鍵環節，承保的數量大小和質量的高低關係到財產保險業務能否穩健經營、健康發展。保險人對承保風險的控制首先必須堅持風險選擇原則，應根

財產與責任保險

據保險責任範圍、自身的經營狀況以及承保能力，對保險標的進行分析和審核，決定是否承保、適用費率以及如何安排再保險等；建立專門的核保機構和核保人制度，統一核保標準，規定每一級核保人的權限及職責，並定期進行考核，利用利益機制將核保業績與核保人員的報酬、晉升掛勾，增強核保人員的責任心，提高承保質量。

復習思考題

1. 如何理解財產保險的概念？
2. 與人身保險比較，財產保險有哪些特徵？
3. 簡述財產保險保險標的的種類。
4. 財產保險有哪些主要險種？
5. 簡述財產保險的作用。
6. 試述中國財產保險現狀及發展對策。

第二章　財產保險合同

內容提要：本章簡要介紹了財產保險合同的主體、客體和內容，著重分析了財產保險合同的兩項重要內容——保險價值與保險金額，並對損失補償原則、代位原則、分攤原則三個財產保險合同特有的原則作了較詳細的闡述。

第一節　財產保險合同概述

《中華人民共和國保險法》[①]（以下簡稱《保險法》）第十條第一款規定：「保險合同是投保人與保險人約定保險權利義務關係的協議。」財產保險合同是保險合同的一種，是以財產及其有關利益為保險標的的保險合同。從靜態的角度理解，財產保險合同是投保人與保險人為了實現經濟補償的目的達成的具有法律約束力的協議。投保人向保險人交納保險費是為了獲得當保險標的因保險事故發生遭受損失時由保險人予以賠償的權利；保險人在收取保險費後，承擔保險標的因保險事故發生所造成損失的經濟賠償責任。從動態的角度理解，財產保險合同是雙方當事人保險權利義務關係建立、變更和消滅的過程。

保險學原理中已對保險合同的一般問題作了闡述，本章僅對財產保險合同一些特殊問題加以分析。

一、財產保險合同的主體和客體

（一）財產保險合同的主體

保險合同的主體主要包括當事人（投保人和保險人）和關係人（被保險人和受益人）。關於財產保險合同的主體，在此僅說明兩點。

1. 投保人與被保險人

投保人是指與保險人訂立保險合同，並按照保險合同負有支付保險費義務的人（《保

[①] 1995 年 6 月 30 日第八屆全國人民代表大會常務委員會第十四次會議通過，並根據 2002 年 10 月 28 日第九屆全國人民代表大會常務委員會第三十次會議《關於修改〈中華人民共和國保險法〉的決定》修訂，2009 年 2 月 28 日第十一屆全國人民代表大會常務委員會第七次會議再次修訂。

險法》第十條第二款）。被保險人是指其財產或人身受保險合同保障，享有保險金請求權的人。投保人可以為被保險人（《保險法》第十二條第五款）。

人身保險合同的保險標的是人的壽命和身體，投保人可以以自己的壽命和身體向保險人投保，也可以以他人（投保人具有保險利益的人）的壽命和身體向保險人投保，而且投保人為他人投保的情況較常見。

財產保險合同的保險標的是財產及其有關利益，投保人是對保險標的具有保險利益的人，即投保人一般就是財產的所有者、保管者、經營管理者以及其他對保險標的具有利害關係的人。因此，財產保險合同成立后，投保人一般就成為被保險人。

2. 受益人

受益人的概念一般出現在人身保險合同中，是由投保人或被保險人在保險合同中指定的被保險人死亡后有權領取保險金的人。人身保險合同的受益人由被保險人或者投保人指定，被保險人或投保人有權變更受益人。如果被保險人未指定受益人，則其法定繼承人就是受益人。財產保險合同一般不指定受益人，因為被保險人本人可以行使保險金的請求權，沒有必要指定受益人。但在特殊情況下，如有必要，也可以指定受益人。比如，被保險人以其所有的保險財產作抵押向他人借款，可以在保險合同中指定債權人為受益人。

（二）財產保險合同的客體

保險利益是指投保人或者被保險人對保險標的具有的法律上承認的利益（《保險法》第十二條第七款）。財產保險的保險利益是基於投保人或被保險人對保險標的的所有權、經營管理權、保管權以及其他權利義務而產生的經濟利益。此種經濟利益，投保人或被保險人因保險標的發生保險事故而受損，保險標的不發生保險事故而繼續享有。如果保險事故發生后，被保險人的經濟利益並未受任何影響，則其對保險標的無保險利益。

保險利益是財產保險合同當事人權利義務共同指向的對象，即財產保險合同的客體。因為被保險人要求保險人保障的是其對保險標的所具有的經濟利益，而非保險標的本身。比如某人以其房屋向保險公司投保火災保險，他要求保險人保障的並非房屋的一磚一木，也非保障該房屋不發生火災，而是要求保險人保障的是他對該房屋的經濟利益。即當房屋因保險事故發生而受損時，能從保險人處獲得賠償，使其對房屋所具有的經濟利益繼續享有。雖然保險利益是保險合同的客體，但保險利益不能憑空存在，保險標的是保險利益的載體。

1. 保險利益的量

由於人身保險的保險標的不可估價，因此，保險利益一般沒有客觀的評判標準。保險人只考慮投保人對保險標的有無保險利益，而不能計算保險利益的金額是多少。財產保險的保險利益有客觀的評判標準，即不僅要求投保人或被保險人對保險標的具有保險利益，而且保險利益的量是確定的。財產保險的保險利益之所以有此特徵，是由保險標的的性質和保險合同的性質所決定的。

（1）財產保險保險標的具有可估價性，決定了投保人或被保險人對保險標的具有的合法經濟利益也可量化。財產保險的保險利益，無論是現有利益還是預期利益，都必須是確定的、能夠實現的利益，而不是憑主觀臆測或推斷可能獲得的利益。

(2) 財產保險合同的訂立和履行要求投保人或被保險人對保險標的具有保險利益，其目的除為了避免賭博行為和防止道德風險外，還為了限制損失補償金額。財產保險合同是損失補償合同，投保人以其財產向保險公司投保的目的，在於其財產因保險事故受損時能獲得補償。如果補償金額不受保險利益的限制，被保險人以較少的損失獲得較多的賠償，則與損失補償原則相悖，也易誘發道德風險。因此，財產保險的損失補償以被保險人對保險標的具有的保險利益為限。

2. 保險利益存在的時間

原則上，保險利益是保險合同產生效力和維持效力的條件。但由於財產保險合同和人身保險合同的性質不同，對保險利益存在的時間要求不同。財產保險合同強調的是保險事故發生時，被保險人必須對保險標的具有保險利益，否則，不能獲得賠償；人身保險合同強調的是保險合同訂立時，投保人對保險標的應當具有保險利益。《保險法》第十二條第一、二款規定：「人身保險的投保人在保險合同訂立時，對被保險人應當具有保險利益。財產保險的被保險人在保險事故發生時，對保險標的應當具有保險利益。」

財產保險合同的保險利益強調保險事故發生時被保險人必須具有。如果簽約時投保人對保險標的具有保險利益，而保險事故發生時被保險人對保險標的不具有保險利益，保險人不承擔賠償責任；反之，即使某些情況下簽約時投保人對保險標的沒有保險利益，但只要保險事故發生時被保險人對保險標的具有保險利益，保險人仍要承擔賠償責任。因為財產保險合同是補償性合同，規定被保險人對保險標的具有保險利益，其主要目的在於衡量被保險人是否有損失以及損失金額的大小，並以此作為賠償計算的依據，防止道德風險和賭博行為。所以，被保險人在保險事故發生時具有保險利益，所遭受經濟損失應該按實際損失獲得賠償。如果被保險人在簽約時對保險標的具有保險利益，后來喪失了保險利益，那麼該被保險人在保險事故發生時沒有經濟損失，沒有損失就不能獲得賠償。

人身保險合同的保險利益主要是對投保人的要求，強調簽約時投保人對保險標的應當具有保險利益。投保人以自己的壽命和身體投保，當然對保險標的具有保險利益。投保人以他人的壽命和身體投保，則要求投保人對被保險人應當具有保險利益（如要求投保人與被保險人具有血緣關係、婚姻關係、雇傭關係及其他利害關係），以防止道德風險和賭博行為。但保險合同成立后，即使投保人對被保險人喪失了保險利益，不影響保險合同的效力，也不影響被保險人領取保險金的權利。因為人身保險合同是非補償性合同，而是給付性合同，不必要求保險事故發生時投保人對保險標的一定具有保險利益。人身保險合同保險利益的規定，其目的在於防止道德風險和賭博行為，而非對損失補償金額的限制；加上人身保險合同的保險標的是人，且壽險合同多數具有儲蓄性，被保險人受保險合同保障的權利不能因為投保人與被保險人保險利益的喪失而被剝奪，否則，有違保險宗旨，也有失公平。

二、財產保險合同的內容

保險合同的內容是指保險合同所應包括的主要事項和保險合同中規定的當事人的權利與義務。由於保險合同的種類不同，其具體的內容有一定的差異，但有些內容是必須都具

財產與責任保險

備的。

(一) 財產保險合同的主要事項

中國《保險法》第十八條規定、保險合同包括下列事項：保險人、投保人、被保險人以及人身保險受益人的名稱和住處；保險標的；保險責任和責任免除；保險期間和保險責任開始時間；保險金額；保險費及其支付辦法；保險金賠償或者給付辦法；違約責任和爭議處理；訂立合同的年、月、日等內容。財產保險的保險標的在第一章第一節已作了介紹，保險價值與保險金額、保險金賠償辦法在本章第二節、第三節將予以說明。對財產保險合同主要事項簡要說明以下幾點：

1. 保險期限

財產保險合同的保險期限是財產保險合同的有效期限，也是保險責任的起訖時間。保險人只對保險期限內發生的保險事故承擔賠償責任。

財產保險合同的時間期限多為自然時間期限，如一年、半年、一月等，多數合同時間為一年，均以日期為計算標準。保險單上不僅要載明起訖日期，而且還要寫明時點。國內財產保險起訖時間一般是從某年某月某日零時開始至某年某月某日24小時止。涉外財產保險更要明確以什麼時間為計算標準，如北京時間、東京時間、倫敦時間、紐約時間等。

有些財產保險合同保險期限的確定方式較特殊。例如工程保險的保險期限往往以工程的建設期限為準，即從工程開工時開始至竣工時止。貨物運輸保險的保險期限的起訖通常採用倉至倉條款來規定，即保險責任從起運地發貨人的最後一個倉庫開始，到目的地收貨人的第一個倉庫為止。

2. 保險責任和責任免除

保險責任是保險合同中載明的保險人所承保的風險及應承擔的經濟賠償責任；責任免除也稱為除外責任，是保險人不承保的風險及不承擔的賠償責任。在財產保險合同中，保險責任和除外責任的規定往往通過列舉方式或概括方式予以明確。

3. 保險費及其支付辦法

保險費是投保人轉移風險而支付給保險人的費用。投保人交付保險費是財產保險合同生效的重要條件之一，保險單中往往列入投保人交付保險費後保險單才能生效的內容。人身保險合同保險費的交付有躉繳和分期繳兩種。財產保險合同保險費的交付除另有約定外，一般是一次性交付。

財產保險合同保險費的計算方式，一般是以年費率表所確定的保險費率乘以保險金額求出保險費；也有採取固定金額收取保險費，如責任保險，一般根據最高賠償限額的大小收取一筆固定的保險費；還有採取基本保險費加上按年費率計算的保險費之和來計算保險費的，如機動車輛保險的車輛損失險就是採取這種方式。

(二) 財產保險合同所保障的損失

保險標的的損失可以從不同的角度分類：按遭受損失的程度，可分為全部損失和部分損失；按損失的形態，可分為物質損失和費用損失；按損失發生的客體是否是保險標的本身，可分為直接損失和間接損失。

1. 全部損失和部分損失

（1）全部損失。全部損失簡稱全損，指保險標的因保險事故的發生而遭受的全部損失狀態。全部損失可分為實際全損和推定全損。

實際全損是指保險標的遭受保險承保範圍內的風險而造成的全部滅失，或受損程度已使其失去原有形態和特徵以及無殘余價值的一種實質性的物質性的損失。

推定全損是指保險標的在遭受保險事故后，雖然尚未達到全部滅失、損毀狀態，但是全部滅失是不可避免的，或估計恢復、修復該標的物所耗費用已達到或超過其實際價值或保險價值。

（2）部分損失。部分損失是指保險標的的損失未達到全部損失程度的一種損失狀態。

2. 物質損失和費用損失

物質損失是指保險標的由於保險事故發生所造成的標的物本身的損失；費用損失是保險標的發生保險事故時，被保險人採取施救、保護、整理措施所產生的必要合理費用以及保險單上約定的保險人承擔的其他費用。

3. 直接損失和間接損失

保險事故發生造成保險標的本身的損失是直接損失；由於保險標的因保險事故的發生所導致的保險標的以外的損失是間接損失，如汽車受損后所導致的在修理期間營運收入的喪失，企業財產受損后在停業期間利潤的喪失和費用的增加等。保險人是否承擔間接損失責任，以保險單上的規定為準。

（三）投保人（或被保險人）權利的行使

1. 解約權的行使

《保險法》第十五條規定：「除本法另有規定或者保險合同另有約定外，保險合同成立后，投保人可以解除合同，保險人不得解除合同。」由於投保人是向保險人轉嫁風險的人，其是否投保取決於投保人的意願，因此保險合同成立后，投保人可以提出解除合同。但保險人是接受風險的人，為了保障被保險人的利益，不得隨意解除合同。否則，會使保險人通過解除合同故意逃避責任，有違保險的宗旨。

《保險法》第五十四條規定：「保險責任開始前，投保人要求解除合同的，應當按照合同約定向保險人支付手續費，保險人應當退還保險費。保險責任開始后，投保人要求解除合同的，保險人應當將已收取的保險費，按照合同約定扣除自保險責任開始之日起至合同解除之日止應收的部分后，退還投保人。」

貨物運輸保險合同和運輸工具航程保險合同，保險責任開始后，合同當事人不得解除合同（《保險法》第五十條）。之所以如此規定，原因在於：①這兩種合同保險期限一般較短，保險期限以運輸途程的長短來確定，且保險標的處於流動狀態，解除保險合同易引起糾紛。②為了保護保險人的利益。因為如果允許投保人解除合同，那麼一些未發生保險事故的被保險人在運輸途程中或運輸過程即將結束時要求退保，會產生對保險人不利的逆選擇，影響保險經營的穩定。

2. 保險金請求權的行使

當財產保險合同中約定的保險事故發生時，被保險人享有保險金的請求權，有權向保

險人索賠。任何單位或個人不得限制被保險人領取保險金的權利。《保險法》第二十六條規定：「人壽保險以外的其他保險的被保險人或者受益人，向保險人請求賠償或者給付保險金的訴訟時效期間為二年，自其知道或者應當知道保險事故發生之日起計算。」

(四) 投保人（或被保險人）的義務

1. 告知義務

告知是在保險合同簽訂之前和保險合同履行過程中，投保人（或被保險人）應就保險標的的重要事實告知保險人。財產保險合同一般要求投保人（被保險人）在以下情況下履行告知義務：

（1）投保人應就保險標的的有關情況，無隱瞞地如實告知保險人。投保人故意隱瞞事實，不履行如實告知義務，或者因過失未履行如實告知義務，足以影響保險人決定是否同意承保或者提高保險費率的，保險人有權解除保險合同。

（2）被保險人在知道保險事故發生後，應及時通知保險人，以便保險人及時查勘定損。並有義務根據保險人的要求提供與確認保險事故的性質、原因、損失程度等有關的證明和資料。

（3）重複保險（見本章第四節）的投保人應當將重複保險的有關情況通知各保險人。

（4）保險標的的轉讓應當通知保險人，經保險人同意繼續承保後，依法變更合同。因為保險標的的轉讓可能會使保險標的面臨的風險狀況發生變化，增加保險人承擔的風險責任範圍，影響保險人的經營穩定。所以，被保險人在保險標的轉讓時，應當通知保險人，經保險人同意後，變更合同中的被保險人后繼續承保。如保險標的轉讓后被保險人不通知保險人，則當保險事故發生時因被保險人對保險標的喪失保險利益而不能獲得賠償。但是，貨物運輸保險合同和另有約定的合同除外。貨物運輸保險合同保險標的的轉讓、被保險人的變更可以不徵得保險人同意而自動變更。因為貨物運輸保險的保險標的一般是交承運人運輸，在保險合同有效期內，被保險人的變更對保險標的的風險狀況沒有實質性的影響，再加上貨物運輸保險合同期限短，為方便商品交易，保險合同可以隨保險標的所有權的轉讓而轉讓。

（5）在保險合同有效期內，保險標的危險程度增加的，被保險人按照合同約定應當及時通知保險人，保險人有權要求增加保險費或者解除合同。否則，因保險標的危險程度增加而發生的保險事故，保險人不承擔賠償責任。保險標的危險程度增加，會擴大保險人的責任範圍，使保險人依照原來的保險費率收取的保險費不足以抵補賠償支出，因此，保險人有權要求增加保險費。如果保險人認為風險已超出承保範圍，可以解除合同，但應提前通知被保險人。

2. 交付保險費的義務

投保人有義務按照保險合同的規定向保險人交付保險費，這是投保人的一項基本義務。在財產保險合同中，保險人承擔保險責任後，投保人如未按保險合同約定交付保險費的，保險人可以以訴訟方式要求投保人交付。

3. 維護保險標的安全的義務

被保險人應當遵守國家有關消防、安全、生產操作、勞動保護等方面的規定，維護保

險標的的安全。根據保險合同約定，保險人可以對保險標的的安全狀況進行檢查，及時向投保人、被保險人提出消除不安全因素和隱患的書面建議。投保人、被保險人未按照約定履行其對保險標的的安全應盡責任的，保險人有權要求增加保險費或解除合同。

4. 施救義務

保險事故發生后，被保險人有責任盡力採取必要的措施，防止或者減少保險標的的損失。被保險人是直接控制保險標的的人，當保險事故發生后，被保險人不能因保了險而怠於施救，坐等觀望，而應積極採取措施進行施救，以減少財產的損失，維護保險人的利益。保險事故發生后，被保險人為防止或者減少保險標的的損失所支付的必要的、合理的費用，由保險人承擔；保險人所承擔的數額一般在保險標的損失金額以外另行計算，最高不超過保險金額。

5. 協助保險人向有責任的第三方請求賠償的義務

因第三者對保險標的的損害而造成保險事故的，保險人向被保險人支付保險金后取得代位行使被保險人對第三者請求賠償的權利。被保險人是受害人也是知情者，在保險人向第三者行使代位請求賠償權利時，被保險人應當向其提供必要的文件和知道的有關情況，並協助保險人向第三者追償。

財產保險合同是雙務合同。根據合同雙方當事人權利義務對等的原則，一方承擔的義務往往是另一方享有的權利；反之，一方享有的權利往往是另一方所承擔的義務。保險人的主要權利有：收取保險費、調查保險標的的有關情況、代位權的行使等；保險人的主要義務有：承擔保險賠償責任、向投保人說明保險合同條款的內容、為投保人或被保險人保密等。

三、財產保險合同的適用原則

保險合同作為投保人與保險人約定保險權利義務關係的協議，在長期的實踐活動中，逐漸形成一些公認的合同當事人在訂立或履行保險合同時應遵循的基本準則，這些準則是保險合同的基本原則。

（一）保險合同共有原則

保險合同的共有原則是財產保險合同和人身保險合同共同適用的原則。這些原則在《保險學原理》一書中已作了闡述，這裡僅作簡單說明。

1. 最大誠信原則

任何一項民事活動都應遵循誠信原則。所謂誠信，就是誠實和守信用。誠實是指一方當事人對另一方當事人不得隱瞞、欺騙；守信用是指雙方當事人都得善意地、全面地履行自己的義務。

保險合同對雙方當事人誠實信用的要求比一般民事合同更嚴格，因此稱為最大誠信原則。在保險合同的訂立和履行過程中，都要求雙方當事人遵守最大誠信原則。最大誠信原則在保險法律和保險合同中的內容包括告知、保證等具體事項，這裡不再詳述。

2. 保險利益原則

投保人或被保險人對保險標的具有保險利益，是保險合同生效和索賠的條件（財產保

險合同和人身保險合同有一定差異），以防範道德風險和避免賭博行為的發生，因此保險利益原則是保險合同的一項基本原則。

3. 近因原則

保險人僅對保險合同中約定的風險發生所造成被保險人的經濟損失承擔賠償責任。但有時候造成損失的原因錯綜複雜，在判斷保險人是否應該承擔賠償責任時往往應遵循近因原則。

近因是指造成損失的最直接、最有效、起決定作用的原因，而非時間上或空間上與損失最為接近的原因。

近因原則是指保險賠償以保險風險為損失發生的近因要件。即造成損失的近因為保險風險，保險人承擔賠償責任；造成損失的近因為非保險風險，保險人不承擔賠償責任。

（二）財產保險合同的特有原則

特有原則是只有財產保險合同適用的原則，包括損失補償原則、代位原則和分攤原則。這些原則在本章第三節、第四節闡述。

第二節　保險價值與保險金額

一、保險價值與保險金額的含義及關係

（一）保險價值的含義

保險價值是保險標的在某一特定時期內可以用貨幣估算的經濟價值。財產保險的保險標的具有可估價性，保險價值是財產保險合同的特有概念，它是確定保險金額與計算賠償的依據。人身保險的保險標的是人的壽命和身體，具有不可估價性，因此，人身保險合同沒有保險價值的概念，保險金額由合同雙方當事人約定。

保險價值以什麼為標準來確定？對此，財產保險標的有客觀的判斷標準，這個標準就是市場價（實際價值）。在保險實務中，經保險合同當事人雙方約定，保險價值也可以按照保險標的的原始帳面價、重置價等方式確定。由於市場價在保險合同有效期內會發生漲跌，這樣會使投保時依據保險價值確定的保險金額與保險事故發生時的市場價不一致。對有些特殊的保險標的，其價值不易確定或確無市場價可循時，為了明確保險合同當事人的權利與義務，避免保險事故發生后雙方因賠款而發生爭執，可以按雙方約定的價值為標準。在保險事故發生時，以事先約定的價值作為賠償的依據，不再另行估價。另外，在海上保險中，有法定的計算確定保險價值的標準。由於保險價值的存在，使財產保險合同在保險金額的確定、承保方式和賠償計算方式都比人身保險合同複雜。

（二）保險金額的含義

保險金額是指保險人在保險合同中承擔賠償或者給付保險金責任的最高限額。財產保險的保險金額是根據保險標的的保險價值來確定的，一般作為保險人承擔對受損標的賠償的最高限額以及施救費用的最高賠償額度，也是保險人計算保險費的依據。除合同另有約定外，保險金額不是保險人認定的財產價值，也不是保險事故發生時賠償的等額，而僅是

保險人承擔賠償責任的最高限額。

(三) 足額保險、不足額保險和超額保險

1. 足額保險

足額保險是指財產保險合同的保險金額與保險標的出險時的保險價值相等。在足額保險中，一般當保險標的發生保險事故造成損失時，保險人對被保險人按實際損失進行賠償，損失多少，賠償多少。

2. 不足額保險

不足額保險是指財產保險合同的保險金額小於保險標的出險時的保險價值。不足額保險的產生一般有兩種情況：一是投保時投保人僅以保險價值的一部分投保，使保險金額小於保險價值；二是投保時保險金額等於保險價值，但在保險合同有效期內，保險標的的市場價上漲，造成出險時保險單上約定的保險金額小於保險價值。在不足額保險中，由於投保人只是以保險標的價值的部分投保，因此，保險事故發生時，除合同另有約定外，保險人按照保險金額與保險價值的比例承擔賠償責任，被保險人要自己承擔一部分損失。《保險法》第五十五條第四款規定：「保險金額低於保險價值的，除合同另有約定外，保險人按照保險金額與保險價值的比例承擔賠償保險金的責任。」

3. 超額保險

超額保險是指財產保險合同的保險金額大於保險標的出險時的保險價值。超額保險的產生一般有兩種情況：一是投保時投保人以高於保險價值的金額投保，使保險金額大於保險價值；二是投保時保險金額等於保險價值，但在保險合同有效期內，保險標的的市場價下跌，造成出險時保險單上的保險金額大於保險價值。根據損失補償原則，保險金額超過保險價值的，其超過部分無效。《保險法》第五十五條第三款規定：「保險金額不得超過保險價值。超過保險價值的，超過部分無效，保險人應當退還相應的保險費。」

二、財產保險合同的幾種承保方式

如上所述，保險價值是確定保險金額的基礎和依據，保險金額應當反應保險標的的實際價值。根據保險價值確定的時間及保險價值確定的方式，財產保險的承保方式分為以下四種：

(一) 定值保險

定值保險是投保時確定保險價值的承保方式。投保人和保險人簽訂保險合同時除根據保險價值確定保險金額外，還要約定保險價值並在合同中載明。保險標的發生保險事故時，不論損失當時該保險標的的市場價是多少，保險人均按保險單上約定的保險金額計算賠償。如果是全部損失，按保險金額賠償；如果是部分損失，按保險金額的損失程度計算賠償。

財產保險合同中，以定值保險方式承保的主要有兩類標的：一類是不易確定價值或無客觀市場價的特殊標的，如藝術品、書畫等，一般由雙方約定保險價值，以免事後發生糾紛；另一類是運輸中的貨物等流動性比較大的標的，由於各地貨物價格差別較大，保險事故發生后再來估算實際價值既困難又麻煩，而且易引起賠償糾紛。此種保險方式實際上是

以投保時雙方約定的保險價值代替了損失發生時的保險價值。

《保險法》第五十五條第一款規定：「投保人和保險人約定保險標的的保險價值並在合同中載明的，保險標的發生損失時，以約定的保險價值為賠償計算標準。」

(二) 不定值保險

不定值保險是與定值保險相對的一種承保方式，投保人和保險人簽訂保險合同時不在合同中載明保險價值，只是訂明保險金額作為賠償的最高限額。當保險標的發生保險事故造成損失時，再來估計其保險價值並作為賠款計算的依據。當保險金額等於或高於保險價值時，按實際損失金額賠償；當保險金額小於保險價值時，其不足的部分視為被保險人自保，保險人按受損標的的保險金額與保險價值的比例計算賠款。

不定值保險方式在財產保險合同中運用得較多，絕大部分險種都以不定值保險方式承保。《保險法》第五十五條第二款規定：「投保人和保險人未約定保險標的的保險價值的，保險標的發生損失時，以保險事故發生時保險標的的實際價值為賠償計算標準。」

(三) 重置價值保險

重置價值保險是投保人與保險人雙方約定按保險標的重值重建價值確定保險金額的一種特殊承保方式。在財產保險合同中保險人一般要求投保人按保險標的的實際價值投保，當保險標的因保險事故發生而受損時，保險人按實際損失進行賠償（或將受損財產恢復到損失前的狀態）。但是，某些保險標的（如房屋、建築物、機器設備等），由於使用期限較長，如果按扣除折舊以後的實際價值投保的話，那麼當保險標的受損后，被保險人從保險人那裡獲得的賠償就不充分，不能使被保險人重值重建保險標的以恢復生產經營。因此，為適應被保險人獲得保險保障的需要，保險人對某些標的可以按超過實際價值重值重建價承保。

重置價值保險其實質是一種超額保險，只不過這種超額保險是經過保險合同雙方當事人約定的、保險人認可的超額保險。所以，以這種方式承保的標的受損后，保險人按約定的重值重建價計算賠償。

(四) 第一危險責任保險

該承保方式是指經保險人同意，投保人可以按保險標的實際價值的部分（即一次保險事故可能造成的最大損失範圍）投保，確定保險金額。保險金額一經確定，只要損失金額在保險金額範圍內，視為足額保險，保險人按保險標的的實際損失賠償。這種方式實質上是一種不足額保險，只不過是保險人認可的不足額保險，保險人對保險金額範圍內損失全額賠償，而不按保險金額與保險價值的比例進行分攤。這種承保方式之所以稱為第一危險責任保險，是因為它把保險價值分為兩個部分，保險金額範圍內的部分是第一危險責任部分，該範圍內的損失保險人負責賠償，超出保險金額範圍的保險價值部分稱為「第二危險」，視為未投保部分，保險人不負賠償責任。

第一危險責任承保方式是針對某些在一次事故發生時不可能造成全損的保險標的所採取的一種特殊的承保方式，對被保險人較有利，因此，保險費率相對於其他承保方式要高一些。同時，保險人為了控制風險，在有些財產保險合同中要求保險單中所確定的的保險金額必須達到保險價值的一定比例，未達到此比例的仍視為不足額保險，損失金額要按照保險單上的保險金額與應達到的保險金額的比例進行分攤。

第三節 損失補償原則

一、損失補償原則的含義

財產保險合同其本質上是一種補償性合同，損失補償原則是保險人理賠時應遵循的基本原則。

（一）損失補償原則的基本含義

損失補償原則可以這樣表述：在財產保險合同中，當被保險人具有保險利益的保險標的遭受了保險責任範圍內的損失時，保險人要對被保險人的經濟損失給予補償，且補償的數額以恰好彌補被保險人因保險事故而造成的經濟損失為限，被保險人不能獲得額外利益。

（二）如何理解損失補償原則

理解這個原則應注意兩點：

（1）只有被保險人在保險事故發生時對保險標的具有保險利益，才能獲得補償，這是損失補償原則的前提。按照保險利益原則，投保人與保險人簽訂保險合同時，對保險標的具有保險利益是保險合同生效的前提條件。但對財產保險合同而言，不僅要求投保時投保人對保險標的具有保險利益，而且保險事故發生時，被保險人必須對保險標的具有保險利益，才能獲得保險賠償。因為投保人向保險人投保的目的是轉移財產未來的風險，以確保其不因保險事故的發生而喪失對保險標的具有的經濟利益。當保險事故發生時，被保險人如果對保險標的無保險利益，對被保險人來講就無經濟損失，也就不能從保險人那裡獲得經濟補償。因此，損失補償原則是以保險利益原則為依據的，保險人是否對被保險人進行補償，是以保險事故發生時被保險人是否對保險標的具有保險利益為前提條件。《保險法》第四十八條規定：「保險事故發生時，被保險人對保險標的不具有保險利益的，不得向保險人請求賠償保險金。」

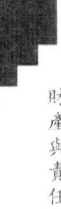
財產與責任保險

（2）保險人補償的數額以恰好彌補被保險人因保險事故造成的經濟損失為限。這包括兩層含義：一是被保險人以其財產足額投保的話，其因保險事故造成的經濟損失，有權按照保險合同規定獲得充分的補償；二是保險人對被保險人的補償數額，僅以被保險人因保險事故造成的實際損失為限，通過補償使被保險人能夠保全其應得的經濟利益或使受保標的迅速恢復到損失前的狀態，任何超過保險標的實際損失的補償都會導致被保險人獲得額外利益，就違背了損失補償原則。

二、損失補償原則量的規定

損失補償原則的基本含義如上所述。但在保險實務中，要貫徹損失補償原則，保險人要對其賠償金額進行限制，保險理賠中一般要受三個量的限制。

（一）以實際損失金額為限

衡量實際損失是多少，首先要確定保險標的發生損失時的市場價（實際價值）是多

少，保險人的賠償金額不能超過損失當時的市場價（定值保險、重值價值保險例外），否則將導致被保險人獲得額外利益。由於保險標的的市場價在保險合同有效期內會發生波動，當市場價下跌的情況下，應以損失當時財產的市場價作為賠償的最高限額，如果保險人按照保險金額進行賠償，將會使被保險人獲得額外利益。例如，一臺空調年初投保時，當時的市場價為7,000元，保險金額定為7,000元。保險標的在年中因保險事故發生造成全損，這時的市場價已跌為5,000元。儘管保險單上的保險金額仍是7,000元，但如果保險單上沒有特別約定，那麼保險人最高只能賠償被保險人5,000元的損失。假如保險人賠償7,000元給被保險人，那麼被保險人用5,000元購買一臺同樣的空調后，還可賺得2,000元，其因保險事故的發生而獲得額外利益，顯然違背了損失補償原則。

(二) 以保險金額為限

保險金額是財產保險合同中保險人承擔賠償責任的最高限額，也是計算保險費的依據。保險人的賠償金額不能高於保險金額，否則，將擴大保險責任，使保險人收取的保險費不足以抵補賠償支出，影響保險人的經營穩定。例如，在上例中，如果年中空調全損時，市場價上漲為8,000元，由於保險單上的保險金額只有7,000元，被保險人最多只能獲得7,000元的賠償。

(三) 以保險利益為限

被保險人在保險事故發生時對保險標的具有保險利益是其向保險人索賠的必要條件。保險人對被保險人的賠償金額要以被保險人對保險標的具有的保險利益為限。保險事故發生時，如果被保險人已喪失了對保險標的的全部保險利益，保險人則不予賠償；如果被保險人喪失了對保險標的的部分保險利益，那麼保險人對被保險人的賠償僅以仍然存在的那部分保險利益為限。

綜上所述，財產保險合同中約定的保險事故發生時，保險人對被保險人的賠償金額要受實際損失金額、保險金額和保險利益三個量的限制。而且當三者金額不一致時，保險人的賠償金額以三者中最小者為限。以上討論的內容中，以實際損失金額為限僅對於不定值保險適用，對定值保險並不適用。因為定值保險是按照財產保險合同雙方當事人約定的價值投保，在保險事故發生時，無論該財產的市場價如何漲跌，保險人均按約定的價值予以賠償，不再對財產重新進行估價。

三、被保險人不能獲得額外利益

財產保險合同適用損失補償原則。遵循該原則的實質是保險標的損失多少補償多少，其最終結果是被保險人不能通過保險人的賠償而獲得額外利益，各國在法律上都有相應的規定。如果允許被保險人獲得大於其實際損失金額的賠償，將可能導致被保險人故意損毀保險財產以獲利，誘發道德風險，增加保險詐欺行為，不僅影響保險業務的正常經營，而且還會對社會造成危害。因此，為了防止被保險人獲得額外利益，在法律上和保險合同中要作以下規定：

(1) 超額保險中超過部分無效。財產保險合同中，無論何種原因造成的超額保險，除非合同上有特別約定，否則保險人在計算賠款時一律採用超過部分無效的做法。

(2) 一個投保人雖然可以將其同一保險標的及其利益同時向兩個或兩個以上的保險人投保同類保險，但在保險事故發生時，投保人從各個保險人處獲得的賠償金額總和不得超過其保險財產的實際損失金額。

(3) 因第三者對保險標的的損害而造成保險事故的，被保險人從保險人處獲得全部或部分賠償后，應將其向第三者責任方享有的賠償請求權轉讓給保險人。

(4) 如果保險標的受損后仍有殘值，保險人要在賠款中作價扣除；或在保險人履行了全部賠償責任后，被保險人將損余物資轉移給保險人所有。

以上的 (2)、(3)、(4) 條是下一節將要討論的分攤原則和代位原則。

四、財產保險合同的基本賠償方式

財產保險合同有三種基本的賠償方式，依據不同的賠償方式計算的賠償金額是不相同的，保險單上要對賠償方式作出具體的規定。

(一) 比例賠償方式

比例賠償方式的特點是按保險標的的保險金額與保險價值的比例計算賠償金額。如果保險金額低於保險價值，被保險人的損失金額不能全部的得到賠償。而且，在損失金額一定的情況下，保險金額與保險價值的比例越小，被保險人所得到的賠償金額越少；保險金額與保險價值的比例越大，被保險人所得到的賠償金額越多。其計算公式如下：

$$賠償金額 = 損失金額 \times \frac{保險金額}{保險價值}$$

(保險金額不得大於保險價值)

從以上公式可以看出，當保險金額等於保險價值（足額保險）時，賠償金額等於損失金額；當保險金額大於保險價值（超額保險）時，賠償金額不能按此公式計算，賠償金額仍然等於損失金額。因此，該賠償方式只在不足額保險中採用，被保險人的未保部分視為自保，保險人只負投保部分的保險責任，體現了權利義務對等的原則。

(二) 第一危險責任賠償方式

這種賠償方式的特點是在保險金額範圍內，賠償金額等於損失金額。也就是說被保險人在保險金額範圍內的損失，能夠全部從保險人處獲得賠償。其計算公式為：

賠償金額 = 損失金額 (不得大於保險金額)

(三) 免責限度賠償方式

保險合同規定一個免責限度（免賠額或免賠率），在規定免責限度內的損失保險人不負賠償責任；只有損失超過免責限度時，保險人才承擔賠償責任。

免賠分為相對免賠和絕對免賠。以免賠率為例，有相對免賠率和絕對免賠率。

相對免賠率是指保險標的的損失率超過保險單上規定的免賠率時，保險人按實際損失不作扣除的賠償。其公式如下：

賠償金額 = 保險金額 × 損失率 (必須大於免賠率)

財產保險合同中，相對免賠率條款設計主要用於減少因零星的小額賠款而必須辦理的理賠手續，以節省費用。

財產與責任保險

絕對免賠率規定，保險人僅就超過免賠率的那部分進行賠償，要扣除免賠部分。其計算公式如下：

賠償金額＝保險金額×（損失率－免賠率）

機動車輛保險合同中，絕對免賠條款的運用較普遍。這有利於增強被保險人的安全防範意識，同時有利於防範道德風險。

第四節　代位原則和分攤原則

代位原則和分攤原則是損失補償原則的派生原則，也是遵循損失補償原則的必然要求和結果。

一、代位原則

代位原則的基本含義是指保險人對被保險人因保險事故發生造成的損失進行賠償后，依法或按保險合同約定取得對財產損失負有責任的第三者進行追償的權利或取得對受損標的的部分或全部權利。代位原則包括權利代位和物上代位兩項內容。

（一）權利代位

權利代位，也叫代位求償權。是指保險事故由第三者責任方所致，被保險人因保險標的受損而從保險人處獲得賠償以后，應將其向第三者責任方享有的賠償請求權轉讓給保險人，由保險人在賠償金額範圍內代位行使被保險人對第三者請求賠償的權利。

權利代位是遵循損失補償原則的必然要求的結果。被保險人因保險事故發生而遭受的損失固然應該得到補償，保險人對被保險人應承擔的賠償責任不應該因第三者的介入而改變。但若被保險人在得到保險金后又從第三者責任方獲得賠償，則其可能反因損失而獲利，這顯然與損失補償原則相違背。為了避免被保險人獲得雙重利益，同時，也為了維護保險人的利益，被保險人在獲得保險金后應將其對第三者責任方的賠償請求權轉讓給保險人。這正是權利代位的立法本意。基於此，《保險法》第六十條第一款規定：「因第三者對保險標的損害而造成保險事故的，保險人自向被保險人賠償保險金之日起，在賠償金額範圍內代位行使被保險人對第三者請求賠償的權利。」

1. 權利代位的產生

權利代位的產生是有一定條件的，保險人要獲得代位求償權必須具備兩個條件：一是由於第三者的行為使保險標的遭受損害，被保險人才依法或按合同約定對第三者責任方有賠償請求權，也才會因獲得保險金而將該賠償請求權轉讓給保險人。因此，如果沒有第三者的存在，就沒有代位求償的對象，權利代位就失去了存在的基礎。二是由於保險人向被保險人賠償了保險金。只有保險人按保險合同規定履行了賠償責任以後，才能取得代位求償權。換言之，對第三者求償權的轉移是隨保險人賠償保險金而發生，而不是隨保險事故的發生而發生。因此，在保險人賠償保險金之前，被保險人可以行使此權利，從第三者處獲得全部或部分賠償，但被保險人應該將此情況告知保險人，以減免保險人的賠償責任。

2. 權利代位的範圍

保險人行使權利代位的範圍，即其向第三者責任方求償的金額，以其賠償的保險金為限。這是由權利代位與保險賠償之間的關係所決定的，保險人對被保險人賠償保險金是其獲得權利代位的條件，權利代位的目的是為了避免被保險人獲雙重利益，而非對被保險人享有保險標的權利的剝奪。所以，保險人從第三者那裡可以得到的代位求償金以賠償的保險金為限，超出保險金的部分仍歸被保險人所有。《保險法》第六十條第三款規定：「保險人依照第一款行使代位請求賠償的權利，不影響被保險人就未取得賠償的部分向第三者請求賠償的權利。」

3. 第三者的範圍

如上所述，第三者責任方的存在是權利代位產生的前提條件。因此，應對第三者的範圍作出界定，以明確保險人代位求償的對象。這裡的第三者是指對保險事故的發生和保險標的損失負有民事賠償責任的人，既可以是法人，也可以是自然人。無論是法人或自然人，保險人都可以實施代位求償權。但對保險人代位求償的範圍，許多國家的保險立法都有限制，其共同的規定是保險人不得對被保險人的家庭成員或雇員行使代位求償權，中國法律上也有類似的規定。《保險法》第六十二條規定：「除被保險人的家庭成員或者其組成人員故意造成本法第六十條第一款規定的保險事故以外，保險人不得對被保險人的家庭成員或者其組成人員行使代位請求賠償的權利。」為什麼作這樣的限制？因為此類人與被保險人有一致的經濟利益關係，若因其過失行為所致的保險財產的損失，保險人對其有求償權的話，實際上意味著向被保險人求償。也就是說保險人一只手將保險金支付給被保險人，另一只手又把保險金收回，其實質就是保險人並未對被保險人履行賠償責任。

4. 權利代位中被保險人的義務

保險人在權利代位中對第三者責任方的求償權是因履行保險賠償責任而由被保險人轉移的。也就是說，保險人對第三者的求償權始於被保險人，保險人只是代替被保險人行使此權利。被保險人是受害者也是知情者，被保險人有義務協助保險人向第三者責任方進行追償，以維護保險人的利益。為此，《保險法》第六十三條規定：「保險人向第三者行使代位請求賠償的權利時，被保險人應當向保險人提供必要的文件和其所知道的有關情況。」

5. 被保險人不得妨礙保險人行使代位求償權

代位求償權是保險人向被保險人履行賠償責任后所獲得的一項權利，此權利受法律保護，被保險人有義務協助保險人向第三者責任方進行追償，不得妨礙保險人行使該權利，以維護保險人利益。因此，《保險法》第六十一條規定：「保險事故發生后，保險人未賠償保險金之前，被保險人放棄對第三者請求賠償的權利的，保險人不承擔賠償保險金的責任。保險人向被保險人賠償保險金后，被保險人未經保險人同意放棄對第三者請求賠償的權利的，該行為無效。被保險人故意或者因重大過失致使保險人不能行使代位請求賠償的權利的，保險人可以扣減或者要求返還相應的保險金。」

（二）物上代位

物上代位是指保險人對被保險人全額賠償保險金后，即可取得對受損標的的部分或全部權利。物上代位通常有兩種情況：一種情況是委付；另一種情況是受損標的殘餘價值

（即殘值）的處理。

委付是指放棄物權的一種法律行為。在財產保險合同中，當保險標的受損按推定全損處理時，被保險人用口頭或書面形式向保險人提出申請，明確表示願將保險標的的所有權轉讓給保險人，要求保險人按全損進行賠償。保險人如果接受這一要求，被保險人簽發委付書給保險人，委付即告成立。保險人一旦接受委付，就不能撤銷；被保險人也不得以退還保險金的方式要求保險人退還保險標的。由於委付是受損標的所有權的轉移，因此，保險人接受了委付后，可以通過處理受損標的獲得利益，而且所獲利益可以大於其賠償的保險金。但保險人如果接受了委付，就接受了受損標的的全部權利和義務。因此，保險人一般在接受委付前，要進行調查研究，查明損失發生的原因以及對受損標的可能承擔的義務，權衡利弊得失，慎重考慮是否接受委付。

在保險實務中，物上代位的另一種情況是受損標的損余價值（殘值）的處理。保險標的遭受損失后，有時尚有損余價值存在，保險人對被保險人的損失進行全額賠償以後，受損標的的損余價值應歸保險人所有。否則，被保險人將通過處置受損標的而獲額外利益。保險人通常的做法是將保險標的的損余價值從賠款中扣除，保險標的仍留給被保險人。

《保險法》第五十九條規定：「保險事故發生后，保險人已支付了全部保險金額，並且保險金額相等於保險價值的，受損保險標的的全部權利歸於保險人；保險金額低於保險價值的，保險人按照保險金額與保險價值的比例取得受損標的的部分權利。」

二、分攤原則

分攤原則的基本含義是指在重複保險存在的情況下，各保險人按法律規定或保險合同約定共同承擔賠償責任。但各保險人承擔的賠償金額總和不得超過保險標的的實際損失金額，以防止被保險人獲額外利益。

（一）重複保險的存在是分攤的前提

《保險法》第五十六條第四款規定：「重複保險是指投保人對同一保險標的、同一保險利益、同一保險事故分別與兩個以上的保險人訂立保險合同，且保險金額總和超過保險價值的保險。」重複保險的存在是分攤的前提，因為只有在重複保險存在的情況下，才涉及各保險人如何分別對被保險人進行賠償的問題。中國《保險法》並未對重複保險行為加以禁止，但為了防止重複保險的存在所產生的不良後果，防止被保險人獲得額外利益，對各保險人如何承擔賠償責任作了規定，並對各保險人的賠償金額總和作了限制。

（二）重複保險的分攤方法

為了防止被保險人在重複保險存在的情況下獲得額外利益，明確各保險人的責任，保險法律或保險合同上要對分攤方法做出具體的規定。重複保險的分攤的方法主要有以下三種：

1. 保險金額比例責任制

這種方法是以每個保險人的保險金額與各保險人的保險金額總和的比例來分攤損失金額。計算公式為：

$$某保險人的賠償金額 = \frac{某保險人的保險金額}{各保險人的保險金額總和} \times 損失金額$$

例：甲、乙兩家保險公司同時承保同一標的同一風險，甲保險單的保險金額為 4 萬元，乙保險單保險金額為 6 萬元，損失金額為 5 萬元。兩個保險人的保險金額總和為 10 萬元。

甲保險人的賠償金額 $=\dfrac{4}{10}\times 5=2$（萬元）

乙保險人的賠償金額 $=\dfrac{6}{10}\times 5=3$（萬元）

2. 賠償限額比例責任制

這種方法各保險人的分攤金額不是以保險金額為基礎，而是依照每個保險人在沒有其他保險人重複保險的情況下單獨承擔的賠償限額與各保險人賠償限額總和的比例來分攤損失金額。計算公式為：

$$\text{某保險人的賠償金額}=\dfrac{\text{某保險人的獨立責任限額}}{\text{各保險人獨立責任限額之和}}\times\text{損失金額}$$

依照前面的例子，甲保險人的獨立責任限額為 4 萬元，乙保險人的獨立責任限額為 5 萬元，則：

甲保險人的賠償金額 $=\dfrac{4}{4+5}\times 5\approx 2.22$（萬元）

乙保險人的賠償金額 $=\dfrac{4}{4+5}\times 5\approx 2.78$（萬元）

3. 順序責任制

這種方法是按保險合同訂立的先後順序由各保險人分攤損失金額。即由先出保險單的保險人首先負賠償責任，第二個保險人只有在承保的財產損失金額超出第一張保險單的保險金額時，才依次承擔超出部分的賠償責任，以此類推。用此方式計算上例，甲保險人的賠償金額為 4 萬元，乙保險人的賠償金額為 1 萬元。

《保險法》第五十六條第二款規定：「重複保險的各保險人賠償保險金的總和不得超過保險價值。除合同另有約定外，各保險人按照其保險金額與保險金額總和的比例承擔賠償保險金的責任。」顯然，中國保險法規定的重複保險的分攤方法採用的是保險金額比例責任制。

復習思考題

1. 概念比較。
   (1) 保險價值與保險金額
   (2) 足額保險與不足額保險
   (3) 定值保險與不定值保險
   (4) 相對免賠率與絕對免賠率
   (5) 代位求償權與委付
2. 試述損失補償原則質與量的規定。

3. 財產保險合同的保險利益有何特點？
4. 簡述財產保險合同投保方的權利和義務。
5. 財產保險合同的基本賠償方式有哪些？各賠償方式有何特點？
6. 試述權利代位的有關事項。
7. 何為重複保險？其分攤的方式有哪幾種？

第三章　火災保險

內容提要： 火災保險是財產保險的重要組成部分。本章是全書的重要內容之一，它闡述了火災保險的概念、發展及其承保風險，介紹了英國和美國的火災保險，並對企業財產保險和家庭財產保險的基本特徵、主要內容及主要險種進行了分析說明。

第一節　火災保險概述

在充分認識到火帶給人類文明的同時，也要看到，火災危及人們的生命安全，導致財產損失。尤其是在當今社會經濟發展的背景下，高樓毗鄰、工廠林立、城市化進程加快、危險集中，火災一旦發生，不但直接影響到個人生命及財產，也間接影響到社會的安定。而火災保險扮演著互助救濟、事后補償、共同分攤的角色。

一、火災保險的概念

火災保險，簡稱火險，是指以存放在固定場所並處於相對靜止狀態的財產及其有關利益為保險標的，由保險人承擔被保險財產遭受保險事故損失的經濟賠償責任的一種財產損失保險。

火災保險的標的，主要是各種不動產和動產。不動產是指不能移動或移動后會引起性質、形狀改變的財產，包括土地及土地的附著物。但土地一般沒有保險的必要，所以，火災保險承保的主要是土地附著物，以房屋為主，還包括其他建築物及附屬設備。動產則是指能自由移動且不改變其性質、形態的財產。火災保險承保的動產範圍很廣，包括各種生產資料、生活資料及其他商品，如機器設備、原材料、在產品等生產資料；家用電器、家具、服裝等生活資料；商店裡準備出售的各種商品等。

二、火災保險的發展變化

火災保險經過 300 余年的發展歷史，已有了較大的變化。

（1）保險標的擴展。最初的火災保險只承保房屋，后來擴大到房屋內的家庭財產。發展到現在，火災保險的標的不僅包括不動產和動產，還包括與不動產和動產相關的利益，

如利潤損失、營業中斷期間支付的必要費用等。因此，火災保險的保險標的已由房屋變為各種不動產、動產及與其有關的利益。

(2) 承保風險擴展。最初的火災保險只承保單一的火災風險，后來擴大到與火災相關的雷擊、爆炸等風險。時至今日，火災保險的承保風險更擴大到包括各種列明的自然災害、意外事故，可以直接承保或特約承保火災、爆炸、雷擊、暴風雨、雪災、冰凌、泥石流、機器損壞，甚至盜竊、洪水、地震、戰爭等風險，既可保直接損失，也可保間接損失（如利潤損失）。

(3) 保單格式逐漸規範化。開始的火災保險沒有標準的保單形式，世界各國的各家火災保險公司各行其是，保險單格式各不相同。1879年美國的馬薩諸塞州首次以立法形式強制保險公司使用標準的火災保險單，為火險保單的標準化作出了貢獻。此后，美國各州以及英國等國紛紛比照實行火險的標準保單，從而大大減少了理賠糾紛和法院解釋的困難。

(4) 承保能力大為增強。火災保險發展的前期，保險公司的承保能力很低，保險金額較高的保險標的，往往需要幾家保險公司聯合共保才能確保賠償責任的履行。隨著國際保險市場上再保險的產生和發展，保險人的承保能力大為增強，保額再高的標的，都可由一家保險公司承保后再以分保方式分散保險人自身的風險。

(5) 保險費率厘定趨於科學。儘管17世紀末的火災保險已開始按房屋的結構實行差別費率，但當時的火災保險費率檔次少、分類簡單、總體費率水平較高。而現在的火災保險在確定費率時考慮了更多的費率影響因素，採用更加科學的分類方法進行計算，從而使費率水平更加科學合理。

(6) 賠償範圍擴大。火災保險的賠償範圍，已由最初只負責賠償保險標的的損失，擴大到保險事故發生時為減少保險損失而支付的合理的整理、保護、施救費用等。

總之，火災保險是繼海上保險后產生並逐漸發展起來的財產損失保險業務，作為現代保險業的主要險別之一，其適用範圍、保險責任等早已超出了歷史上的火災保險範疇。國內業務中，火災保險可劃分為企業財產保險與家庭財產保險業務，它們之間既有共性，又有明顯差異。其內容詳見第三節和第四節。

三、火災保險承保的主要風險

火災保險承保的風險很多。根據中國現行的火災保險條款及條款解釋，火災保險承保的主要風險可分為基本風險和其他風險。

(一) 火災保險承保的基本風險

火災、爆炸、雷擊是火災保險承保的基本風險。

(1) 火災，指在時間或空間上失去控制的燃燒所造成的災害。構成火災責任必須同時具備三個條件：①有燃燒現象，即有熱有光有火焰；②偶然、意外發生的燃燒；③燃燒失去控制並有蔓延擴大的趨勢。

(2) 雷擊，指由雷電造成的災害。雷擊的破壞形式分為兩種：①直接雷擊，即由雷電直接擊中保險標的造成損失，屬直接雷擊責任；②感應雷擊，指由於雷擊產生的靜電感應或電磁感應使屋內的絕緣金屬物體產生高電位放出火花引起的火災，導致電器本身的損

毁，或因雷電的高電壓感應，致使電器部件的損毁，屬感應雷擊責任。

（3）爆炸。爆炸有兩種形式：①物理性爆炸，指由於液體變為蒸氣或氣體膨脹，壓力急遽增加並大大超過容器所能承受的極限壓力而發生的爆炸。如鍋爐、液化氣罐爆炸等，此類爆炸事故的鑑別，以勞動部門出具的鑒定為準。②化學性爆炸，指物體在瞬間分解或燃燒時放出大量的熱和氣體，並以很大的壓力向四周擴散的現象，如火藥爆炸。因物體本身的瑕疵、使用損耗或產品質量低劣以及由於容器內部承受「負壓」（內壓比外壓小）造成的損失，不屬於爆炸責任。

（二）火災保險承保的其他風險

（1）暴雨，指每小時降雨量達16毫米以上，或連續12小時降雨量達30毫米以上，或連續24小時降雨量達50毫米以上。

（2）洪水，山洪暴發、江河泛濫、潮水上岸及倒灌致使保險標的遭受浸泡、衝散、衝毁等損失都屬洪水責任。規律性的漲潮、自動滅火設施漏水以及在常年水位以下或地下滲水、水管爆裂造成保險標的損失，不屬於洪水責任。

（3）臺風，指中心附近最大平均風力12級或以上，即風速在32.6米/秒以上的熱帶氣旋。是否構成臺風應以當地氣象站的認定為準。

（4）暴風，指風速在28.3米/秒，即風力等級表中的11級風。中國保險條款的暴風責任通常擴大至8級風，即風速在17.2米/秒以上即構成暴風責任。

（5）龍捲風，這是一種範圍小而時間短的猛烈旋風。陸地上平均最大風速一般在79～103米/秒，極端最大風速一般在100米/秒以上。是否構成龍捲風以當地氣象站的認定為準。

（6）雪災，因每平方米雪壓超過建築結構荷載規範規定的荷載標準，以致壓塌房屋、建築物造成保險標的損失，為雪災保險責任。

（7）雹災，因冰雹降落造成的災害。

（8）冰凌，即氣象部門所稱的「凌汛」，即春季江河解凍時期冰塊飄浮遇阻，堆積成壩，堵塞江道，造成水位急遽上升，以致冰凌、江水溢出江道，漫延成災。陸上有些地區，如山谷風口或酷寒致使雨雪在物體上結成冰塊，成下垂形狀，越結越厚，重量增加，由於下垂的重力致使物體毁壞，也屬冰凌責任。

（9）泥石流，指山地大量泥沙、石塊突然爆發的洪流，隨大暴雨或大量冰水流出。

（10）崖崩，指石崖、土崖受自然風化、雨蝕、崖崩下塌或山上岩石滾下；或大雨使山上沙土透濕而崩塌。

（11）突發性滑坡，指斜坡上不穩的岩體、土體或人為堆積物在重力作用下突然整體向下滑動。

（12）地面突然塌陷，指地殼因為自然變異、地層收縮而發生突然塌陷。此外，對於因海潮、河流、大雨侵蝕或在建築房屋前沒有掌握地層情況，地下有孔穴、礦穴，以致地面突然塌陷所致保險標的損失，也在保險責任範圍以內。因地基不牢或未按建築施工要求導致建築地基下沉、裂縫、倒塌等損失，一般不在保險責任範圍以內。

（13）飛行物體及其他空中運行物體墜落，凡是空中飛行或運行物體的墜落，如空中

飛行器、人造衛星、隕石墜落、吊車、行車在運行時發生的物體墜落都屬於本保險責任。在施工過程中，因人工開鑿或爆炸而致石方、石塊、土方飛射、塌下而造成保險標的的損失，保險人可以先給予賠償，然后向負有責任的第三者追償。建築物倒塌、倒落、傾倒造成保險標的的損失，視同空中運行物體墜落責任負責。如果涉及第三者責任，可以先賠后追償。

第二節　英國和美國的火災保險

在世界各國的火災保險中，英國和美國的火災保險最為典型並具有借鑑意義。

一、英國的火災保險

（一）英國對火災的解釋

在英國，構成火災須具備三個條件：

（1）點燃並有燃燒現象。如草堆受潮發熱自燃，並沒有點燃，不屬於火災。又如，物體烤焦而沒有燃燒，也不屬於火災。

（2）屬於意外事故。如焚燒垃圾堆，是有意行為而不是意外，就不構成火災。

（3）燒了不該燒的東西。如煤炭在火爐裡燃燒，是燒了應該燒的東西，故不屬於火災。

（二）英國的標準火災保險單的承保風險與不保風險

1. 承保風險

英國的標準火災保險單（以下簡稱「標準火險單」）承保的風險包括以下三方面：

（1）火災。

（2）雷擊。

（3）爆炸。此爆炸僅限於家用鍋爐的爆炸和家用、照明或取暖用的煤氣在屋內發生的爆炸（但此屋必須是不屬於煤氣工廠的一部分）。爆炸的損失包括因爆炸引起的火災及「震動損失」在內。

2. 不保風險

英國標準火險單除外不保的風險有：

（1）自身醞釀或發熱，或在加熱過程中發生的損失。即物質本身的變化及自然發熱，如尚未達到起火程度，對發熱的損失不予負責；如事實上已經起火，則自身醞釀或發熱的部分不能得到賠償。但對於因發熱起火而延燒至其他財產造成的損失，仍須賠償；對在加熱過程中因過熱起火而延燒造成的周圍財物的損失也予賠償。

（2）地震。爐竈、煤氣管、電氣設備都可能因地震而遭破壞，並引起火災，這種地震引起的損毀及火災損失均不予賠償。

（3）地下火。地下火既可能直接燒毀保險標的，也可能引起地陷，使保險標的遭受更大範圍的損失。地下火造成的保險標的損失，屬於除外不保的風險。

（4）騷擾。因騷擾者縱火所致損失不賠。

(5) 民眾暴動，包括罷工、騷亂等。英國法院認為這類行為不一定會構成謀反，故通常不列為戰爭風險範圍。民眾暴動所致損失一律不賠。

(6) 戰爭、入侵、敵對行動。

(7) 內戰、謀反、革命、叛亂以及軍事霸占或篡權，指凡是與國內發生的內戰或內亂有關的火災一律不在承保範圍內。

(8) 爆炸，這裡所指的爆炸是指前述「標準火險單」承保風險中有限制的爆炸以外的其他爆炸。包括純粹震動型的和急速燃燒型的，亦稱黑色爆炸和紅色爆炸。這些爆炸都除外不保。

(三) 英國火災保險的承保及理賠方式

英國可以說是火災保險的發源地，其經營火災保險的歷史悠久，為適應各種不同的需求，產生了一些承保及理賠方式。

1. 特別分攤

英國實施的特別分攤又稱75%分攤，即在保險金額低於實際價值的75%時，採用比例分攤方式，按保險金額占實際價值的比例計算賠款；在保險金額高於實際價值的75%時，則以保險金額為限，按實際價值賠償。

在特別分攤方式下，由於保險金額低於實際價值的75%就得不到足額的賠償，因此，有助於促使投保人以較高額度乃至足額投保。

2. 通知保單

英國為保險貨物的火災損失專設了一種通知保單。此保單的保險金額為一年中貨物可能達到的最高價值。保險人先按75%收取全年保費，然后由被保險人每隔一定時間對保險人發出通知單，通知貨物的價值，此價值既可能是某一固定日的價值，又可能是最高價值，視保單內容而定。保險人一收到通知單，即按通知價值承保，並按實際價值賠償，投保人根據通知單按期向保險人結算保費，多退少補。

3. 統保保單──統保分攤條款

統保保單這種承保方式有利於被保險人。其特點是：

(1) 以一個總的保險金額承保幾個地點的財物。

(2) 擁有許多房屋的大企業可以將全部財產的總保額分項承保，如將全部財產分為全部房屋、全部財物（貨物除外）、全部貨物三項。

對統保保單，英國採取統保加費或分攤條款的方式，以保障保險人的權益。

4.「兩種條件分攤」條款

英國的「兩種條件分攤」條款方式適用於承保公共倉庫的貨物。在承保的保單中，有的保單承保的是指明倉庫、指明貨物；有的保單則是統保保單；一張保單保的貨物分別儲存在幾個倉庫中。遇到損失時，對承保指明倉庫、指明貨物的保單，按比例分攤條件先賠，剩餘的部分由統保保單分攤，這就叫「兩種條件分攤」。

例如：各保單保的都是同一種指明貨物。保單1承保A倉，保額1,000鎊，適用比例分攤條件；保單2承保A倉及B倉，保額3,000鎊，適用兩種條件分攤。貨物實際價值：A倉2,000鎊，B倉4,000鎊。A倉貨物遭火災損失500鎊。

(1) 保單 1 按比例賠償：

$$賠款 = \frac{保險金額}{實際價值} \times 損失額 = \frac{1,000}{2,000} \times 500 = 250（鎊）$$

(2) 保單 2 按分攤賠償：

$$賠款 = \frac{保險金額}{實際淨值} \times 賠款余額 = \frac{3,000}{(2,000+4,000)-1,000} \times 250 = 150（鎊）$$

計算結果：保單 1 賠 250 鎊，保單 2 賠 150 鎊，被保險人自負 100 鎊，共計 500 鎊。

二、美國的火災保險

(一) 美國對火災的解釋

美國法院的判決表明，構成火災須具備兩個條件：

(1) 有熱有光發出火焰，即必須有火焰伴隨的燃燒。

(2) 須為「敵意之火」所造成。美國在普通法中把火分為「友善之火」和「敵意之火」兩種。友善之火是指在一定範圍內故意燃點的有用之火；而敵意之火則是指越出一定的範圍，在不該燃燒的地方燃燒。如果友善之火越出其正常範圍，就會變成敵意之火。敵意之火所致損失，應屬火災範圍。

(二) 美國的標準火災保險單的承保風險與不保風險

在美國火災保險的早期，各家保險公司自行設計、使用火災保險單，缺乏統一性，導致諸多不便，各保險公司越來越迫切地希望制定「標準」的火災保險單，並希望隨著時間的推移，法庭能對這張保單做出統一的明確解釋，使保險雙方能夠準確地掌握保單的含義。1867 年和 1868 年美國全國火災保險委員會（the National Board of Fire Underwriters）最早開始了制定標準火險單的工作。1879 年馬薩諸塞州以州立法的形式強制所有在該州經營業務的保險公司於 1880 年開始使用標準火險單。6 年后紐約州也通過立法規定本州的保險公司從 1887 年開始必須使用標準火險單，並在美國全國保險監督官協會的組織協調下分別於 1918 年和 1943 年對標準火險單進行了修訂。1943 年的紐約標準火險單為美國所有的州所使用。標準火險單不失為一種重要的保險文本，許多基本的財產保險概念在標準火險單中得到解釋，因而標準火險單現在仍廣泛使用於美國商業建築物和企業財產中。

美國的標準火災保險單不是完整的保險合同，只包括了比較寬泛和一般的條款，保險人可以以此為基礎制定承保範圍很廣的保險合同。美國的標準火災保險單規定了承保風險和不保風險。

1. 承保風險

美國紐約標準火險單承保的風險是：

(1) 火災；

(2) 雷擊；

(3) 受上述風險威脅時向屋外的搬遷。

標準火險單只對以上原因造成的直接財產損失負責。

2. 不保風險

美國紐約標準火險單中聲明的除外不保的風險主要有：

（1）戰爭，包括敵人攻擊及入侵、本國軍隊的對抗行動、叛亂、謀反、革命、內戰、篡權的對外戰爭及內戰在內。凡是戰爭引起的火災，保險人概不負責。

（2）內政當局命令焚毀的財物不在承保之列。但內政當局為防止火災蔓延而採取的破壞行動則屬於承保範圍，只是所防止的火災，必須是不由除外不保的風險所引起。

（3）被保險人疏於營救。由於被保險人疏於採取合理搶救行動所致的損失，保險人可以不賠。

（4）爆炸及騷擾。保險人對爆炸及騷擾，不予承保；但爆炸及騷擾若引起火災，則須賠償火災損失；若所保火災引起爆炸或騷擾，則對爆炸或騷擾的損失可視同火災予以賠償。

(三) 美國火災保險的承保理賠方式

美國的火災保險有多種承保理賠方式，下面介紹其中的兩種：

1. 共同保險條款

美國的火災保險，除私人住宅外，一般都採用共同保險條款。在美國的火災保險賠案中，由於損失額低於保險標的價值10%的占絕大多數，因而投保人往往不願意高額投保。於是，保險人為此在保單上添加共同保險條款，要求投保人按標的價值若干成以上投保。最常見的共同保險條款為「80%共同保險條款」，此條款規定，在損失發生後估價時，若保險金額大於或等於標的價值的80%，則保險人在保險金額及保險利益範圍內，對實際損失足額賠償；若保險金額小於標的價值的80%，則實行比例分攤，即：

$$賠款 = 實際損失 \times \frac{保險金額}{80\%的標的價值}$$

2. 統保保單——比例分配條款

美國統保保單的特點與英國相同，但採用的條款不同。美國的統保保單採用比例分配條款，即在發生損失時，對每處財產的保險金額按每處財產占全部財產價值的比例確定。

第三節　企業財產保險

一、企業財產保險的概念及其基本特徵

企業財產保險簡稱企財險。由於以團體作為投保單位，又稱團體火災保險。是財產損失保險的重要險種。企業財產保險是以單位或團體所有、佔有或負有保管義務的位於指定地點的財產及其有關利益為保險標的的財產保險。

企業財產保險的基本特徵可從以下方面體現出來：

(一) 保險標的是陸地上處於相對靜止狀態的財產

企業財產保險的標的主要是各種固定資產和流動資產，這些標的（如廠房、機器設備、原材料等）相對固定地坐落或存放於陸地上的某個位置，從而既與處於水上和空中的標的（如水險的標的——船舶或貨物，飛機保險的標的——機身及其責任等）相區別，又

與處於運動狀態的標的（如運輸工具險和貨物運輸保險的標的）相區別，從而形成了企業財產保險獨有的特徵。

(二) 承保財產地址不得隨意變動

企業財產保險中，強調保險標的必須存放在保險合同中列明的固定處所，除因火災等風險威脅，為安全起見可將屋內的財物暫時運移他處外，被保險人不能隨意變動。這主要是因為企業財產保險標的所處地點不同，風險的大小亦不同。因此，在一般情況下，承保財產地址的變動，須經保險人同意，並在原保單上批註或附貼批單方可進行。

(三) 以團體為投保單位

企業財產保險與家庭財產保險相比，雖然同屬於火災保險，但在投保單位上差異甚大。企業財產保險以團體為投保對象，因而它又可以稱為團體火災保險；而家庭財產保險則是以城鄉居民個人及其家庭為投保單位。

此外，企業財產保險的標的結構、承保風險及費率厘定等較為複雜，核保、核賠難度較大。

二、企業財產保險的主要內容

(一) 保險標的

企業財產保險的保險標的可分為固定資產和流動資產，其表現形式如下：

(1) 房屋及其他建築物和附屬裝修設備，包括正在使用、未使用或出租、承租的房屋；房屋以外的各種建築物，如船塢、油庫、圍牆以及附屬在房屋建築物上的較固定的設備裝置，如衛生設備、空調機、門面裝潢等。

(2) 機器及設備，即具有改變材料屬性或形態功能的各種機器設備。如各種機床、鑄造機以及各種工作機器等；還有與機器不可分割的設備，如機座、傳導設備等。

(3) 工具、儀器及生產用具，即具有獨立用途的各種工作用具、儀器和生產用具。如切削工具、模壓器；檢驗、實驗和測量用儀器及達到固定資產標準的包裝容器等。

(4) 管理用具及低值易耗品，即辦公、計量、消防用具以及其他經營管理用的器具設備；工具、玻璃器皿以及在生產過程中使用的包裝容器等不能作為固定資產的各種低值易耗品。

(5) 原材料、半成品、在產品、產成品或庫存商品、特種儲備商品。如各種原料、材料、燃料、樣品、包裝物等。

(6) 帳外及已攤銷的財產，即已攤銷或已列支而尚在使用的財產。如簡易倉棚、邊角、余料、不入帳的自製設備、無償移交財產、已攤銷的「低值易耗品」等。

(二) 保險金額

企業財產保險的保險金額一般分項確定，它主要分為固定資產與流動資產兩大類，其中固定資產還要進一步按固定資產的分類進行分項，每項固定資產僅適用於該項固定資產的保險金額。

1. 固定資產保險金額的確定

固定資產是指企事業單位、機關團體或其他經濟組織中可供長期使用，並在其使用過

程中保持原有物質形態的勞動資料和消費資料。確定固定資產保險金額一般有以下幾種方式：

（1）按照帳面原值確定。帳面原值是指在建造或購置固定資產時所支出的貨幣總額，可以以被保險人的固定資產明細帳卡等為依據。

例如，某廠購進一臺機器，購進價為 10,000 元，包裝費為 50 元，運雜費為 300 元，安裝費為 1,000 元，按帳面原值確定保額，則：

保險金額 = 10,000 + 50 + 300 + 1,000 = 11,350（元）

（2）按照重置價值確定。重置價值即重新購置或重建某項財產所需支付的全部費用。按重置價值確定保額，可以使被保險人的損失得到足額的補償，避免因賠償不足帶來的糾紛。

（3）按照帳面原值加成數確定。帳面原值加成數即在固定資產帳面原值基礎上再附加一定成數，使其趨於重置價格。在帳面原值與實際價值差額較大時，可按帳面原值加成數確定保險金額。

（4）按其他方式確定。在企業財產保險中，固定資產的保險金額也可以依據公估價或評估后的市價由被保險人確定。

2. 流動資產保險金額的確定

流動資產是指在企業的生產經營過程中，經常改變其存在狀態的那些資產項目。

流動資產保險金額的確定方式，包括以下兩種：

（1）由被保險人按最近 12 個月的帳面平均余額確定。最近 12 個月帳面平均余額是指從投保月份往前推 12 個月的流動資產的帳面余額的平均數。據此確定流動資產保險金額，可實現保險金額與流動資產價值在時間分佈上的相對接近。流動資產的帳面余額應當按取得時的實際成本核算。

（2）由被保險人自行確定。如被保險人可以按最近的 12 個月任意月份的帳面余額確定保額；也可按最近帳面余額（即投保月份上月的流動資產帳面余額）確定保額。

此外，帳外財產和代保管財產可以由被保險人自行估價或按重置價值確定保額。

（三）保險費率

1. 厘定費率的主要因素

保險費率根據保險標的風險程度、損失概率、責任範圍、保險期限和經營管理費用等確定。在厘定企業財產保險的費率時，主要應考慮以下因素：

（1）建築結構及建築等級。建築結構是指建築物中由承重構件（梁、柱、桁架、牆、樓蓋和基礎等）組成的體系，用以承受作用在建築物上的各種負荷。房屋及其他建築結構不同，其強度、剛度、穩定性和耐久性會有較大差異，因而遭遇風險的頻率和風險發生后的損毀程度亦會有所區別。如鋼筋水泥結構的建築要比磚木結構的建築更能抵禦火災及其他災害。建築等級是根據建築結構劃分的建築物的等級。房屋建築等級一般可以分為三等。建築等級不同，風險狀況亦不同。如一等建築的風險損毀程度明顯地低於二等和三等建築。既然建築結構及建築等級影響到房屋及其他建築物的風險概率及其損毀程度，保險人在厘定企業財產保險的費率時，就應該充分考慮建築結構及建築等級的影響，厘定出更

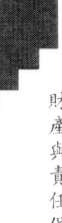

加科學、合理的費率。

（2）占用性質。占用性質是指建築物的使用性質。不同類別、不同風險性質的財產存放於同一建築等級的建築物中，風險程度會有很大差別。如特別危險品的風險程度就大大高於金屬材料。厘定企業財產保險費率時必須考慮建築物的占用性質，並根據占用性質及其相應的風險狀況，實行分類級差費率。

（3）承保風險的種類。企業財產保險承保的風險不僅有火災，還有其他多種災害事故。一般而言，承保的風險種類越多，保險人承擔的責任越大。本著權利義務對等原則，承保風險的種類越多，保險費率越高；承保風險的種類越少，保險費率亦越低。如中國1996年開始實施的《財產保險基本險條款》和《財產保險綜合險條款》，作為企業財產保險的表現形式，在厘定費率時，就考慮了承保風險種類這一因素。《財產保險基本險條款》僅承保火災、爆炸、雷擊、飛行物體及其他空中運行物體墜落四種風險；《財產保險綜合險條款》則既承保以上風險，又承保暴雨、洪水、臺風等多種風險。因此，《財產保險綜合險條款》的費率幾乎全部高於《財產保險基本險條款》的費率。

（4）地理位置。保險標的所處的地理位置不同，風險及其損失的情況也會不同。如中國南方城市磚木結構的建築較多，火災的發生相對頻繁；又如江河沿岸遭洪水的可能性較大；沿海城市常遭臺風襲擊，而內陸城市則無臺風之患等。因此，保險人應根據地理位置不同，厘定出有差別的費率。

此外，還應在具體確定保險費率時考慮被保險人的防火設備、保險標的所處環境、交通狀況等因素的影響。在實際工作中，一般以表定費率為基礎，再根據具體風險情況等因素，在一定的浮動範圍內確定費率。

2. 保險費率的分類

企業財產保險的保險費率，採用分類級差費率制。它可以分為工業險、倉儲險和普通險三類，每類又按占用性質及風險大小等確定不同檔次的費率。

（1）工業險費率。從事製造、修配、加工生產的工廠，適用工業險費率。工業險費率的檔次按原材料性質、工藝操作及其風險狀況確定。風險程度越高，費率越高。

（2）倉儲險費率。凡是儲存大宗物資的，不論存放處所為倉庫、露堆、油槽、儲氣櫃、地窖、躉船等，都選用倉儲險費率。倉儲險費率以儲存物資本身的種類及其風險程度為依據，劃分為不同的費率檔次。

（3）普通險費率。除工業險、倉儲險以外的其他行業，適用普通險費率。普通險費率根據投保單位的工作性質及其風險狀況確定費率檔次。

3. 短期費率

企業財產保險一般以一年為期，標準費率表是年費率表。如果保險期限不足一年，應按短期費率表計收保費。如中途退保，亦適用於短期費率，保險期不足一月的，按一個月收費。參見1996年實施的短期費率表，如表3-1所示。

表 3-1　　　　　　　　　財產保險短期基本險、綜合費率

保險期限（月）	1	2	3	4	5	6	7	8	9	10	11	12
按年費率（%）	10	20	30	40	50	60	70	80	85	90	95	100

(四) 保險賠償

在企業財產保險中，保險標的發生保險責任範圍內的損失，保險人按照保險金額與保險價值的比例承擔賠償責任，即按以下方式計算賠償金額：

1. 固定資產

固定資產的保險賠償需要分項計算。在具體賠償時分為以下兩種情況：

（1）全部損失。受損財產保險金額等於或高於出險時重置價值的，其賠償金額以不超過出險時的重置價值為限；受損財產的保險金額低於出險時重置價值的，其賠款不得超過該項財產的保險金額。

（2）部分損失。受損保險標的的保險金額等於或高於出險時重置價值的，按實際損失計算賠償金額；受損財產的保險金額低於出險時重置價值的，應根據實際損失或恢復原狀所需修復費用，按保額占出險時重置價值的比例計算賠償金額。即：

$$賠款 = \frac{保險金額}{出險時重置價值} \times 實際損失或受損財產恢復原狀所需修復費用$$

2. 流動資產

流動資產的保險賠償分為以下兩種情況：

（1）全部損失。受損財產的保險金額等於或高於出險時帳面余額的，其賠償金額以不超過出險時帳面余額為限；受損財產的保險金額低於出險時帳面余額的，其賠款不得超過該項財產的保險金額。

（2）部分損失。受損保險標的的保險金額等於或高於帳面余額，按實際損失計算賠償金額；受損財產的保險金額低於帳面余額的，應根據實際損失或恢復原狀所需修復費用，按保險金額占出險時帳面余額的比例計算賠償額。即：

$$賠款 = \frac{保險金額}{出險時帳面余額} \times 實際損失或受損財產恢復原狀所需修復費用$$

三、企業財產保險的主要險種

企業財產保險的主要險種，從中國目前來看，是財產保險基本險和財產保險綜合險。此外，還有機器損壞險、利潤損失險及其他附加險種。

(一) 財產保險基本險

財產保險是以企事業單位、機關團體等的財產為保險標的，承擔財產面臨的基本風險責任的保險，它是企業財產保險的主要險種之一。

1. 保險責任

根據1996年開始在中國實施的《財產保險基本險條款》規定，財產保險基本險對下列風險造成保險標的的損失負責賠償：

（1）火災；

（2）雷擊；

（3）爆炸；

（4）飛行物體及其他空中運行物體墜落。

保險標的的下列損失，保險人也負責賠償：

（1）被保險人擁有財產所有權的自用供電、供水、供氣設備因保險事故遭受破壞，引起停電、停水、停氣以及造成保險標的的直接損失。

（2）在發生保險事故時，為搶救保險標的或防止災害蔓延採取合理的必要措施而造成保險標的的損失。

2. 除外責任

在財產保險基本險中，通常將下列原因造成保險標的的損失列為除外責任，保險人不予賠償：戰爭、敵對行為、軍事行為、武裝衝突、罷工、暴動；被保險人及其關係人的故意行為或縱容所致；核反應、核子輻射和放射性污染；地震、暴雨、洪水、臺風、暴風、龍捲風、雪災、雹災、冰凌、泥石流、崖崩、滑坡、水暖管爆裂、搶劫、盜竊等。

下列損失也屬於財產保險基本險的責任免除範圍：保險標的遭受保險事故引起的各種間接損失；保險標的本身缺陷、保管不善導致的損毀；保險標的變質、霉爛、受潮、蟲咬、自然磨損、自然損耗、自燃、烘焙所造成的損失；由於行政行為或執法行為所致的損失以及其他不屬於保險責任範圍的損失和費用。

（二）財產保險綜合險

財產保險綜合險與財產保險基本險一樣，也是企業財產保險業務的主要險種，它在保險金額、保險價值和賠償處理等內容上，與財產保險基本險相同，但是在保險責任和責任免除方面存在著區別。

1. 保險責任

財產保險綜合險的責任範圍較財產保險基本險要廣泛得多。一般而言，由於下列原因造成保險標的的損失，保險人在綜合險項下均負賠償責任：

（1）火災、爆炸、雷擊；

（2）暴雨、洪水、臺風、暴風、龍捲風、雪災、雹災、冰凌、泥石流、崖崩、突發性滑坡、地面下陷下沉；

（3）飛行物體及其他空中運行物體墜落。

保險標的的下列損失，保險人也負責賠償：

（1）被保險人擁有財產所有權的自用供電、供水、供氣設備因保險事故遭受破壞，引起停電、停水、停氣以及造成保險標的的直接損失。

（2）在發生保險事故時，為搶救保險標的或防止災害蔓延採取合理的必要措施而造成保險標的的損失。

2. 除外責任

財產保險綜合險對下列原因造成的保險標的的損失，不予賠償：戰爭、敵對行為、軍事行動、武裝衝突、罷工；被保險人及其關係人的故意行為或縱容所致；核反應、核子輻射

和放射性污染。

此外，保險人對下列損失也不負責賠償：保險標的遭受保險事故引起的各種間接損失；地震所造成的一切損失；保險標的本身缺陷、保管不善導致的損毀；保險標的的變質、霉爛、受潮、蟲咬、自然磨損、自然損耗、自燃、烘焙所造成的損失；堆放在露天或罩棚下的保險標的以及罩棚由於暴風、暴雨造成的損失，由於行政行為或執法行為所致的損失以及其他不屬於保險責任範圍的損失和費用。

(三) 機器損壞保險

機器損壞保險是以已安裝完畢並投入運行的機器為保險標的的財產保險。機器損壞保險主要承保工廠、礦山等保險客戶機器本身的損失，保險人對各類安裝完畢並已投入運行的機器設備因人為的、意外的或物理性原因造成的物質損失負責。該險種既可單獨投保，也可作為財產保險基本險或綜合險的附加險投保。

1. 保險責任

在機器損壞保險中，保險人通常負責被保險機器及其附屬設備因下列原因造成的損失：設計、製造或安裝錯誤、鑄造或原材料缺陷；工人、技術人員的操作錯誤以及缺乏經驗、技術不善、疏忽、過失、惡意行為；離心力引起的斷裂；電氣短路或其他電氣原因；鍋爐缺水；物理性爆炸等。由於保險客戶投保機器損壞險的目的不僅在於保險，還在於獲取保險人的防損服務，因此，保險人提供防損技術服務是該險種的重要內容，防損費用甚至超過賠款。

2. 保險金額和保險費率

機器損壞保險一般根據各類機器的重置價值確定保險金額。即：

保險金額＝購置新機器的價值＋關稅＋運費＋保險費＋安裝費

如果機器設備價格增長較快，被保險人應主動將價格變動通知保險人，以便及時調整保額，避免不足額保險。被保險人如果中途另外添購新機器，應立即通知保險人，以便及時承保。

機器損壞保險的費率是根據每一類機器以往幾年的損失情況以及被保險人的經營管理水平、產品的可靠性及用途等確定的。同其他財產保險相比，機器損壞保險的損失率較高，因此該險種的費率也相對較高。

3. 保險賠償

(1) 全部損失。保險人按損失當時機器的市價賠償，但以保額為限。如有殘值應從賠款中扣除。

(2) 部分損失。保險人按機器的修理費用賠償。修理費用包括修理工時費、零部件換置費、機器拆裝費、運費、保費、稅款及其他保險人同意支付的費用。

(四) 利潤損失保險

利潤損失保險又稱為營業中斷保險，是以企業因停產、停業或經營受影響而面臨的預期利潤的損失及必要的費用支出為保險標的的財產保險。它賠償企業遭受災害事故並導致正常生產或營業中斷造成的利潤損失，在國際保險市場上，利潤損失保險既有使用單獨保單承保的，又有作為火災保險的附屬保單承保的。中國保險人一般將利潤損失保險作為財

產保險的一項附加險承保。

1. 保險責任

利潤損失保險以附加險種形式出現，只有保險標的損失的原因與基本險種的承保風險一致，保險公司才負責賠償因此引起的營業中斷損失。

利潤損失保險主要承保保險責任事故引起的利潤損失及營業中斷期間仍需支付的必要費用等間接損失，從而打破了財產保險只承保直接損失責任的傳統做法。其保險責任可以擴展到因其他相關單位（如供應商、銷售商等）遭受風險使被保險人停業、停產造成的利潤損失。

2. 保險賠償期限

在利潤損失保險經營實務中，保險人應當充分注意其保險賠償期限與保險期限的區別。保險期限是指保險單的起訖期限，保險人負責承保保險有效期內發生的災害事故；保險賠償期限則是指在保險期限內發生了災害事故后恢復正常生產經營的一段時期。利潤損失保險只負責保險賠償期內所遭受的損失。即由保險雙方當事人事先估計企業財產受損后要恢復原有的生產經營狀況所需要的時間（如從財產受災之日起三個月、半年或一年等），商定賠償期限。

3. 保險金額

利潤損失保險的保險金額一般按本年度預期毛利潤額確定，即根據企業上年度帳冊中的銷售或營業額、本年度業務發展趨勢及通貨膨脹因素等估計得出。如果賠償期限為一年以內，保額為本年度預期毛利潤額；若賠償期在一年以上，則保額按比例增加。

4. 保險賠償

利潤損失保險既賠償毛利潤損失，又承擔營業中斷期間支付的必要費用。

營業額減少所形成的毛利潤損失 =（標準營業額 - 實際賠償期內的營業額）× 毛利潤率

上式中：標準營業額是指上年度同期的可比營業額；實際賠償期內的營業額是指從損失發生之日起到安全恢復生產經營為止的營業額，實際賠償期以保險賠償期限為限；毛利潤率是指上年度的毛利潤額與營業額之比。

保險人賠償毛利潤損失時，一般按以上公式計算，並可以根據本年度的業務趨勢和通貨膨脹因素適當調整營業額和毛利潤額。而營業中斷期間支付的必要費用，主要是指企業為減少營業中斷損失而支付的合理費用。如商場遭火災后繼續營業而租用他人房屋的租金；為加快修建被焚毀的廠房，要求建築工人加班而支付的加班費。但營業費用的增加額不能超過若不支出該費用而造成的毛利潤損失額。

(五) 企業財產保險的附加險

為適應投保人的某些特殊需要，保險人還可以在企業財產保險基本險種（如財產保險基本險、財產保險綜合險）的基礎上增加特約承保各種附加險，如「盜搶險」「露堆財產保險」「礦下財產保險」「櫥窗玻璃意外保險」等。

1. 盜搶險

在企業財產保險中，盜搶風險一般不屬於承保責任範圍，盜搶險也不能單獨承保，而只能以企業財產保險主險附加盜搶險的形式存在。投保了附加盜搶險后，凡是值班保衛制

度健全的單位存放在保險地址室內的保險標的，因遭受外來的、明顯的盜搶行為所致的損失，並報公安機關立案的，保險人承擔賠償責任。但監守自盜屬於險外責任。

2. 露堆財產保險

對符合倉儲規定的露堆財產，投保人要求保險人特約承保時，可以在企業財產保險主險的基礎上加費后以附加險形式投保。經特別約定后，承保的露堆財產因遭受暴風、暴雨所致的損失，保險人負責賠償。但被保險人對其露堆財產的存放，必須符合倉儲及有關部門的規定，並採取相應的防護安全措施，否則，保險人有權拒賠。

3. 礦下財產保險

對礦井、礦坑內的設備和物資，經保險雙方特別約定，可以在保單上以加貼「礦下財產保險特約條款」的方式承保。保險人對保單上列明的自然災害、意外事故以及因瓦斯爆炸、冒頂塌方、提升脫鈎和地下水穿孔等原因導致礦下財產的損失，承擔賠償責任。

4. 櫥窗玻璃意外保險

商業企業的櫥窗玻璃在企業財產保險的基礎上，以附加險的形式特約承保意外破碎責任。凡是承保的櫥窗玻璃（包括大門玻璃、櫃臺玻璃、樣品櫥窗玻璃等）因碰撞、外來惡意行為所致的玻璃破碎以及因玻璃破碎而引起的櫥窗內陳列商品的非盜竊損失，保險公司負責賠償。

除以上附加險外，「堤堰、水閘、涵洞保險」「地震保險」「水暖管爆裂保險」、「油田保險」等，都可以在企業財產保險主險的基礎上以附加險的形式特約承保。

第四節　家庭財產保險

一、家庭財產保險的基本特徵

家庭財產保險，簡稱家財險，是以個人所有、佔有或負有保管義務的位於指定地點的財產及其有關利益為保險標的的財產保險。

家庭財產保險的基本特徵如下：

（一）保險標的分散

家庭財產保險以城鄉居民的家庭財產為保險標的，而城鄉居民尤其是農村居民居住十分分散，除少數城鎮居民可以通過其所在單位統一投保家庭財產保險外，絕大多數居民都是各自分散地向保險公司投保此險種。因而，家財險的保險標的具有分散的特徵。

（二）盜竊是保險標的面臨的主要風險之一

家庭財產保險的保險標的，既面臨著火災及其他各種自然災害、意外事故，又面臨著盜竊風險。盜竊是家庭財產面臨的除火災以外的又一大主要風險，轉移盜竊風險是城鄉居民對家財險的基本需求。然而，由於盜竊風險是嚴重的社會風險，保險人承保后，盜竊責任所致賠款普遍偏高，影響保險人經營的穩定。因此，在中國的保險實踐中，對盜竊風險，既有作為家財險的主險責任予以承保的，又有作為家財險的附加險種責任特約承保的。

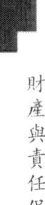

(三) 保險金額普遍較低

隨著中國國民經濟的持續發展和人民生活水平的不斷提高，城鄉居民的家庭財富日益增加。但是，與企業財產保險相比，居民家庭的財產總是有限的，而且，家庭財產保險通常未將汽車這一高檔消費品作為保險標的，這樣，家財險的保險金額也就較為低下，一般少則幾千元，多則幾萬元，幾十萬元的較為少見。因此，保險金額普遍偏低是家財險的基本特徵。

(四) 保險賠償普遍採用第一危險責任賠償方式

中國家財險在賠償時採用第一危險責任賠償方式，而其他的財產保險則一般採用比例責任賠償方式。在發生家財險賠案時，無論是否足額投保，在採用第一危險責任賠償方式下，在保險金額以內的保險標的損失，保險人全額賠償。採用第一危險責任賠償方式較之採用比例責任賠償方式，顯然更有利於被保險人。

二、家庭財產保險的主要內容

(一) 保險標的

凡是城鄉居民家庭或個人的自有財產、代他人保管財產或與他人共有的財產等，都可以作為保險標的投保家庭財產保險。具體而言，家庭財產保險的保險標的主要包括以下項目：

(1) 自有房屋及其附屬設備。房屋的附屬設備是指固定裝置在房屋中的冷暖衛生設備、照明、供水設備等。

(2) 各種生活資料。包括衣服、行李、家具、文化娛樂用品、家用電器、非機動交通工具等。如果投保人有機動交通工具，應當另行投保機動車輛保險及第三者責任保險。

(3) 農村家庭的農具、工具和已經收穫入倉的農副產品。

(4) 與他人共有的財產。共有是指所有權主體有兩個或兩個以上，與他人共有並由其負責的財產可以投保家財險。

(5) 代保管財產。即被保險人受他人委託，代其保管並負有維護其安全責任的財產。但從事生產、經營的個體工商業者，如洗染店、寄售店、修理店、服裝加工店、代購代銷店、私人旅館小件寄存等，代他人加工、修理、保管的財產，不在家財險中的代他人保管財產之列，從而不能納入家財險中承保。

(6) 租用的財產。它是指以付出一定租金為代價而使用的他人財產。如租用房屋、家具、電器等。

(二) 保險責任

家財險的主險的責任範圍與企業財產保險綜合險的保險責任範圍相似，主要承保火災、爆炸、雷擊及其他各種自然災害、意外事故。

對家財險的被保險人為防止災害蔓延或因採取必要的施救、保護措施所致的保險標的損失及支付的合理費用，保險人也予以負責。

(三) 保險金額

家財險的保險金額，一般由被保險人根據其家庭財產的實際價值自行確定。

由於家庭財產一般無帳目可查，因而保險金額往往難以準確確定，因此，一般應以購置該財產時的支出作為家庭財產的實際價值，並以此為據確定保險金額。

(四) 保險費率

家財險的保險費率，主要依據以下因素確定：

(1) 房屋建築結構及其等級。被保險人居住的房屋建築結構及其等級，直接影響到保險標的的風險狀況。如木結構的房屋較之磚結構的房屋，遭受火災致損的可能性更大。因此，房屋建築結構及其等級是決定家財險費率的主要因素。

(2) 家庭財產的構成。家庭財產的構成不同，風險狀況也會不同。如家用電器的多寡與火災、爆炸等風險損失緊密相關。因此，制定費率時應當考慮家庭財產的構成情況。

(3) 地理位置及社會環境。一方面，不同的地理位置家庭財產的風險狀況不一樣。如長江沿岸的財產比內陸地區可能遭受的水患嚴重；另一方面，一個城市或社區的社會治安狀況良好，盜竊風險必定較小，保險人因盜竊損失支付的賠款就較少。因此，保險人在制定家財險費率時，應將地理位置及社會環境作為依據。

三、家庭財產保險的主要險種

家庭財產保險一般由若干險種組成，中國的家財險的基本險種有普通家財險、家財兩全險和團體家財險等，附加險種有附加盜竊險及其他險種。下面僅對普通家財險、家財兩全險、團體家財險及附加盜竊險進行介紹。

(一) 普通家財險

普通家財險是保險人為城鄉居民開設的一種通用型家財險種。它是家財險險種中的一種主要險種，其他家財險險種基本上都是在普通家財險的基礎上發展而來的。

普通家財險的保險期限為一年。

由於前述「家庭財產保險的重要內容」闡述的基本上是普通家財險的內容，故不再贅述。

(二) 家財兩全險

家財兩全險是適用於城鄉居民家庭的兼具財產保險和滿期還本兩全性質的家財險業務。它是在普通家財險的基礎上產生的一種家財險的基本險種，其保險標的、保險責任與普通家財險無異。家財兩全險的主要特點是：

(1) 保險金額固定化。與普通家財險不同，家財兩全險的保險金額採取固定的方式，一般以1,000元為1份，投保份數至少1份，多者不限（只要是在保險標的的實際價值以內），因此，保險金額通常是1,000元的倍數。

(2) 保險期限多樣化。財產保險的保險期限一般是以一年為期；而家財兩全險的保險期限既可以一年為期，也可以三年、五年為期，呈現出多樣化的特點。

(3) 保險人用投保人所交儲金的利息作為保費收入。

(4) 保險期滿退還保險儲金。家財兩全險的滿期還本性質體現為，投保人交納保險儲金后，無論是否在保險期間發生過保險賠款，保險期滿時保險人都要將保險儲金全部退還給被保險人。

在家財兩全險的基礎上，一些地方（首先在四川省）的保險人又推出了一種長效還本家財險險種，它與家財兩全險的主要區別是保險期滿時，只要被保險人未主動退保，保險單就自動續保，繼續有效。

隨著家財險的發展，順應保險消費者的需求，家財兩全險逐漸演進為投資保障型家庭財產保險。

（三）團體家財險

為適應企事業單位及機關團體為職工辦理家庭財產保險的需要，保險人開辦了團體家財險。凡單位職工的家庭財產都可以參加團體家財險。團體家財險的保險條款與普通家財險基本相同。

團體家財險具有以下特點：

（1）投保人與被保險人相分離。在團體家財險中，投保人是單位，被保險人是單位職工，這種投保人與被保險人相分離的情況與其他財產保險中投保人與被保險人往往合二為一的情況相區別，從而成為團體家財險的一個特點。

（2）投保單位的職工必須全部投保。保險人在承保時，以投保時約定月份發放工資時的職工名冊為準，確定被保險人的人數；凡中途調出、調入者，均應辦理批改手續或加保手續；投保財產坐落地址，以附列的地址清單上被保險人填報的地址為準，投保財產以被保險人常住住址中的財產為限。對於居住在單位的單身職工和家住農村的職工，均應附列地址和保險金額。

（3）保險金額由投保單位統一確定。在團體家財險中，所有被保險人的保險金額是一致的；同一家庭有兩個或兩個以上職工參加團體家財險的，其保險金額可以合併計算。

（4）團體家財險適用優惠費率。單位統一投保能夠省去保險人大量的展業承保工作，既滿足了投保單位的需要，又節約了保險人的經營成本，從而為降低費率奠定了基礎。保險人對團體家財險的投保，往往在同等條件下給予費率優惠。

（四）附加盜竊險

附加盜竊險，是附加在家財險或家財兩全險或團體家財險上的一個附加險種，它雖然不能作為獨立業務承保，但因盜竊是家庭財產面臨的主要風險，它亦成為多數家庭投保時必然選擇的保險，因此，附加盜竊險在家財險中有重要的地位。

保險人在經營附加盜竊險業務時，需要把握如下事項：

（1）盜竊責任是指存放在保險地址室內的被保險財產，因遭受外來的、有明顯痕跡的盜竊損失，包括被盜財產和被砸壞的財產等，均由保險人負責。但對於順手牽羊、窗外鉤物等造成的損失，保險人不予負責。對於被保險人及其家庭成員、服務人員、寄居人員的盜竊或縱容他人盜竊所致的被保險財產損失，保險人不負責任。

（2）被保險人在遭受保險責任範圍內的盜竊損失後，應當保護好現場，及時向當地公安機關報案，並盡快通知保險人。取得公安機關的證明且經過三個月等待期仍然未破案，是被保險人索賠的重要條件。

除以上險種外，保險人還可以根據投保人的要求開設一些專項保險業務，如家用煤氣及液化氣保險、家庭房屋保險、自行車保險、家用電器保險等。

53

復習思考題

1. 什麼是火災保險？火災保險有何發展變化？
2. 構成火災責任必須具備什麼條件？
3. 英、美兩國的火災保險對中國有何借鑑意義？
4. 企業財產保險的基本特徵是什麼？
5. 怎樣確定企業財產保險的保險金額？
6. 企業財產保險的費率是怎樣確定的？
7. 企業財產保險的賠款如何計算？
8. 家庭財產保險的基本特徵是什麼？
9. 家財兩全險有何特點？

第四章　貨物運輸保險

第一節　貨物運輸保險概述

一、貨物運輸保險的概念及其分類

(一) 貨物運輸保險的概念

貨物運輸保險以運輸過程中貨物為保險標的，承保貨物在運輸過程中由於自然災害或意外事故遭受的損失的保險。貨物運輸保險所承保的貨物，主要是指具有商品性質的貿易貨物，一般不包括個人行李或隨運輸所耗的各種供應和儲備物品。

貨物運輸就其本質上講就是通過運輸工具實現貨物的位移，它是一種十分常見的勞務形式，也是商品實現其價值的必要途徑。無論是國內貿易還是國際貿易，一筆交易的貨物從賣方到買方，往往都需要經過運輸過程，在此過程中，貨物可能會因自然災害或意外事故的發生而造成損失。《中華人民共和國合同法》第三百一十一條規定：「承運人對運輸過程中貨物的毀損、滅失承擔損害賠償責任，但承運人證明貨物的毀損、滅失是因不可抗力、貨物本身的自然性質或者合理損耗以及託運人、收貨人的過錯造成的，不承擔損害賠償責任。」由此可見，貨物交承運人運輸，承運人承擔的保障責任是有限的，貨物的所有人有通過保險方式轉嫁風險的需要。

在現代形式的各類財產保險業務中，海上貨物運輸保險的歷史最為悠久，陸上各種貨物運輸保險是在海上貨物運輸保險的基礎上發展起來的，是海上貨物運輸保險的延伸。

(二) 貨物運輸保險的分類

1. 按運輸方式分類

貨物運輸保險按運輸方式不同，可分為以下幾類：

(1) 水上貨物運輸保險。保險貨物採取水上運輸的方式，其運輸工具為各種船舶。

(2) 陸上貨物運輸保險。保險貨物採取陸上運輸的方式，其運輸工具包括火車、汽車和其他機動車。

(3) 航空貨物運輸保險。保險貨物採取空中運輸的方式，其運輸工具為飛機。

(4) 郵包保險。包括用水、陸、空各種運輸方式運送的郵包保險。

（5）聯合運輸保險。保險貨物在運輸過程中採用兩種或兩種以上運輸方式。

2. 按適用範圍分類

貨物運輸保險按適用範圍，分為國內貨物運輸保險和涉外貨物運輸保險兩大類。國內貨物運輸保險適用於中華人民共和國境內的業務，適用的是中華人民共和國的法律、法規；涉外貨物運輸保險適用於中華人民共和國境外的業務，經營中除了要遵循國內有關的法律法規外，還要遵循有關的國際公約和慣例。由於海上貨物運輸保險的發展歷史較悠久，是其他貨物運輸保險發展的基礎。因此，本章重點介紹中國海上貨物運輸保險，在此基礎上再對國內貨物運輸保險業務作一些介紹。

二、貨物運輸保險的特點

貨物運輸保險與一般財產保險比較，具有以下特點：

（一）保險標的具有較大的流動性

一般的財產保險，特別是火災保險，其保險標的處於相對靜止狀態；而貨物運輸保險的保險標的為運輸過程中的貨物，為了實現貨物的位移，必須使用各種運輸工具來運輸，貨物在運輸途中經常處於流動狀態。由於具有此特點，運輸中的貨物所面臨的風險較多。且由於保險標的流動性特點，其發生損失往往不在保險合同簽訂地，而是在異地，保險人一般要委託出險地的代理人代查勘理賠。

（二）保險責任範圍較廣泛

一般的財產保險合同只負責保險單上約定的災害事故的發生而造成的保險標的的直接損失和被保險人為減少保險標的的損失所支出的施救、保護費用；而貨物運輸保險合同除負責災害事故所造成的保險標的的直接損失和施救、保護費用外，還負責保險貨物由於一系列外來原因所造成的保險標的的損失，如偷竊、提貨不著、雨淋、短量、混雜污染、滲漏、包裝破裂等，特別是海上貨物運輸保險所包括的附加險有多種，使保險人所承擔的保險責任範圍較廣泛。此外，按照國際慣例，對共同海損和應分攤的共同海損費用，保險人也負責賠償。

（三）保險期限的確定方式較為特殊

一般的財產保險合同的保險期限為一年，也有短期保險，保險期限都是以時間加上明確的時點來確定；貨運險保險期限的確定以運輸途程來確定，保險單上有一項專門的確定保險期限的條款，稱為「倉至倉」條款。

（四）保險單的可轉讓性

除貨物運輸保險合同以外的其他財產保險合同，未經保險人同意，保險單不能隨物權的轉讓而轉讓；貨物運輸保險的保險單可隨物權的轉讓而轉讓。由於運輸中的貨物一般是交承運人運輸，被保險人並未直接控制保險標的，保險標的所有權的轉讓對貨物的風險狀況沒有實質性的影響，且貨物運輸保險的期限較短，為了方便商品交易，保險單一般可隨物權的轉移而轉讓，無須徵得保險人同意。

（五）海上貨物運輸保險具有國際性

海上貨物運輸保險的國際性表現為：保險合同當事人會涉及不同國家和地區的人；保

險標的是國際貿易中的貨物；保險合同的簽訂和履行除了會涉及貿易合同的有關規定外，還要遵循有關的國際公約、國際慣例。

第二節　海上貨物運輸保險

一、國際貿易價格術語

(一) 國際貨物買賣合同

國際貨物買賣合同是指營業地處於不同國家的當事人之間所簽訂的貨物買賣合同。由於合同雙方當事人的營業地處於不同國家，貨物必須從買方營業地運往賣方營業地，這就產生了許多複雜的問題。如賣方在何時何地交貨、由何方派遣運輸工具並支付相關費用、貨物在運輸途中的風險由誰承擔、何方負責申領進出口許可證和交納進出口貨物的關稅。為此，國際貨物買賣雙方在洽商合同時，一定要明確上述問題。這些問題，國際貨物買賣雙方可以通過採用某個價格術語的方式獲得解決。也就是說，國際貿易中所使用的價格術語正是為了說明上述費用、風險、手續等買賣雙方責任的劃分。價格術語是在國際貿易的長期實踐中形成的，並且已經得到廣泛的應用。

(二) 價格術語的含義與作用

價格術語是國際貿易中專門使用的術語。它一方面能表明商品價格金額的構成，另一方面能明確雙方的責任範圍、風險界限、費用負擔等重大問題的一個簡單的概念、詞組或縮寫符號。

在國際貿易中，買賣雙方在磋商交易和訂立合同時，只要選用某種雙方認為合適的價格術語，就可以據此確定他們各自的責任，而不必逐項進行磋商討論。所以，國際貿易術語的廣泛使用，為買賣雙方提供了很大的方便，簡化了交易磋商的內容，縮短了磋商成交的時間，節省了交易的開支和費用，便利了合同的簽訂與執行。對促進國際貿易的發展有積極意義。

(三) 價格術語與運輸、保險的關係

明確了價格術語的採用，就明確了由買方或賣方負責運輸、保險的事宜。如 FOB、C&F、CIF 雖然同屬於象徵性交貨條件，FOB 合同規定由買方負責運輸和購買國際貨物運輸保險，C&F 合同規定由買方負責購買保險；若以 CIF 合同成交，運輸和保險均由賣方負責。

二、海運保險保障的風險

海上保險保障的風險可分為兩大類：一是海上風險，海上風險又可分為自然災害和意外事故兩種；二是其他外來原因引起的外來風險。

(一) 海上風險

海上風險，是指船舶、貨物在海上運輸過程中所發生的風險。但是，海上保險人承保的海上風險是一種特定範圍內的風險，它既不包括一切在海上發生的風險，又不局限於在

航海中發生的風險。海上保險所承保的風險，按其發生性質可以分為自然災害和意外事故兩大類。

1. 自然災害

自然災害，一般是指不以人們意志為轉移的自然界力量所引起的災害。但是海上保險中，它並不是泛指一切由於自然力量所造成的災害。而且在不同國家、同一國家的不同時期對自然災害的解釋也有所不同。據中國1981年1月1日修訂的海洋運輸貨物保險條款的規定，所謂自然災害僅指惡劣氣候、雷電、海嘯、地震、洪水及其他人力不可抗拒的災害等。

2. 意外事故

海上意外事故是指運輸工具遭遇外來的、突然的、非意料中的事故，如船舶擱淺、觸礁、沉沒、互撞、與流冰或其他物體碰撞、船舶失蹤以及火災、爆炸等。海上保險所承保的意外事故，並不是泛指的海上意外事故，而是指保險條款規定的特定範圍內的意外事故。

(二) 外來風險

外來風險一般是指海上風險以外的其他外來原因所造成的風險。所謂外來原因，必須是意外的、事先難以預料的，而不是必然發生的外來因素。因此，類似貨物的自然損耗和本質缺陷等屬於必然發生的損失，都不包括在外來風險引起的損失之列。按照中國運輸貨物保險條款規定，外來風險通常是指偷竊、破碎、淡水雨淋、受潮、受熱、發霉、串味、沾污、滲漏、鉤損、銹損等。

此外，保險人還可以特約承保由於軍事政治、國家政策法令以及行政措施等特殊外來原因所引起的風險。常見的特殊外來風險有：戰爭、罷工、交貨不到、拒收等。

三、中國海上貨物運輸保險的保險責任和責任免除

新中國成立后，為了適應中國對外經濟貿易不斷發展的需要，中國人民保險公司根據中國保險工作的實際情況，並參照國際保險市場的習慣做法，自1956年起陸續制定了各種涉外保險業務條款，總稱為「中國保險條款」（China Insurance Clauses, CIC）。海上貨物運輸保險條款是它的重要組成部分。

中國現行的海洋運輸貨物保險條款是中國人民保險公司1981年1月1日修訂的海洋運輸貨物保險條款（Ocean Marine Cargo Clauses1/1/81）。該條款共有五部分內容：責任範圍、除外責任、責任起訖、被保險人的義務和索賠期限。在責任範圍部分，規定海上貨物運輸保險的基本險分為平安險、水漬險和一切險三種。投保人可以根據需要選擇其中任何一種險別投保。當被保險貨物遭受損失時，保險人按照保險單載明的投保險別所規定的責任範圍負責賠償。「平安險」「水漬險」和「一切險」的稱謂，源自新中國成立之前中國海上保險市場的叫法，其內容是參照1963年《倫敦協會貨物保險條款》制定的，險別的英文名稱也來自協會條款。中國海上貨物運輸保險承保險別分為基本險和附加險。

(一) 基本險的保險責任

中國海上貨物運輸保險承保的基本險包括平安險、水漬險和一切險三種。

1. 平安險（Free From Particular Average，簡稱 FPA）

「平安險」是中國保險行業中長期沿用的習慣稱呼，它並非指保了這種險保險人就負責貨物平安到達目的地，它的原意是「不負責單獨海損」，僅對全部損失和共同海損負賠償責任。該險種原來的責任範圍是對全部損失賠償，部分損失不賠。但長期以來在實踐中經過不斷修訂補充，平安險的保險責任範圍已經超出了全損範圍，它包括保險標的因自然災害造成的全損以及因意外事故造成的損失。

平安險的承保責任包括：

（1）保險貨物在運輸途中由於惡劣氣候、雷電、海嘯、地震、洪水等自然災害造成整批貨物的全部損失或推定全損；

（2）由於運輸工具遭受擱淺、觸礁、沉沒、互撞、與流冰或其他物體碰撞以及失火、爆炸等意外事故造成貨物的全損或部分損失；

（3）在運輸工具已經發生擱淺、觸礁、沉沒、焚毀等意外事故的情況下，貨物在此前后在海上遭受惡劣氣候、雷電、海嘯等自然災害所造成貨物的部分損失；

（4）在裝卸或轉運時，由於一件或數件整件貨物落海造成的全部或部分損失；

（5）被保險人對遭受承保責任內危險的貨物採取搶救、防止或減少貨損的措施而支付的合理費用，但以不超過該批獲救貨物的保險金額為限；

（6）運輸工具遭遇海難后，在避難港由於卸貨、存倉以及運送貨物所產生的特別費用；

（7）共同海損的犧牲、分攤和救助的費用；

（8）運輸合同訂有「船舶互撞責任」條款，根據該條款規定應由貨方償還船方的損失。

2. 水漬險（With Particular Average，簡稱 WA 或 WPA）

「水漬險」也是中國保險界長期使用的稱呼，我們同樣不能簡單地從字面上去理解它，認為凡是投保了該險種的保險貨物在運輸途中發生水漬損失，都由保險人負責賠償。水漬險的原意應當是「負責賠償單獨海損」，也就是平安險不負責的部分，水漬險予以負責。

除包括上列平安險的各項責任外，水漬險還負責保險標的由於惡劣氣候、雷電、海嘯、地震、洪水等自然災害所造成的部分損失。

3. 一切險（All Risks，簡稱 AR）

一切險承保的責任範圍除包括上述水漬險的各項責任外，還負責保險貨物在運輸途中由於一般外來原因所致的全部或部分損失。其中，各種外來風險主要是指 11 種一般附加險。這 11 種一般附加險包括：

（1）偷竊、提貨不著險。主要承保在保險有效期內，保險貨物由於偷竊行為以及貨物運抵目的地后，整件貨物未為收貨人提到所造成的損失。

（2）淡水雨淋險。承保貨物在運輸途中直接遭受雨淋或淡水所造成的損失。雨淋所致損失包括雨水，還有冰雪融化給貨物造成的損失。淡水所致損失則包括船上因船艙內水汽凝聚而成的艙汗、船上淡水艙或水管漏水給貨物造成的損失。

（3）短量險。承保貨物在運輸過程中因外包裝破裂或散裝貨物發生數量散失和實際重

第四章 貨物運輸保險

59

量短少的損失。

（4）混雜、玷污險。承保貨物在運輸過程中因混進雜質或被玷污所造成的損失。

（5）滲漏險。承保液體、流質類貨物由於容器損壞而引起的滲漏損失以及用液體儲裝的貨物因儲液滲漏而發生的腐爛、變質的損失。

（6）碰損、破碎險。承保貨物在運輸途中因震動、碰撞、受壓造成的破碎、折裂、裂損和發生彎曲、凹癟、變形等損失。

（7）串味險。又叫變味險，承保貨物因受其他物品的影響而引起串味、變味的損失。

（8）受潮受熱險。承保運輸途中的貨物因在貨倉中受潮或高溫所造成的損失。導致潮濕或高溫的原因，或是由於氣溫突然變化，或是由於船上通風設備失靈，使得船艙內水汽凝結，引起貨物受潮、發熱而最終發黴變質。

（9）鈎損險。承保貨物在運輸、裝卸過程中，因使用吊鈎一類工具而本身直接被鈎破的損失，或外包裝被鈎破造成貨物外漏的損失。

（10）包裝破裂險。承保貨物因裝運或裝卸不慎、包裝破裂造成短少、玷污、受潮等損失以及旨在保證運輸過程中續運的安全需要而對包裝進行修補或調換所支付的費用。

（11）銹損險。承保貨物在運輸過程中因生鏽而造成的損失。該類貨物是指金屬或金屬製品。凡在裝運時未存在，確實是在保險期限內發生的銹損，保險人予以負責。

（二）附加險的保險責任

附加險是附著於基本險之下的險別，不能單獨投保，只能在投保基本險以後才能加保附加險。海上貨物運輸保險的附加險主要承保海上運輸過程中各種外來風險，它分為一般附加險、特別附加險和特殊附加險種。

1. 一般附加險

上面已經提到，一般附加險包括在一切險責任範圍內，如果投保一切險，就包括了11種一般附加險。但如果只想選擇某種或幾種一般附加險投保，則必須在投保平安險或水漬險的基礎上才能投保。

2. 特別附加險

特別附加險承保一些涉及政治、國家政策法令和行政措施等特殊外來因素所造成的風險損失。一般有以下幾種：

（1）交貨不到險。承保不論由於什麼原因，已裝上船的貨物不能在預定抵達目的地的日期起6個月內交貨的損失。保險人對這一損失按全部損失賠償，但該貨物的全部權利應轉移給保險人。

（2）進口關稅險。承保已經遭受保險責任範圍內的損失的貨物，不論該損失是在進口前或進口后發生的，根據進口國的規定仍須按完好價值完稅所造成的關稅損失。

（3）艙面險。對裝載在艙面的貨物，除按基本險的條款負責以外，還承保因被拋棄或被風浪衝擊所造成的損失。

（4）拒收險。承保貨物在進口時，不論何種原因而被進口國政府或有關當局拒絕進口或沒收所造成的損失。

（5）出口貨物到香港（包括九龍在內）或澳門存倉火險責任擴展條款。該附加險承保

中國出口到港、澳地區並在中國駐港、澳銀行辦理押匯的貨物在存放倉庫期間因火災而遭受的損失。

（6）黃曲霉素險。承保某些含有黃曲霉素的食物因超過進口國對該毒素的限制標準而被拒絕進口、沒收或強制改變用途而遭受的損失。

3. 特殊附加險

特殊附加險與特別附加險一樣，所承保的責任都超出一般外來原因所造成的事故損失，不屬於一切險的承保範圍之內。海上貨物運輸保險的特殊附加險包括戰爭險和罷工險兩種。

（1）戰爭險。承保貨物由於戰爭、敵對行為、武裝衝突或海盜行為以及由此而引起的捕獲、拘留、扣押和禁制等所造成的直接損失。

（2）罷工險。承保貨物因罷工者、被迫停工工人、參加工潮、暴動和民眾鬥爭的人員採取行動而造成的直接損失。

（三）責任免除

貨物運輸保險的基本險（平安險、水漬險和一切險）責任免除事項有：

（1）被保險人的故意行為或過失行為所造成的貨物損失；

（2）屬於發貨人責任所引起的損失；

（3）在保險責任開始前，保險貨物已存在的品質不良或數量短差所造成的損失；

（4）被保險貨物的自然損耗、本質缺陷以及市價跌落、運輸延遲所引起的損失和費用；

（5）屬於戰爭險條款和罷工險條款所規定的責任範圍。

四、保險責任的起訖

貨物運輸保險是一種航程保險，它的保險期限不是按日期計算的，而是按運輸途程確定。一般以倉至倉條款作為保險期限的責任起訖。

（一）倉至倉條款的含義

倉至倉條款是貨物運輸保險中確定保險期限的條款，海運、陸運、空運貨物運輸保險的保險責任起訖系採用此條款來規定。它規定保險人對保險貨物承擔保險責任的空間範圍。倉至倉條款規定，保險人對被保險貨物所負的責任，從保險單載明的起運地（港）發貨人的倉庫開始，到保險單載明的目的地（港）收貨人的倉庫為止。

（二）中國海上貨物運輸保險的責任起訖

（1）該保險負「倉至倉」責任，自被保險貨物運離保險單所載明的起運地倉庫或儲存處所開始運輸時生效，至該貨物到達保險單所載明的目的地收貨人的最后倉庫或儲存處所為止。如未抵達上述倉庫或儲存處所，則以保險貨物在最后卸載港全部卸離海輪后滿60天為止。如在上述60天內保險貨物需轉運到非保險單所載明目的地時，則以該項貨物開始轉運時終止。

（2）由於被保險人無法控制的運輸延遲、繞道、被迫卸貨、重新裝載、轉載或承運人運用運輸契約賦予的權利所作的任何航海上的變更或終止運輸合同，致使被保險貨物運到

非保險單所載明的目的地時,在被保險人及時將所獲知的情況通知保險人,並在必要時加繳保險費的情況下,本保險仍繼續有效。保險責任按下列規定終止:

①保險貨物如在非保險單所載明的目的地出售,保險責任至交貨時為止。但不論任何情況,均以保險貨物在卸載港全部卸離海輪滿60天為止。

②保險貨物如在上述60天期限內繼續運往保險單所載明原目的地或其他目的地時,保險責任仍按正常情況下所規定的「倉至倉」條款內容辦理。

五、中國進出口貨物運輸保險實務

(一)保險險別的選擇

保險人承擔的保險責任是以險別為依據的,在不同的險別下保險人承擔的責任範圍不同。保險貨物在遭受意外損失時可能獲得的補償不同,保險費率也不相同。所以投保時應選擇適當的險別,以保證貨物獲得充分的經濟保障,並節省保險費開支。

選擇什麼險別,應視保險貨物在運輸作業中可能遭遇的風險而定。一般須考慮貨物的性質和特點、貨物的包裝、運輸路線及港口情況、目的地市場的變動趨勢這些因素。

(二)保險金額的確定

1. 出口貨物保險金額的確定

在以CIF條件成交情況下,由出口方投保貨運險。出口貨物的保險金額一般是以貨物的發票價為基礎,再予以一定加成計算的。若無特殊情況,加成率一般為10%。這樣,出口貨物的保險金額就是其發票金額的110%。投保加成是保險中的特例,這是對外貿易的特殊性所決定的。因為運輸是一種經營活動,貨物在一地的價值與另一地的價值可以發生差異。如果僅以CIF貨價作為保險金額,在貨物發生損失時,買方已經支付的經營費用和本來可以獲得的預期利潤仍然無法從保險人處獲得補償。因此,各國保險法及國際貿易慣例一般都規定進出口貨物運輸保險的保險金額可在CIF價基礎上適當加成。

按照國際商會《貿易術語解釋的國際通則》中有關規定,加成率一般為10%,但這並非一成不變。被保險人與保險人可以根據不同貨物、不同地區進口價格與當地市價之間的差價所決定的預期利潤水平、買方的經營費用等約定不同的加成率,但最高不超過30%。

保險金額 = CIF價 × (1 + 加成率)

2. 進口貨物保險金額的確定

在以C&F或FOB條件成交情況下,由進口方投保貨運險,並按同保險公司簽訂的預約保險合同的有關規定辦理。

按C&F價進口時,保險金額 = C&F價 × (1 + 平均保險費率)

按FOB價進口時,保險金額 = FOB價 × (1 + 平均運費率 + 平均保險費率)

在上述進口貨物保險金額的計算公式中,平均運費率和平均保險費率在預約保險合同中均已列明,其目的是為了簡化手續,方便計算。

(三)投保注意事項

保險公司接受保險是根據投保人的申報來確定;出立的保險單則是按照投保人的填報內容為依據。投保人在填寫投保單時應注意:

(1) 投保時所申報的情況必須屬實，包括貨物的名稱、裝載的工具以及包裝的性質等。

(2) 投保的險別、幣制與其他條件必須和信用證上所列保險條件的要求相一致。賣方、買方銀行在審查出運單證時，對保險單上所列各項內容必須對照信用證，如有不符可以拒絕接受保險單，即使賣方銀行未發現不符通過了，買方銀行在審證時還可以拒絕付款。

(3) 投保的險別和條件要和售貨合同上所列的保險條件相符合，以做到重合同守信用。

(4) 要注意盡可能投保到內陸目的地。

(四) 保險單的轉讓

保險單的轉讓是指保單持有人將保險單所賦予的要求損失賠償權利以及相應的訴訟權轉讓給受讓人。因而，保險單的轉讓即保險單權利的轉讓。這種權利的轉讓同保險貨物本身所有權的轉讓是兩種不同的法律行為。買賣雙方交接貨物、轉移貨物所有權，並不能自動轉移保險單的權利。

貨物運輸保險單保障的是運輸途中的貨物，誰承擔運輸作業中的風險，理應由誰辦理投保，掌握保險單。但是買賣雙方如按 CIF 條件達成交易，按慣例，貨物在運輸中的風險由買方承擔，而辦理投保是賣方的義務。賣方在履行完畢交貨義務，將貨物所有權轉移出去之後，對運輸作業中的貨物就不再擁有可保權益，需將保險單隨同運輸單和其他單據一起轉交買方，實現保險單權利轉讓。貨物抵港如發現保險責任範圍內的損失，買方作為保險單受讓人或合法持有人便可行使被保險人的權利，向保險人要求損失賠償。實務中，賣方通過背書的方式實現保單的權益轉讓。

(五) 被保險人的索賠義務

當被保險人保險的貨物遭受到損失后，向保險公司索賠的問題就產生了。被保險人獲悉貨物受損有兩種情況：一種是運輸工具在途中遭遇意外事故，例如船舶擱淺、火車出軌使貨物嚴重受損，這種情況，被保險人往往當時就能知道；另一種是貨物抵達目的港（地）以後，被保險人在碼頭提貨或者在自己的倉庫、儲藏處所發現的損失。不論哪一種情況，被保險人都應該按照保險單的規定向保險公司辦理索賠手續，同時還應以收貨人的身分向承運方辦妥必要的手續，以維護自己的索賠權利。

1. 損失通知

當被保險人獲悉或發現保險貨物已經遭損，應該馬上通知保險公司。因為一經通知，表示索賠行為已經開始，不再受索賠時效的限制，保險公司在接到損失通知後即能採取相應的措施，如檢驗損失、提出施救意見、確定保險責任、查核發貨人或承運方責任等。在出口貨物運輸保險單上都寫明了保險公司在目的港（地）的檢驗、理賠代理人名稱、地址，被保險人或被保險人的代表可就近通知代理人，並申請對貨損進行檢驗。檢驗完畢應取得檢驗報告，作為向保險公司索賠的重要證據。

2. 向承運人等有關方提出索賠

被保險人或其代理人在提貨時發現貨物的包裝有明顯的受損痕跡，或者整件短少，或

者散裝貨物已經殘損，除按上面所說的向保險公司報損外，還應該立即向承運方、受託人以及海關、港務當局等索取貨損貨差證明。特別是當這些貨損貨差涉及承運方、受託方或其他有關方面，如碼頭、裝卸公司的責任時，應該立即以書面向他們提出索賠，並保留追償權利。

3. 採取合理的施救、整理措施

保險貨物受損后，作為貨方的被保險人應該對受損貨物採取必要的施救、整理措施，以防止損失的擴大。

4. 備全必要的索賠單證

保險貨物的損失經過檢驗，向承運方等第三者的追償手續辦妥后，就應向保險公司或者他的代理人提請賠償。提請賠償時應將有關的單證附上。通常應提供：

（1）保險單或保險憑證正本。這是向保險公司索賠的基本證件，用以證明保險公司承擔的保險責任及其範圍。

（2）運輸契約。包括海運提單、陸空運運單等運輸單證。這些單證證明保險貨物承運的狀況，如承運的件數、運輸的路線、交運時貨物的狀態，以確定受損貨物是否為保險人所承保的以及在保險責任開始前的貨物情況。

（3）發票。這是計算保險賠款時的數額依據。

（4）裝箱單、磅碼單。這是證明保險貨物裝運時件數和重量的細節，是核對損失數量的依據。

（5）向承運人等第三者責任方請求賠償的函電或其他單證和文件。這些文件中往往應包括第三者責任方的答覆文件，這是證明被保險人已經履行了應該辦理的追償手續，即維護了保險公司的追償權利。

（6）檢驗報告。這是證明損失原因、損失程度、損失金額、殘余物資的價值以及受損貨物處理經過的證明，是確定保險責任和應賠金額的主要證明文件。

（7）海事報告摘錄或海事申明書。當船舶在航行作業中遭遇海事，屬於人力不可抗拒性的事故。船長要在海事日誌中記錄下來，同時船長要申明船方不承擔因此而造成的損失。這些證明，對保險公司確定海事責任直接相關，碰到一些與海難有關的較大損失的案件，保險公司將要求提供此種證明文件。

（8）貨損、貨差證明。保險貨物交給承運人運輸時是完好的，由承運人簽發清潔提單或者無批註的運單。當貨物抵達目的地發現殘損或短少時，要由承運人或其代理人簽發貨損、貨差證明，既作為向保險公司索賠的有力證明，又是日后向承運方追償的根據。特別是整件短少的，更應要求承運方簽具短缺證明。

（9）索賠清單。這是被保險人要求保險公司給付賠款的詳細清單，主要寫明索取賠款數字的計算依據以及有關費用的項目和用途。

5. 等候結案

被保險人在有關索賠手續辦妥后，即可等待保險公司最后審定責任，領取賠款。在等待過程中，有時保險公司發現情況不清需要被保險人補充提供的，應及時辦理，以免延遲審理的時間。如果向保險公司提供的證明文件已經齊全而未及時得到答覆，應該催賠。保

險公司不能無故拖延賠案的處理。

(六) 損失的確定與責任的審定

1. 檢驗報告的審核

保險貨物發生損失經檢驗后就應該填製檢驗報告，作為審核賠案責任的依據。因為出口貨物的損失大部分是在異國發生，需要依靠目的地的檢驗、理賠代理人來進行檢驗工作。所以承保公司對賠案責任的審定，主要是通過檢驗報告的各項內容來加以判斷。出口貨物運輸保險的損失檢驗報告的具體內容包括：申請檢驗人、收貨人、申請檢驗日期、檢驗的日期和地點、航行情況、轉船情況、船舶到達卸載港和卸貨完畢日期、轉運內陸情況、提貨日期、包裝情況、承運人簽證、海事情況、清潔收據、檢驗成員、追償情況、艙面裝載、貨損情況、原因、性質和程度。

2. 責任的審定

貨物受損經過檢驗，損失原因也屬於承保風險，這時賠案就進入審定保險責任的階段。保險責任是通過保險單上的條款加以明確的，這是理賠工作的依據，對屬於責任範圍內的賠案，保險公司要賠得及時。對於不屬於保險責任的案件，也要將拒賠的理由講清楚。對於基本險、附加險責任的審定，都應按照它們各自險別條款所規定的責任範圍來掌握。

(七) 賠款計算與給付

賠案經審定屬於保險責任后，就需要進行具體計算，以確定應賠數額。不同的損失情況有不同的賠款計算方法。

1. 全部損失

進出口貨物運輸保險通常都是定值保險，保險貨物遭受全部損失（實際全損或推定全損），都以保險單上載明的保險金額為準，全額賠付，如有損余應折歸保險公司所有。

2. 部分損失

(1) 保險貨物遭受數量損失：

賠款＝保險金額×損失數量（重量）/保險貨物總量

(2) 保險貨物遭受質量損失：

賠款＝保險金額×(貨物完好價值－受損后價值)/貨物完好價值

上述公式中的貨物完好價值和受損后價值，一般以貨物運抵目的地市場價為準。如果貨物受損后在運輸途中處理，則以處理地市價為準。

(3) 保險貨物虧損出口，受損后貨物的損余價值超過保額。由於某種原因，有些出口貨物是虧損出售的。出口價低於國內市場價格，發生損失，在國內處理可能發生貨物損余價值高於保額的情況。

賠款＝保險金額×(國內貨物完好價值－國內貨物受損后價值)/國內貨物完好價值

(4) 損余價值的確定。保險貨物的損余，對實際賠償額有很大的影響。損余價值確定得是否合理，應根據案情，從貨物的性質、完好價格、受損狀態、供求關係、過去處理同類貨物的經驗加以比較分析。對國際貿易貨物損余的確定，還應進一步考慮到國外市場和國內市場的區別。

(5) 填製賠款計算書。賠案經賠款計算完畢后，要填製賠款計算書作為給付賠款的依據。

(八) 理賠代理

為便於及時辦理保險貨物在國外發生損失的檢驗和賠案審核，凡經營國際貿易貨物保險業務的保險公司，都應在國外主要港口和城市委請理賠檢驗代理人。代理人是代表委託公司利益的，在授權範圍內有權處理有關保險的理賠、給付賠款、檢驗、定損、追償和損余處理等事項，它是委託公司的代表。

1. 代理人的任務和權限

海損代理人（Average Agents）是代保險公司檢驗保險貨物和處理賠款代理人的通稱。一般分為兩種：

（1）檢驗代理人（Survey Agents）。當保險貨物發生損失時，檢驗代理人僅代保險公司檢驗貨物的損失，不負責處理案件，不代給付賠款。收貨人取得檢驗報告後，附上其他單證自行向保險公司索賠。

（2）理賠代理人（Claims Settling Agents）。理賠代理人不僅代保險公司檢驗受損保險貨物，而且還代保險公司處理賠案、給付賠款。這類代理人也有兩種：一種是沒有核賠權的，就是保險公司沒有開給該代理人信用證，該代理人對審核賠案提出意見並將賠案全卷寄給保險公司出單機構，經其核定後如同意賠付則將賠款匯給他們轉交給收貨人；另一種是有核賠權的，由保險公司開給代理人一定數額的銀行信用證，授權其在一定金額內可以憑規定的單證向當地銀行就地支取賠款，給付收貨人。授權的金額，根據業務需要和代理人的資信能力等有所不同。

一般來說，保險公司的信用證是不可撤銷和循環的（Irrevocable Revolving Letter of Credit），即每筆賠款一經支取，信用證金額即自動補足。因此，保險公司需要對代理人的賠款進行登記，以防止其重複支取賠款。

規定代理人的權利和具體任務通常是由保險公司和代理人共同擬訂協議加以明確。協議中主要規定，代理人有權核定賠款的金額，給付賠款必須提供的索賠單證，代出共同海損擔保的授權、代辦追償的範圍、收費的標準、賠款結算的手續等。對於需要訴訟的案件，除非經保險公司特別授權，代理人一般是無權代辦的。

2. 代理人的使用與考核

代理人是代表保險公司進行工作的，用好代理人有利於賠案的及時處理，並能擴大保險公司的影響。與此同時，保險公司也需注意防止代理人濫用職權，以免損害其信譽和經濟利益。保險公司對表現好、工作效率高、工作質量好、能夠維護本公司權益的代理人，保險公司授予該代理人的核賠權則要大些；對於工作不稱職的代理人，往往根據不同情況或提出改進意見或縮小其代理範圍。對代理人的考核則是保險公司經常應該抓的工作，主要從服務資信、工作質量、工作效率以及費用收取是否合適等加以考核，考核的目的是為了累積系統的資料，正確使用代理人。

3. 代理人對信用證的使用

代理人的權限，很大程度表現為對賠案核定權的大小上。也就是說代理人不必事先經過保險公司的同意，可以自行決定給付賠款。為了便於代理人支付賠款，往往由保險公司開給他們不可撤銷和循環的信用證。這種信用證每年開給一次，有效期為一年。

第三節　國內貨物運輸保險

國內貨物運輸保險與海上貨物運輸保險同為貨物運輸保險的重要組成部分，由於國內貨物運輸保險是從海上貨物運輸保險演變而來的，因而其性質與海上貨物運輸保險有頗多相似之處。

一、國內水路、陸路貨物運輸保險的基本內容

國內水陸、陸路貨物運輸保險承保貨物在水路、鐵路、公路和聯合運輸過程中因遭受保險責任範圍內的自然災害或意外事故所造成的損失。此險分為基本險和綜合險兩種，不同險別規定了不同的保險責任範圍。

（一）基本險的保險責任範圍

（1）因火災、爆炸、雷電、冰雹、暴風、暴雨、洪水、地震、海嘯、地陷、岩崩、滑坡、泥石流所造成保險貨物的損失；

（2）由於運輸工具發生碰撞、擱淺、觸礁、傾覆、沉沒、出軌或隧道、碼頭坍塌所造成保險貨物的損失；

（3）在裝貨、卸貨或轉載時，因遭受不屬於包裝質量不善或裝卸人員違反操作規程所造成的損失；

（4）按國家規定或一般慣例應分攤的共同海損費用；

（5）在發生上述災害事故時，因紛亂而造成貨物的散失以及因施救或保護貨物所支付的直接合理的費用。

（二）綜合險的保險責任範圍

綜合險除包括基本險的責任外，保險人還負責賠償：

（1）因受震動、碰撞、擠壓而造成破碎、彎曲、折斷、凹癟、開裂或包裝破裂所致使貨物散失的損失；

（2）液體貨物因受震動、碰撞或擠壓致使所用容器（包括封口）損壞而滲漏的損失，或用液體保藏的貨物因液體滲漏而造成保藏貨物腐爛變質的損失；

（3）遭受盜竊或整件提貨不著的損失；

（4）符合安全運輸規定而遭受雨淋所致的損失。

（三）除外責任

由於下列原因造成保險貨物的損失，保險人不負賠償責任：

（1）戰爭或軍事行動；

（2）核事件或核爆炸；

（3）保險貨物本身的缺陷或自然損耗以及由於包裝不善的原因；

（4）被保險人的故意行為；

（5）全程是公路貨物運輸的，盜竊或整件提貨不著的損失；

（6）其他不屬於保險責任範圍內的損失。

（四）保險期限

保險責任的起訖是自簽發保險憑證和保險貨物運離起運地發貨人的最后一個倉庫或儲存處所時起，至該保險憑證上註明的目的地的收貨人在當地的第一個倉庫或儲存處所時終止。但保險貨物抵達目的地后，如果收貨人未及時提貨，則保險責任的終止期最多延長至以收貨人接到到貨通知單后的15天為限。

1. 保險責任開始

保險責任開始，必須同時具備「簽發保險憑證」（須加蓋投保章，並且有托運人簽字）和「保險貨物運離起運地發貨人的最后一個倉庫或儲存處所」兩個要件，缺一不可。例如，由鐵路運輸部門代辦保險業務時，雖然被托運貨物在運達車站前已從發貨人的最后一個倉庫運離，但由於到達車站后鐵路部門才簽發保險憑證，故保險責任只能從簽發了保險憑證后計算開始。

所謂「運離」，是指保險貨物在起運地發貨人的最后一個倉庫或儲存處所中，被裝載主要運輸工具或輔助運輸工具。此時，哪件貨物被搬動，哪件貨物的保險責任即開始。不能認為只有將保險貨物搬出倉儲處以后或裝上運輸工具才能稱為「運離」。

所謂「起運地發貨人的最后一個倉庫或儲存處所」，是指被保險人或其發貨人為將起運的保險貨物直接裝載運輸工具外運或發往鐵路、輪船等運輸機構交運裝運前的最后一處倉儲所（包括屬於被保險人或其發貨人所自有的、租用的或者寄存性質的倉儲處所）。如果不是從該儲存處所直接裝載運輸工具運往目的地，或發往鐵路、輪船等運輸機構交運裝運，則認為是轉倉倒儲性質，即使該倉儲處所在起運地區域範圍內，也不能認為是「起運地發貨人的最后一個倉庫或儲存處所」，保險責任也未開始。

由於出廠包裝不等於運輸包裝，故將貨物送到「打包站」進行運輸包裝的，「打包站」才被視為「最后一個倉庫或儲存處所」。

2. 中轉

保險貨物自保險責任開始后，凡須中途轉運，在中轉地的承運部門的倉庫或儲存處所以及代辦托運部門的倉庫或儲存處所停留候運期間，亦在保險期限內。

3. 保險責任終止

保險責任終止於保險貨物運至該保險憑證上註明的目的地的收貨人在當地的第一個或儲存處所時，是指保險貨物到達目的地的收貨人在當地的第一個倉庫或儲存處所（包括收貨人自有的、租用的、借用的或者是寄存性質的倉儲處所）后，從運輸工具上卸載下來，並經過搬運進入倉庫或儲存處所（包括露堆）存放后，該件貨物的保險責任即行終止。

所謂「當地」，一般是指國家行政區劃的市縣範圍而言，也就是指目的地車站、碼頭所在地的市縣境範圍（市包括市區和近郊範圍，縣則包括縣城和城鄉範圍）。如果被保險人在當地沒有倉庫或儲存處所，保險責任應從保險貨物被運出該行政區域範圍時終止。如果被保險人或其發貨人在當地雖有倉庫或儲存處所，但並不立即將保險貨物提入該倉庫或儲存處所，而是就地（目的地的車站、碼頭等）調撥給其他單位或再轉運其他地區，則保險責任應在保險貨物從車站、碼頭的倉儲處所一經提取出倉，即行終止。

「保險貨物運抵目的地后，如果收貨人未及時提貨，則保險責任的終止期最多延長至

以收貨人接到《到貨通知單》后的15天為限」,是指被保險人或收貨人收到《到貨通知單》(以郵戳日期為準)后滿15天,保險責任即行終止。如果被保險人或收貨人已提走一部分貨物,保險公司對所留的那部分貨物也只負15天的責任。

(五) 保險金額

國內水路、陸路貨物運輸保險採取定值保險的承保方式。保險金額按貨價或貨價加運雜費計算。

「貨價」是指貨物在起運地的購進價,它可憑購貨票或調撥單上所列價格計算。無單證證明的,可按起運地貨物的實際價值由雙方商定貨價。

「貨價加運雜費」是指貨物在起運地的購進價加上貨物運輸費、包裝費、搬運費等。

(六) 保險費率的確定

國內貨物運輸保險在確定保險費率時考慮了以下因素:

1. 運輸方式

運輸方式分為直達運輸(水運、鐵路、公路等)、聯運、集裝箱運輸等方式。由於貨物的運輸方式不同,貨物在運輸中所面臨的風險不同,保險費率也會有差別。聯運與直達運輸比較,由於增加了貨物卸載、裝載等中間環節,從而增加了貨物裝卸過程中的風險,所以,一般要比直達運輸的貨物的保險費率高,保險人要按所有運輸工具中最高的一種收取,並在此基礎上增加一定的比率。集裝箱運輸貨物的風險相對較小,因此,一般在貨物運輸保險保險費率表規定的費率基礎上減收一定的比率。

2. 運輸工具和運輸途程

船舶、火車和汽車等運輸工具在運輸過程中遭遇的風險不同,保險費率也不同。比如,火車運輸相對於其他運輸工具所面臨的風險要小一些,保險費率要低一些。

同一種運輸工具,運輸的距離不同、區域不同,貨物在運輸過程中所面臨的風險就不同。

3. 貨物的性質

貨物的性質不同,所面臨的風險狀況必然不同。如易燃易爆貨物、易腐爛貨物、易碎貨物等在運輸過程中就較易損毀。保險經營中,保險人根據貨物在運輸中面臨的風險大小將其分為六大類,以確定不同的保險費率標準。

4. 保險險別

保險險別不同,保險人對貨物承擔風險責任的大小也不同。比如國內水路、陸路貨物運輸保險的綜合險的保險責任範圍大於基本險的保險責任範圍,其保險費率也就必然高於基本險。

二、國內航空貨物運輸保險的基本內容

(一) 保險責任

保險貨物在保險合同有效期內,無論是在運輸或存放過程中,由於下列原因所造成的損失,保險人負賠償責任:

(1) 由於飛機遭受碰撞、傾覆、墜落、失蹤(在3個月以上)、在危難中發生卸載以

及遭遇惡劣氣候或其他危難事故發生拋棄行為所造成的損失；

（2）保險貨物本身因火災、爆炸、雷電、冰雹、暴風、暴雨、洪水、海嘯、地震、地陷、崖崩所造成的損失；

（3）保險貨物因受震動、碰撞或壓力而造成破碎、彎曲、凹癟、折斷、開裂等損傷以及由此引起包裝破裂而造成的散失；

（4）凡屬液體、半流體或者需要用液體保藏的保險貨物，在運輸途因中受震動、碰撞或壓力致使容器（包括封口）損壞發生滲漏而造成的損失，或用液體保藏的貨物因液體滲漏而致使保藏貨物腐爛的損失；

（5）保險貨物因遭受盜竊或者提貨不著的損失；

（6）在裝貨、卸貨時和地面運輸過程中，因遭受不可抗力的意外事故及雨淋所造成的保險貨物的損失。

（7）在發生保險責任範圍內的災害事故時，為防止損失擴大採取施救或保護措施而支付的合理費用，保險人也負賠償責任，但最高以不超過保險金額為限。

上述第（1）條責任中的「失蹤在3個月以上」，是指飛機起飛后與地面失去聯繫，下落不明，並經民航局鑒定為失蹤者，可先按推定完全滅失賠償。「拋棄行為所造成的損失」，是指飛機在航行中遭遇惡劣氣候或其他危難事故時，經機長決定拋棄的保險貨物。

(二) 除外責任

保險貨物在保險期限內不論在運輸或存放過程中，由於下列原因造成的損失，保險人不負賠償責任：

（1）戰爭或軍事行動；

（2）由於被保險貨物本身的缺陷或自然損耗以及由於包裝不善或屬於托運人不遵守貨物運輸規則所造成的損失；

（3）托運人或被保險人的故意行為或過失；

（4）其他不屬於保險責任範圍的損失。

(三) 責任起訖

國內航空貨物運輸保險的保險責任自保險貨物經承運人收訖並簽發航空貨物運輸單註明保險時起，至空運抵達目的地收貨人在當地的倉庫或儲存處所時終止。但保險貨物空運至目的地后，如果收貨人未及時提貨，則保險責任的終止期最多以承運人向收貨人發出到貨通知以後的15天為限。

飛機在飛行途中，因機件損壞或發生其他故障迫降以及因貨物嚴重積壓導致保險貨物需用其他運輸工具運往目的地時，保險公司仍繼續承擔保險責任，但被保險人應向保險公司提出辦理批改手續的申請。如果保險貨物在被迫降落的地點出售或分配，保險責任的終止期以承運人向發貨人發出通知以後的15天為限。

(四) 保險金額

國內航空貨物運輸保險採取定值保險承保方式，保險金額可按貨價或貨價加運雜費、保險費確定。

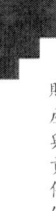

（五）保險費率

民航部門所承運的貨物與水陸、陸路運輸部門承運的貨物相比，具有批量小、單位價值高的特點，再加上空運貨物要比水運、陸運貨物相對安全一些，所以航空貨物運輸保險的保險費率的厘定比較簡單。按照保險貨物的性質，航空貨物運輸保險將貨物分為一般物資易損物資和特別易損物資三類，並規定了三個不同檔次的保險費率。

三、國內貨物運輸保險的理賠

（一）國內貨物運輸保險的貨物檢驗

當保險貨物運抵目的地后，收貨人發現貨損貨短，應向保險人或其當地的代理人提出申請貨物檢驗，並由保險人或其代理人對受損貨物進行驗收工作，以便查明事故的原因、貨物損失的性質、範圍及程度，為保險人最終確定損失提供較公正的依據。

貨物運輸保險條款規定收貨人應在貨物運抵保險憑證所載明的目的地收貨人在當地的第一個倉庫或儲存處所時起10天內，向當地保險機構申請，並會同檢驗受損貨物。至於具體的檢驗時間可另行商定，不受上述10天時間的限制。

（二）國內貨物運輸保險的賠償處理

1. 索賠申請

被保險人如申請索賠，必須向保險公司提供下列單證：

（1）保險憑證、運單（貨票）、提貨單、發票；

（2）承運部門簽發的貨運記錄、交接驗收記錄、鑒定書；

（3）收貨單位的入庫記錄、檢驗報告、損失清單及受損貨物施救所支出的直接費用單據。

保險公司接到上述單證后，審核是否屬於賠償責任範圍，並根據現場查勘情況定責、定損。

2. 賠償計算方式

若保險貨物發生保險責任範圍內的損失，國內水路、陸路貨物運輸保險的保險人按以下方式計算賠償：

按貨價確定保險金額的，視為足額保險。其賠償的計算原則為：按貨價確定保險金額的，保險人根據實際損失按起運地貨價計算賠償；按貨價加運雜費確定保險金額的，保險人根據實際損失按起運地貨價加運雜費計算賠償。但最高賠償金額以保險金額為限。

當保險金額低於貨價時，視為不足額保險。保險人對貨物的損失和支付的施救費用，分別要按照保險金額與貨價的比例計算賠償金額。

貨物損失的計算公式為：

$$賠償金額 = 損失金額 \times \frac{保險金額}{起運地貨價}$$

或：賠償金額 = 保險金額 × 損失程度（％）

施救費用的計算公式為：

$$應賠償的施救費用 = 施救費用 \times \frac{保險金額}{起運地貨價}$$

3. 賠償處理時應注意的幾個問題

（1）保險人對貨物損失的賠償和施救費用應分別計算，並各以不超過保險金額為限。

（2）貨物發生保險責任範圍內損失，如果根據法律規定或者有關約定，應當由承運人或第三者負責賠償一部分或全部的，被保險人應首先向承運人或第三者索賠，如被保險人提出要求，保險人也可以先予賠償，但被保險人應簽發權益轉讓書給保險人，並協助保險人向責任方追償。

（3）保險貨物遭受損失後的殘值應充分利用，經雙方協商，可作價折歸被保險人，並在賠款中扣除。

(三) 代查勘、代理賠制度

由於貨物運輸保險的保險標的具有流動性強的特點，業務承保與保險理賠往往發生在不同的地點，為了加快理賠速度，保障被保險人的利益，同時減少承保公司的費用支出，貨物運輸保險實行在全國範圍內各級保險公司之間的代查勘、代理賠制度。

當出險當地的代理賠公司接到被保險人的報案並填寫「出險通知書」後，應立案登記，同時迅速派業務人員趕赴現場，對受損貨物進行檢驗。對於代查勘、代理賠案件，經辦人員還必須填寫「代理賠案件登記簿」。

現場查勘工作必須有兩人共同完成。在現場查勘時，應做好以下工作：

（1）做好對受損貨物的現場取證工作。

（2）瞭解受損貨物的基本情況，如向有關方面瞭解出險的時間、地點、原因和經過，核實損失是否屬於保險責任範圍。

（3）清點受損貨物，確定損失範圍、數量、程度，做好損失記錄，編寫檢驗報告，必要時可聘請專業技術人員協助鑒定損失。

代理賠公司經承保公司的授權，一般對估損在一定金額內的賠案，可全權代為賠付。對估損超過一定金額的賠案，必須及時將查勘定損情況通知承保公司，在取得對方同意後方可賠付。承保公司如不同意代理賠，則由承保公司派人員前往處理賠案。如果代理賠公司通知承保公司後，承保公司在規定的時間內未做答覆，視為其同意代理賠公司代賠付。賠案結束後，代理賠公司應盡快把出險通知書、檢驗報告、賠款計算書等有關單據寄往承保公司，承保公司要在規定的日期內把賠款和代查勘費劃付給代理賠公司。

復習思考題

1. 貨物運輸保險有哪些特點？
2. 比較實際全損與推定全損的不同之處。
3. 比較單獨海損與共同海損的不同之處。
4. 請比較中國海運貨物一切險與水漬險、平安險在承保責任上的區別。
5. 提單具有哪些性質？
6. 投保方如何選擇海運貨物保險險別？

7. 出口貨物保險金額為什麼要在 CIF 價基礎上予以加成？
8. 什麼是海損代理人？
9. 理賠代理人分為哪兩種？其各自的權利是什麼？
10. 簡述國內水路、陸路貨物運輸保險的保險責任。

第五章　機動車輛保險

內容提要：本章簡要介紹了機動車輛保險的定義、分類和發展，分析了機動車輛保險的基本特徵，在此基礎上介紹了發達國家的機動車輛強制保險制度，總結了中國機動車輛強制保險制度的形成過程，並分析了中國機動車交通事故責任強制保險的特點，最後部分對目前中國機動車輛商業保險以及目前實務中的保險合同內容做了介紹。

第一節　機動車輛保險概述

一、機動車輛保險的定義、分類和發展概況

（一）機動車輛保險的定義與分類

機動車輛保險是以機動車輛本身及其相關利益為保險標的的一種財產保險。這裡的機動車輛是指汽車、電車、電瓶車、摩托車、拖拉機、特種車。在各國非壽險業務中，機動車輛保險不僅是運輸工具保險的主要險種，也是整個非壽險業務的主要來源。中國機動車輛保險也是財產保險業務的第一大險種。

各國開辦的機動車輛保險（國外一般稱為汽車保險）品種繁多，千差萬別，保險分類也各不相同。一般來說，各國比較通行的分類方法有兩種，即按車輛使用性質和責任範圍分類，而且往往把兩者結合起來同時使用。中國的機動車輛保險在 2006 年 3 月 1 日《機動車交通事故責任強制保險條例》（以下簡稱《交強險條例》）出拾以前，通常分為基本險（包括機動車輛損失保險和第三者責任保險）和附加險。隨著《交強險條例》的實施（2006 年 7 月 1 日），由於這一劃分方法具有一定的局限性，因此我們將機動車輛保險首先劃分為機動車輛交通事故責任強制保險（簡稱「交強險」）和機動車輛商業保險。其次，機動車輛商業保險又可以分為機動車輛損失保險、第三者責任保險、其他主險和附加險。

（二）國外汽車保險的起源與發展概況

國外汽車保險起源於 19 世紀中后期。當時，隨著汽車在歐洲一些國家的出現與發展，因交通事故而導致的意外傷害和財產損失隨之增加。儘管各國都採取了一些管制辦法和措施，汽車的使用仍對人們生命和財產安全構成了嚴重威脅，因此引起了一些精明的保險人

對汽車保險的關注。最早開發汽車保險業務的是英國的「法律意外保險有限公司」，1898年該公司車先推出了汽車第三者責任保險，並附加汽車火險。到1901年，保險公司提供的汽車保險單已初步具備了現代綜合責任險的條件，保險責任也擴大到了汽車的失竊。[①]

20世紀初期，汽車保險業在歐美得到了迅速發展。1903年，英國創立了「汽車通用保險公司」，並逐步發展成為一家大型的專業化汽車保險公司。到1913年，汽車保險已擴大到了20多個國家，汽車保險費率和承保辦法也基本實現了標準化。自20世紀50年代以來，隨著歐、美、日等地區和國家汽車製造業的迅速擴張，機動車輛保險也得到了廣泛的發展，並成為各國財產保險中重要的業務險種。[②]

機動車輛保險在絕大多數國家均由自願保險發展到強制保險，從以過失責任為基礎轉變為以絕對責任或無過失責任為處理交通事故的法律基礎。這種改進不僅確保了車輛所有人在肇事后具有相當的償付力，而且受害人能及時得到經濟補償。在中國，機動車輛保險已成為財產保險業務中第一大險種，而且隨著中國經濟和社會的不斷發展，人民生活水平的日益提高，汽車市場的擴容以及家庭小汽車的普及成為必然的趨勢，機動車輛保險的前景非常廣闊。

二、機動車輛保險的特點

機動車輛保險的基本特徵，可以概括為以下幾點：

（一）保險標的出險概率較高

汽車是陸地上的主要交通工具，由於其經常處於運動狀態，它總是載著人或貨物不斷地從一個地方開往另一個地方，很容易發生碰撞及其他意外事故，造成財產損失和人身傷亡。由於車輛數量的迅速增加，而一些地區的交通設施及管理水平跟不上車輛的發展速度，再加上駕駛員的疏忽、過失等人為原因，使交通事故發生頻繁，汽車出險概率較高。

（二）業務量大，投保率高

中國各地機動車輛的存量和增量都很大，而且還會隨著社會經濟的持續發展而增長，數以千萬輛計的機動車輛構成了業務量極大的保險市場；對機動車輛第三者責任的強制性承保使得這一市場能夠得到充分的發掘。因此，機動車輛保險的投保與承保率相對於其他財產保險是很高的。

（三）被保險人自負責任與無賠款優待

為了有利於促使被保險人注意維護、養護汽車，使其保持安全行駛技術狀態，並督促駕駛員注意安全行車，以減少事故的發生，機動車輛保險合同上一般規定：根據駕駛員在交通事故中所負責任，車輛損失險和商業第三者責任險在符合賠償規定的金額內實行絕對免賠率；保險車輛在一年保險期限內無賠款，第二年續保時可以按保險費的一定比例享受無賠款優待。以上兩項規定，雖然分別是對被保險人的懲罰和優待，但所要達到的目的是一致的。

---

① 龍玉國．汽車保險創新和發展［M］．上海：復旦大學出版社，2005：6．
② 龍玉國．汽車保險創新和發展［M］．上海：復旦大學出版社，2005：7．

(四) 機動車輛損失賠償的特殊性

在機動車輛保險單保險期限內，無論發生一次或多次保險責任範圍內的車輛損失索賠，只要保險人核定的賠償額在保險單規定的保險金額內，保險責任繼續有效至保險期限結束，以致會在一份保險單項下出現多次賠償額的累積高於保險單規定的保險金額的情況。但是，只要一次事故的賠償額達到或超過保險金額，則保險責任終止。

第二節　機動車輛第三者責任強制保險

強制保險又稱為法定保險，是依據國家的法律規定發生效力或者必須投保的保險。強制保險通常是為了維護社會公眾的利益，基於法律的特別規定而開辦設立，投保人有投保的義務，保險人有接受投保的義務。

機動車輛第三者責任強制保險是針對機動車輛第三者責任（這裡的「第三者」通常是指保險機動車輛發生意外事故的受害人，但不包括保險機動車本車上人員、被保險人。）的基本保障，它有利於保護交通事故中受害者的權益，保證其及時得到應有的經濟補償，又能減輕事故責任者的經濟賠償壓力，減少事故雙方的矛盾和糾紛，同時也有利於交通安全的綜合治理，促進社會安定和公共安全。

中國《交強險條例》第三條規定：「機動車交通事故責任強制保險，是指由保險公司對被保險機動車發生道路交通事故造成本車人員、被保險人以外的受害人的人身傷亡、財產損失，在責任限額內予以賠償的強制性責任保險。」

一、發達國家汽車第三者責任強制保險概述

美國是推行強制保險最早的國家。1919年，馬薩諸塞州率先立法，規定汽車所有人必須在汽車註冊登記時，提供保單或以債券作為車輛發生意外事故時賠償能力的擔保，該法案被稱為《賠償能力擔保法》。1927年馬薩諸塞州首先採用強制汽車責任保險；1956年紐約州也立法實行強制保險，次年，北卡羅來納州也通過相應法律。從此，汽車強制保險開始在美國盛行，並對世界各國的汽車強制保險制度產生了深遠影響。美國汽車強制保險制度的立法模式包括絕對強制保險和相對強制保險兩類。絕對強制保險是指汽車所有人在領取行駛牌照之前，必須投保最低限額的責任保險。美國部分州（如紐約州、北卡羅來納州）實行絕對強制保險。相對強制保險，是指汽車所有人可以自願選擇投保機動車強制保險，但是，《賠償能力擔保法》要求汽車使用人提供賠償能力的保證，而由該法演變而來的並使其最終立法、其目的更加具體化的汽車強制責任保險法則強調，保險是汽車使用人履行賠償責任的最佳保證。

英國在第一次世界大戰結束後，汽車不斷普及，交通事故層出不窮，有些事故中受害的第三者不知道應找哪一方賠償損失。針對這種情況，政府發起了汽車第三者強制保險的宣傳，並在《1930年公路交通法令》中納入強制保險條款。在實施汽車第三者責任強制保險的過程中，政府又針對實際情況對規定作了許多修改，如頒發保險許可證，取消保險費緩付期限，修改保險合同款式等，以期強制保險業務與法令完全吻合。目前，所有在英國

道路上行駛的車輛，必須投保汽車法定第三者責任保險，否則構成刑事犯罪。

法國汽車強制保險始自 1958 年。1958 年 7 月 5 日，以《巴丹特（Badinter）法》出拾為標誌，法國對汽車第三者責任險開始全面強制施行，並對因交通事故造成第三者身體和物質損失的賠償範圍進行了拓展。法律規定，相對於車輛，交通事故第三方受害人無過錯責任是假定和必然的；受害人不必解釋事故原因，只需證明傷害本身與該車輛有關，第三者責任險賠償即可生效。在法國，除火車、警車及其他被證明或認可有償付能力的機構（如政府部門）擁有的車輛外，所有的汽車都必須購買第三者責任險。

德國汽車強制保險採取的是絕對強制保險的立法模式，沒有購買第三者責任險的車輛不能上路行駛。按照法律的規定，所有購買第三者責任險的車輛都會在車前窗貼上一個醒目的標誌。在承保範圍上，德國汽車強制保險的承保範圍較寬，包括：人身傷害或者死亡；財產損失或滅失；間接后果損失。為了保證對交通事故受害人的賠付，德國成立了第三者責任保險基金，主要負責對肇事車輛未投保、肇事車輛逃逸和駕駛人惡意行為三種情況下受害人的賠付。

日本在 1955 年通過了《自動車損害賠償保障法》，以此作為實施汽車強制保險的法律依據。該法已歷經多次修改。日本採取絕對強制的立法模式，未依照法律規定訂立保險合同的汽車不得在道路上行駛。只有經政府批准的保險公司，才能經營強制保險業務。日本強制保險的承保範圍較窄，僅對受害人的人身傷亡損失提供最基本的保障。

二、中國機動車第三者責任強制保險制度的建立

中國責任保險的發展相對起步較晚，在 20 世紀 50 年代初期中國首先開辦的就是機動車第三者責任險，這一時期責任保險不僅業務量小，而且社會輿論對於其爭議較大。20 世紀 50 年代以後由於多方面原因中國保險業整體進入停滯狀態。

1979 年保險業恢復正常的經營以後，國內首先開展的責任保險業務仍然是機動車第三者責任保險。1984 年，中國人民保險公司在給國務院《關於加快中國保險事業發展》的報告中指出，實行第三者責任保險以保障交通事故受害人的利益，國務院［1984］151 號文件批准了該報告，並要求各地遵照執行。從此，中國的機動車第三者責任保險進入了突飛猛進的發展時期。

中國為了規範保險活動，保護保險合同當事人的合法權益，於 1995 年 10 月 1 日施行了《中華人民共和國保險法》（以下簡稱《保險法》），《保險法》第四十九條對責任保險作了明確規定，「責任保險是指以被保險人對第三者依法應負賠償責任為保險標的的保險」。2004 年 5 月 1 日起實施的《中華人民共和國交通安全法》第 17 條明確規定：「國家實行第三者責任強制保險制度，設立道路交通事故社會救助基金。具體辦法由國務院規定。」在此基礎上，2006 年 3 月 28 日，國務院令第 462 號頒布《機動車交通事故責任強制保險條例》（以下簡稱《條例》），並於 2006 年 7 月 1 日實施。2006 年開始實施的機動車交通事故責任強制保險（簡稱「交強險」），是國內第一個強制保險。此後，2008 年 1 月 11 日保監會出拾了關於調整交強險責任限額的公告，新的責任限額從 2008 年 2 月 1 日零時起實行。

《條例》的實施標誌著機動車輛強制保險制度在中國正式建立，並全面開展起來。而機動車輛強制保險制度的建立則是在中國經濟不斷發展以及對外開放程度逐步提高的背景下借鑑國外先進經驗的結果，是中國法制化進程的必然趨勢，是保險服務經濟、保障社會公眾利益的價值體現。

三、中國交強險的特點

作為國內第一個強制保險，交強險與商業第三者責任保險有著本質的不同，主要表現在強制性、賠償原則、產品供給的主體、責任限額、保障範圍、經營原則以及條款與基礎費率等幾個方面：

（一）強制性

中國交強險的強制性具體表現在：

（1）具有經營交強險資格的保險公司，不能拒絕承保、不得拖延承保交強險業務，也不能隨意解除保險合同。

（2）無交強險的機動車不得上路行駛。在中華人民共和國境內道路上行駛的機動車所有人或者管理人應當投保交強險，未投保機動車交強險的機動車不得上道路行駛。否則將由交警依法扣留機動車，通知機動車所有人、管理人依照規定投保，處依照規定投保最低責任限額應繳納的保險費的兩倍罰款。對上道路行駛的機動車未放置保險標誌的行為，公安機關交通管理部門應當扣留機動車，通知當事人提供保險標誌或者補辦相應手續，可以處警告或者 20 元以上 200 元以下罰款。

（3）保險公司墊付搶救費用。為了確保交通事故受害人能得到及時有效的救治，對於駕駛人未取得駕駛資格或者醉酒、被保險機動車被盜搶期間以及被保險人故意製造道路交通事故等情況下發生道路交通事故，造成受害人人身傷亡的，由保險公司墊付搶救費用。墊付金額不超過交強險相應的醫療費用賠償限額，並且墊付金額為搶救受傷人員所必須支付的相關醫療費用。保險公司有權就墊付的搶救費用向致害人追償。

（二）賠償原則

在機動車商業第三者責任保險中，保險公司賠償的前提是因被保險人的過失造成交通事故的發生，保險公司才承擔相應的賠償責任。也就是說，保險公司是根據被保險人在交通事故中應負的責任比例來確定賠償責任。交強險推行的是「無過錯」歸責賠償原則，即使被保險人對交通事故的發生不負任何責任，只要交通事故給受害人的人身或財產造成了侵害（道路交通事故的損失是由受害人故意造成的除外），保險公司就必須無條件地在交強險責任限額範圍內予以賠償。但根據駕駛員在交通事故中是否有責，賠償的責任限額不同。

另外，保險公司可以向被保險人賠償保險金，也可以直接向受害人賠償保險金。但是，因搶救受傷人員需要保險公司支付或者墊付搶救費用的，保險公司在接到公安機關交通管理部門通知後，經核對應當及時向醫療機構支付或者墊付搶救費用。

（三）產品供給主體

因交強險具有強制性、政策性的屬性，這一產品只能由中資保險公司（經中國保險監

督管理委員會批准，以下簡稱「保監會」）來提供，保監會應當將具備從事機動車交強險業務資格的保險公司向社會公示。而商業第三者責任險沒有限制，所有內資和外資的財產保險公司都可以進行銷售。

（四）責任限額

交強險在全國範圍內實行統一的責任限額。同時，交強險實行分項責任限額，具體分為死亡傷殘賠償限額、醫療費用賠償限額、財產損失賠償限額以及被保險人在道路交通事故中無責任的賠償限額。機動車交通事故責任強制保險責任限額由保監會會同國務院公安部門、國務院衛生主管部門、國務院農業主管部門規定。

根據保監會2008年1月最新公布修改的交強險責任限額調整方案，根據新責任限額內容，被保險機動車在道路交通事故中有責任的賠償限額為：

（1）死亡傷殘賠償限額110,000元人民幣。
（2）醫療費用賠償限額10,000元人民幣。
（3）財產損失賠償限額2,000元人民幣。

被保險機動車在道路交通事故中無責任的賠償限額：死亡傷殘賠償限額11,000元人民幣；醫療費用賠償限額1,000元人民幣；財產損失賠償限額100元人民幣。

上述責任限額從2008年2月1日零時起實行。

（五）其他

從投保的目的上看，交強險是國家強制要求所有機動車都必須投保，其目的是在保護社會上不特定主體，也即交通事故中受害人的利益，而商業第三者責任險著重保護的是投保人和被保險人的利益。

從經營原則看，商業第三者責任險是以營利為目的，屬於商業性保險業務。交強險業務總體上以不盈利不虧損為原則，各公司從事交強險業務實行與其他商業保險業務分開管理、單獨核算，無論盈虧，均不參與公司的利益分配。

從保障範圍上看，因賠償原則的不同，交強險保障的範圍要大得多，除了《條例》規定的個別事項外，交強險的賠償範圍幾乎涵蓋了所有道路交通責任風險。而商業第三者責任險中，保險公司不同程度地規定有責任免除事項。

從條款與基礎費率擬訂看，交強險實行全國統一的保險條款和基礎費率，保監會按照交強險業務總體上「不盈利不虧損」的原則審批費率。

四、道路交通事故社會救助基金

國家設立道路交通事故社會救助基金（以下簡稱救助基金）。有下列情形之一時，道路交通事故中受害人人身傷亡的喪葬費用、部分或者全部搶救費用，由救助基金先行墊付，救助基金管理機構有權向道路交通事故責任人追償：①搶救費用超過機動車交強險責任限額的；②肇事機動車未參加機動車交強險的；③機動車肇事后逃逸的。

救助基金的來源包括：①按照機動車交強險的保險費的一定比例提取的資金；②對未按照規定投保機動車交強險的機動車的所有人、管理人的罰款；③救助基金管理機構依法向道路交通事故責任人追償的資金；④救助基金孳息；⑤其他資金。

救助基金的具體管理辦法,由國務院財政部門會同國務院保險監督管理機構(保監會)、國務院公安部門、國務院衛生主管部門、國務院農業主管部門制定試行。

第三節 機動車輛商業保險

國內機動車商業保險按是否可以單獨投保可以分為主險和附加險,主險包括機動車損失保險、機動車第三者責任保險、機動車車上人員責任保險、機動車全車盜搶保險共四個獨立的險種,投保人可以選擇投保全部險種,也可以選擇投保其中部分險種。附加險包括:玻璃單獨破碎險、自燃損失險、新增設備損失險、車身劃痕損失險、發動機涉水損失險、修理期間費用補償險、車上貨物責任險、精神損害撫慰金責任險、不計免賠險、機動車損失保險無法找到第三方特約險、指定修理廠險等。保險人按照承保險種分別承擔保險責任。以下根據《中國保險行業協會機動車綜合商業保險示範條款》,簡單介紹四個基本險及其主要內容。

一、機動車損失保險

機動車輛損失險以機動車輛本身為保險標的,保險人主要承保因意外事故或自然災害給機動車輛造成的損失,以及被保險人支出的施救和保護費用。被保險機動車是指在中華人民共和國境內(不含港、澳、臺地區)行駛,以動力裝置驅動或者牽引,上道路行駛的供人員乘用或者用於運送物品以及進行專項作業的輪式車輛(含掛車)、履帶式車輛和其他運載工具,但不包括摩托車、拖拉機、特種車。

(一)保險責任

保險期間內,被保險人或其允許的合法駕駛人在使用被保險機動車過程中,因下列原因造成被保險機動車的直接損失,且不屬於免除保險人責任的範圍,保險人依照保險合同的約定負責賠償:

(1)碰撞、傾覆、墜落;
(2)火災、爆炸;
(3)外界物體墜落、倒塌;
(4)雷擊、暴風、暴雨、洪水、龍捲風、冰雹、臺風、熱帶風暴;
(5)地陷、崖崩、滑坡、泥石流、雪崩、冰陷、暴雪、冰凌、沙塵暴;
(6)受到被保險機動車所載貨物、車上人員意外撞擊;
(7)載運被保險機動車的渡船遭受自然災害(只限於駕駛人隨船的情形)。

發生保險事故時,被保險人或其允許的合法駕駛人為防止或者減少被保險機動車的損失所支付的必要的、合理的施救費用,由保險人承擔;施救費用數額在被保險機動車損失賠償金額以外另行計算,最高不超過保險金額的數額。

(二)責任免除

在上述保險責任範圍內,下列情況下,不論任何原因造成被保險機動車的任何損失和費用,保險人均不負責賠償:

（1）事故發生后，被保險人或其允許的駕駛人故意破壞、僞造現場、毀滅證據；
（2）駕駛人有下列情形之一者：
①事故發生后，在未依法採取措施的情況下駕駛被保險機動車或者遺棄被保險機動車離開事故現場；
②飲酒、吸食或注射毒品、服用國家管制的精神藥品或者麻醉藥品；
③無駕駛證，駕駛證被依法扣留、暫扣、吊銷、註銷期間；
④駕駛與駕駛證載明的準駕車型不相符合的機動車；
⑤實習期內駕駛公共汽車、營運客車或者執行任務的警車、載有危險物品的機動車或牽引掛車的機動車；
⑥駕駛出租機動車或營業性機動車無交通運輸管理部門核發的許可證書或其他必備證書；
⑦學習駕駛時無合法教練員隨車指導；
⑧非被保險人允許的駕駛人；
（3）被保險機動車有下列情形之一者：
①發生保險事故時被保險機動車行駛證、號牌被註銷的，或未按規定檢驗或檢驗不合格；
②被扣押、收繳、沒收、政府徵用期間；
③在競賽、測試期間，在營業性場所維修、保養、改裝期間；
④被保險人或其允許的駕駛人故意或重大過失，導致被保險機動車被利用從事犯罪行為。

下列原因導致的被保險機動車的損失和費用，保險人不負責賠償：
（1）地震及其次生災害；
（2）戰爭、軍事衝突、恐怖活動、暴亂、污染（含放射性污染）、核反應、核輻射；
（3）人工直接供油、高溫烘烤、自燃、不明原因火災；
（4）違反安全裝載規定；
（5）被保險機動車被轉讓、改裝、加裝或改變使用性質等，被保險人、受讓人未及時通知保險人，且因轉讓、改裝、加裝或改變使用性質等導致被保險機動車危險程度顯著增加；
（6）被保險人或其允許的駕駛人的故意行為。

下列損失和費用，保險人不負責賠償：
（1）因市場價格變動造成的貶值、修理后因價值降低引起的減值損失；
（2）自然磨損、朽蝕、腐蝕、故障、本身質量缺陷；
（3）遭受保險責任範圍內的損失后，未經必要修理並檢驗合格繼續使用，致使損失擴大的部分；
（4）投保人、被保險人或其允許的駕駛人知道保險事故發生后，故意或者因重大過失未及時通知，致使保險事故的性質、原因、損失程度等難以確定的，保險人對無法確定的部分，不承擔賠償責任，但保險人通過其他途徑已經及時知道或者應當及時知道保險事故

發生的除外;

（5）因被保險人違反本條款第十六條約定，導致無法確定的損失；

（6）被保險機動車全車被盜竊、被搶劫、被搶奪、下落不明，以及在此期間受到的損壞，或被盜竊、被搶劫、被搶奪未遂受到的損壞，或車上零部件、附屬設備丟失；

（7）車輪單獨損壞，玻璃單獨破碎，無明顯碰撞痕跡的車身劃痕，以及新增設備的損失；

（8）發動機進水后導致的發動機損壞。

（三）免賠率與免賠額

保險人在依據本保險合同約定計算賠款的基礎上，按照下列方式免賠：

（1）被保險機動車一方負次要事故責任的，實行5%的事故責任免賠率；負同等事故責任的，實行10%的事故責任免賠率；負主要事故責任的，實行15%的事故責任免賠率；負全部事故責任或單方肇事事故的，實行20%的事故責任免賠率；

（2）被保險機動車的損失應當由第三方負責賠償，無法找到第三方的，實行30%的絕對免賠率；

（3）違反安全裝載規定、但不是事故發生的直接原因的，增加10%的絕對免賠率；

（4）對於投保人與保險人在投保時協商確定絕對免賠額的，保險合同在實行免賠率的基礎上增加每次事故絕對免賠額。

（四）保險金額的確定

保險金額按投保時被保險機動車的實際價值確定。投保時被保險機動車的實際價值由投保人與保險人根據投保時的新車購置價減去折舊金額后的價格協商確定或其他市場公允價值協商確定。

折舊金額可根據保險合同列明的參考折舊系數表確定。

（五）賠償處理

（1）發生保險事故時，被保險人或其允許的駕駛人應當及時採取合理的、必要的施救和保護措施，防止或者減少損失，並在保險事故發生后48小時內通知保險人。被保險人或其允許的駕駛人根據有關法律法規規定選擇自行協商方式處理交通事故的，應當立即通知保險人。

（2）被保險人或其允許的駕駛人根據有關法律法規規定選擇自行協商方式處理交通事故的，應當協助保險人勘驗事故各方車輛、核實事故責任，並依照《道路交通事故處理程序規定》簽訂記錄交通事故情況的協議書。

（3）被保險人索賠時，應當向保險人提供與確認保險事故的性質、原因、損失程度等有關的證明和資料。

被保險人應當提供保險單、損失清單、有關費用單據、被保險機動車行駛證和發生事故時駕駛人的駕駛證。

屬於道路交通事故的，被保險人應當提供公安機關交通管理部門或法院等機構出具的事故證明、有關的法律文書（判決書、調解書、裁定書、裁決書等）及其他證明。被保險人或其允許的駕駛人根據有關法律法規規定選擇自行協商方式處理交通事故的，被保險人

應當提供依照《道路交通事故處理程序規定》簽訂記錄交通事故情況的協議書。

（4）因保險事故損壞的被保險機動車，應當盡量修復。修理前被保險人應當會同保險人檢驗，協商確定修理項目、方式和費用。對未協商確定的，保險人可以重新核定。

（5）被保險機動車遭受損失后的殘余部分由保險人、被保險人協商處理。如折歸被保險人的，由雙方協商確定其價值並在賠款中扣除。

（6）因第三方對被保險機動車的損害而造成保險事故，被保險人向第三方索賠的，保險人應積極協助；被保險人也可以直接向本保險人索賠，保險人在保險金額內先行賠付被保險人，並在賠償金額內代位行使被保險人對第三方請求賠償的權利。

被保險人已經從第三方取得損害賠償的，保險人進行賠償時，相應扣減被保險人從第三方已取得的賠償金額。

保險人未賠償之前，被保險人放棄對第三方請求賠償的權利的，保險人不承擔賠償責任。

被保險人故意或者因重大過失致使保險人不能行使代位請求賠償的權利的，保險人可以扣減或者要求返還相應的賠款。

保險人向被保險人先行賠付的，保險人向第三方行使代位請求賠償的權利時，被保險人應當向保險人提供必要的文件和所知道的有關情況。

（六）賠款計算

1. 全部損失

賠款＝（保險金額－被保險人已從第三方獲得的賠償金額）×（1－事故責任免賠率）×（1－絕對免賠率之和）－絕對免賠額

2. 部分損失

被保險機動車發生部分損失，保險人按實際修復費用在保險金額內計算賠償：

賠款＝（實際修復費用－被保險人已從第三方獲得的賠償金額）×（1－事故責任免賠率）×（1－絕對免賠率之和）－絕對免賠額

3. 施救費

施救的財產中，含有本保險合同未保險的財產，應按本保險合同保險財產的實際價值占總施救財產的實際價值比例分攤施救費用。

4. 其他事項

（1）保險人受理報案、現場查勘、核定損失、參與訴訟、進行抗辯、要求被保險人提供證明和資料、向被保險人提供專業建議等行為，均不構成保險人對賠償責任的承諾。

（2）被保險機動車發生本保險事故，導致全部損失，或一次賠款金額與免賠金額之和（不含施救費）達到保險金額，保險人按本保險合同約定支付賠款后，本保險責任終止，保險人不退還機動車損失保險及其附加險的保險費。

二、機動車第三者責任保險

保險合同中的第三者是指因被保險機動車發生意外事故遭受人身傷亡或者財產損失的人，但不包括被保險機動車本車車上人員、被保險人。

（一）保險責任

保險期間內，被保險人或其允許的合法駕駛人在使用被保險機動車過程中發生意外事故，致使第三者遭受人身傷亡或財產直接損毀，依法應當對第三者承擔的損害賠償責任，且不屬於免除保險人責任的範圍，保險人依照保險合同的約定，對於超過機動車交通事故責任強制保險各分項賠償限額的部分負責賠償。

保險人依據被保險機動車一方在事故中所負的事故責任比例，承擔相應的賠償責任。被保險人或被保險機動車一方根據有關法律法規規定選擇自行協商或由公安機關交通管理部門處理事故未確定事故責任比例的，按照下列規定確定事故責任比例：

（1）被保險機動車一方負主要事故責任的，事故責任比例為70%；

（2）被保險機動車一方負同等事故責任的，事故責任比例為50%；

（3）被保險機動車一方負次要事故責任的，事故責任比例為30%。

涉及司法或仲裁程序的，以法院或仲裁機構最終生效的法律文書為準。

（二）責任免除

在上述保險責任範圍內，下列情況下，不論任何原因造成的人身傷亡、財產損失和費用，保險人均不負責賠償：

（1）事故發生后，被保險人或其允許的駕駛人故意破壞、偽造現場、毀滅證據；

（2）駕駛人有下列情形之一者：

①事故發生后，在未依法採取措施的情況下駕駛被保險機動車或者遺棄被保險機動車離開事故現場；

②飲酒、吸食或注射毒品、服用國家管制的精神藥品或者麻醉藥品；

③無駕駛證，駕駛證被依法扣留、暫扣、吊銷、註銷期間；

④駕駛與駕駛證載明的準駕車型不相符合的機動車；

⑤實習期內駕駛公共汽車、營運客車或者執行任務的警車、載有危險物品的機動車或牽引掛車的機動車；

⑥駕駛出租機動車或營業性機動車無交通運輸管理部門核發的許可證書或其他必備證書；

⑦學習駕駛時無合法教練員隨車指導；

⑧非被保險人允許的駕駛人。

（3）被保險機動車有下列情形之一者：

①發生保險事故時被保險機動車行駛證、號牌被註銷的，或未按規定檢驗或檢驗不合格；

②被扣押、收繳、沒收、政府徵用期間；

③在競賽、測試期間，在營業性場所維修、保養、改裝期間；

④全車被盜竊、被搶劫、被搶奪、下落不明期間。

下列原因導致的人身傷亡、財產損失和費用，保險人不負責賠償：

（1）地震及其次生災害、戰爭、軍事衝突、恐怖活動、暴亂、污染（含放射性污染）、核反應、核輻射；

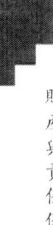

（2）第三者、被保險人或其允許的駕駛人的故意行為、犯罪行為，第三者與被保險人或其他致害人惡意串通的行為；

（3）被保險機動車被轉讓、改裝、加裝或改變使用性質等，被保險人、受讓人未及時通知保險人，且因轉讓、改裝、加裝或改變使用性質等導致被保險機動車危險程度顯著增加。

下列人身傷亡、財產損失和費用，保險人不負責賠償：

（1）被保險機動車發生意外事故，致使任何單位或個人停業、停駛、停電、停水、停氣、停產、通訊或網路中斷、電壓變化、數據丟失造成的損失以及其他各種間接損失；

（2）第三者財產因市場價格變動造成的貶值，修理後因價值降低引起的減值損失；

（3）被保險人及其家庭成員、被保險人允許的駕駛人及其家庭成員所有、承租、使用、管理、運輸或代管的財產的損失，以及本車上財產的損失；

（4）被保險人、被保險人允許的駕駛人、本車車上人員的人身傷亡；

（5）停車費、保管費、扣車費、罰款、罰金或懲罰性賠款；

（6）超出《道路交通事故受傷人員臨床診療指南》和國家基本醫療保險同類醫療費用標準的費用部分；

（7）律師費，未經保險人事先書面同意的訴訟費、仲裁費；

（8）投保人、被保險人或其允許的駕駛人知道保險事故發生後，故意或者因重大過失未及時通知，致使保險事故的性質、原因、損失程度等難以確定的，保險人對無法確定的部分，不承擔賠償責任，但保險人通過其他途徑已經及時知道或者應當及時知道保險事故發生的除外；

（9）精神損害撫慰金；

（10）當由機動車交通事故責任強制保險賠償的損失和費用。

保險事故發生時，被保險機動車未投保機動車交通事故責任強制保險或機動車交通事故責任強制保險合同已經失效的，對於機動車交通事故責任強制保險責任限額以內的損失和費用，保險人不負責賠償。

（三）免賠率

保險人在依據本保險合同約定計算賠款的基礎上，在保險單載明的責任限額內，按照下列方式免賠：

（1）被保險機動車一方負次要事故責任的，實行5%的事故責任免賠率；負同等事故責任的，實行10%的事故責任免賠率；負主要事故責任的，實行15%的事故責任免賠率；負全部事故責任的，實行20%的事故責任免賠率；

（2）違反安全裝載規定的，實行10%的絕對免賠率。

（四）責任限額

每次事故的責任限額，由投保人和保險人在簽訂保險合同時協商確定。主車和掛車連接使用時視為一體，發生保險事故時，由主車保險人和掛車保險人按照保險單上載明的機動車第三者責任保險責任限額的比例，在各自的責任限額內承擔賠償責任，但賠償金額總和以主車的責任限額為限。

(五) 賠款計算

(1) 當（依合同約定核定的第三者損失金額－機動車交通事故責任強制保險的分項賠償限額）×事故責任比例等於或高於每次事故賠償限額時：

賠款＝每次事故賠償限額×(1－事故責任免賠率)×(1－絕對免賠率之和)

(2) 當（依合同約定核定的第三者損失金額－機動車交通事故責任強制保險的分項賠償限額）×事故責任比例低於每次事故賠償限額時：

賠款＝(依合同約定核定的第三者損失金額－機動車交通事故責任強制保險的分項賠償限額)×事故責任比例×(1－事故責任免賠率)×(1－絕對免賠率之和)

保險人按照《道路交通事故受傷人員臨床診療指南》和國家基本醫療保險的同類醫療費用標準核定醫療費用的賠償金額。

未經保險人書面同意，被保險人自行承諾或支付的賠償金額，保險人有權重新核定。不屬於保險人賠償範圍或超出保險人應賠償金額的，保險人不承擔賠償責任。

保險人受理報案、現場查勘、核定損失、參與訴訟、進行抗辯、要求被保險人提供證明和資料、向被保險人提供專業建議等行為，均不構成保險人對賠償責任的承諾。

三、機動車車上人員責任保險

保險合同中的車上人員是指發生意外事故的瞬間，在被保險機動車車體內或車體上的人員，包括正在上下車的人員。

(一) 保險責任

保險期間內，被保險人或其允許的合法駕駛人在使用被保險機動車過程中發生意外事故，致使車上人員遭受人身傷亡，且不屬於免除保險人責任的範圍，依法應當對車上人員承擔的損害賠償責任，保險人依照保險合同的約定負責賠償。

保險人依據被保險機動車一方在事故中所負的事故責任比例，承擔相應的賠償責任。被保險人或被保險機動車一方根據有關法律法規規定選擇自行協商或由公安機關交通管理部門處理事故未確定事故責任比例的，按照下列規定確定事故責任比例：

被保險機動車一方負主要事故責任的，事故責任比例為70%；

被保險機動車一方負同等事故責任的，事故責任比例為50%；

被保險機動車一方負次要事故責任的，事故責任比例為30%。

涉及司法或仲裁程序的，以法院或仲裁機構最終生效的法律文書為準。

(二) 責任免除

在上述保險責任範圍內，下列情況下，不論任何原因造成的人身傷亡，保險人均不負責賠償：

(1) 事故發生後，被保險人或其允許的駕駛人故意破壞、偽造現場、毀滅證據；

(2) 駕駛人有下列情形之一者：

①事故發生後，在未依法採取措施的情況下駕駛被保險機動車或者遺棄被保險機動車離開事故現場；

②飲酒、吸食或注射毒品、服用國家管制的精神藥品或者麻醉藥品；

③無駕駛證，駕駛證被依法扣留、暫扣、吊銷、註銷期間；

④駕駛與駕駛證載明的準駕車型不相符合的機動車；

⑤實習期內駕駛公共汽車、營運客車或者執行任務的警車、載有危險物品的機動車或牽引掛車的機動車；

⑥駕駛出租機動車或營業性機動車無交通運輸管理部門核發的許可證書或其他必備證書；

⑦學習駕駛時無合法教練員隨車指導；

⑧非被保險人允許的駕駛人。

（3）被保險機動車有下列情形之一者：

①發生保險事故時被保險機動車行駛證、號牌被註銷的，或未按規定檢驗或檢驗不合格；

②被扣押、收繳、沒收、政府徵用期間；

③在競賽、測試期間，在營業性場所維修、保養、改裝期間；

④全車被盜竊、被搶劫、被搶奪、下落不明期間。

下列原因導致的人身傷亡，保險人不負責賠償：

（1）地震及其次生災害、戰爭、軍事衝突、恐怖活動、暴亂、污染（含放射性污染）、核反應、核輻射；

（2）被保險機動車被轉讓、改裝、加裝或改變使用性質等，導致被保險機動車危險程度顯著增加，且被保險人、受讓人未及時通知保險人；

（3）被保險人或駕駛員的故意行為。

下列人身傷亡、損失和費用，保險人不負責賠償：

（1）被保險人或駕駛人以外的其他車上人員的故意行為造成的人身傷亡；

（2）車上人員因疾病、分娩、自殘、鬥毆、自殺、犯罪行為造成的自身傷亡；

（3）違法、違章搭乘人員的人身傷亡；

（4）罰款、罰金或懲罰性賠款；

（5）超出《道路交通事故受傷人員臨床診療指南》和國家基本醫療保險標準的醫療費用標準的費用部分；

（6）精神損害撫慰金；

（7）律師費、未經保險人事先書面同意的訴訟費、仲裁費；

（8）投保人、被保險人或其允許的駕駛人知道保險事故發生后，故意或者因重大過失未及時通知，致使保險事故的性質、原因、損失程度等難以確定的，保險人對無法確定的部分，不承擔賠償責任，但保險人通過其他途徑已經及時知道或者應當及時知道保險事故發生的除外；

（9）應當由機動車交通事故責任強制保險賠付的損失和費用。

(三) 免賠率

保險人在依據保險合同約定計算賠款的基礎上，在保險單載明的責任限額內，按照下列方式免賠：

被保險機動車一方負次要事故責任的，實行5%的事故責任免賠率；負同等事故責任的，實行10%的事故責任免賠率；負主要事故責任的，實行15%的事故責任免賠率；負全部事故責任或單方肇事事故的，實行20%的事故責任免賠率。

(四) 責任限額

駕駛人每次事故責任限額和乘客每次事故每人責任限額由投保人和保險人在投保時協商確定。投保乘客座位數按照被保險機動車的核定載客數確定。

(五) 賠款計算

(1) 對每座的受害人，當：(依合同約定核定的每座車上人員人身傷亡損失金額應由機動車交通事故責任強制保險賠償的金額)×事故責任比例，高於或等於每次事故每座賠償限額時：

賠款＝每次事故每座賠償限額×(1－事故責任免賠率)×(1－絕對免賠率之和)

(2) 對每座的受害人，當：(依合同約定核定的每座車上人員人身傷亡損失金額－應由機動車交通事故責任強制保險賠償的金額)×事故責任比例低於每次事故每座賠償限額時：

賠款＝(依合同約定核定的每座車上人員人身傷亡損失金額－應由機動車交通事故責任強制保險賠償的金額)×事故責任比例×(1－事故責任免賠率)×(1－絕對免賠率之和)

四、機動車全車盜搶保險

(一) 保險責任

保險期間內，被保險機動車的下列損失和費用，保險人依照保險合同的約定負責賠償：

(1) 被保險機動車被盜竊、搶劫、搶奪，經出險當地縣級以上公安刑偵部門立案證明，滿60天未查明下落的全車損失；

(2) 被保險機動車全車被盜竊、搶劫、搶奪后，受到損壞或車上零部件、附屬設備丟失需要修復的合理費用；

(3) 被保險機動車在被搶劫、搶奪過程中，受到損壞需要修復的合理費用。

(二) 責任免除

在上述保險責任範圍內，下列情況下，不論任何原因造成被保險機動車的任何損失和費用，保險人均不負責賠償：

(1) 被保險人索賠時未能提供出險地縣級以上公安刑偵部門出具的盜搶立案證明；

(2) 駕駛人、被保險人、投保人故意破壞現場、偽造現場、毀滅證據；

(3) 被保險機動車被扣押、罰沒、查封、政府徵用期間；

(4) 被保險機動車在競賽、測試期間，在營業性場所維修、保養、改裝期間，被運輸期間。

下列損失和費用，保險人不負責賠償：

(1) 地震及其次生災害導致的損失和費用；

(2) 戰爭、軍事衝突、恐怖活動、暴亂導致的損失和費用；

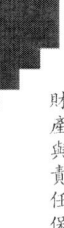

（3）因詐騙引起的任何損失；因投保人、被保險人與他人的民事、經濟糾紛導致的任何損失；

（4）被保險人或其允許的駕駛人的故意行為、犯罪行為導致的損失和費用；

（5）非全車遭盜竊，僅車上零部件或附屬設備被盜竊或損壞；

（6）新增設備的損失；

（7）遭受保險責任範圍內的損失后，未經必要修理並檢驗合格繼續使用，致使損失擴大的部分；

（8）被保險機動車被轉讓、改裝、加裝或改變使用性質等，導致被保險機動車危險程度顯著增加而發生保險事故，且被保險人、受讓人未及時通知保險人；

（9）投保人、被保險人或其允許的駕駛人知道保險事故發生后，故意或者因重大過失未及時通知，致使保險事故的性質、原因、損失程度等難以確定的，保險人對無法確定的部分，不承擔賠償責任，但保險人通過其他途徑已經及時知道或者應當及時知道保險事故發生的除外。

（三）免賠率

保險人在依據保險合同約定計算賠款的基礎上，按照下列方式免賠：

（1）發生全車損失的，絕對免賠率為20%；

（2）發生全車損失，被保險人未能提供「機動車登記證書」、機動車來歷憑證的，每缺少一項，增加1%的絕對免賠率。

（四）保險金額

保險金額在投保時被保險機動車的實際價值內協商確定。投保時被保險機動車的實際價值由投保人與保險人根據投保時的新車購置價減去折舊金額後的價格協商確定或其他市場公允價值協商確定。折舊金額可根據保險合同列明的參考折舊系數表確定。

（五）賠款計算

保險人按下列方式賠償：

（1）被保險機動車全車被盜搶的，按以下方法計算賠款：

賠款＝保險金額×（1－絕對免賠率之和）

（2）被保險機動車發生保險責任第2～3條列明的損失，保險人按實際修復費用在保險金額內計算賠償。

賠款＝實際修復費用×（1－絕對免賠率）

五、通用條款和釋義

（一）通用條款

1. 保險期間

除另有約定外，保險期間為一年，以保險單載明的起訖時間為準。

2. 其他事項

（1）保險人按照保險合同的約定，認為被保險人索賠提供的有關證明和資料不完整的，應當及時一次性通知被保險人補充提供。

（2）保險人收到被保險人的賠償請求后，應當及時作出核定；情形複雜的，應當在30日內作出核定。保險人應當將核定結果通知被保險人；對屬於保險責任的，在與被保險人達成賠償協議后10日內，履行賠償義務。保險合同對賠償期限另有約定的，保險人應當按照約定履行賠償義務。

保險人未及時履行前款規定義務的，除支付賠款外，應當賠償被保險人因此受到的損失。

（3）對不屬於保險責任的，保險人應當自作出核定之日起3日內向被保險人發出拒絕賠償通知書，並說明理由。

（4）保險人自收到賠償請求和有關證明、資料之日起60日內，對其賠償數額不能確定的，應當根據已有證明和資料可以確定的數額先予支付；保險人最終確定賠償數額后，應當支付相應的差額。

（5）在保險期間內，被保險機動車轉讓他人的，受讓人承繼被保險人的權利和義務。被保險人或者受讓人應當及時書面通知保險人，並及時辦理合現變更手續。

因被保險機動車轉讓導致被保險機動車危險程度發生顯著變化的，保險人自收到前款規定的通知之日起30日內，可以相應調整保險費或者解除保險合同。

（6）保險責任開始前，投保人要求解除保險合同的，應當向保險人支付應交保險費金額3%的退保手續費，保險人應當退還保險費。保險責任開始后，投保人要求解除本保險合同的，自通知保險人之日起，保險合同解除。保險人按日收取自保險責任開始之日起至合同解除之日止期間的保險費，並退還剩餘部分保險費。

（7）保險雙方有關本保險合同的爭議可通過協商進行解決。協商不成的，提交保險單載明的仲裁機構仲裁。保險單未載明仲裁機構且爭議發生后未達成仲裁協議的，可向人民法院起訴。發生與保險賠償有關的仲裁或者訴訟時，被保險人應當及時書面通知保險人。

（二）釋義

【碰撞】指被保險機動車或其符合裝載規定的貨物與外界固態物體之間發生的、產生撞擊痕跡的意外撞擊。

【傾覆】指被保險機動車由於自然災害或意外事故，造成本被保險機動車翻倒，車體觸地，失去正常狀態和行駛能力，不經施救不能恢復行駛。

【墜落】指被保險機動車在行駛中發生意外事故，整車騰空后下落，造成本車損失的情況。非整車騰空，僅由於顛簸造成被保險機動車損失的，不屬於墜落。

【外界物體倒塌】指被保險機動車自身以外的物體倒下或陷下。

【自燃】指在沒有外界火源的情況下，由於本車電器、線路、供油系統、供氣系統等被保險機動車自身原因或所載貨物自身原因起火燃燒。

【火災】指被保險機動車本身以外的火源引起的、在時間或空間上失去控制的燃燒（即有熱、有光、有火焰的劇烈的氧化反應）所造成的災害。

【次生災害】指地震造成工程結構、設施和自然環境破壞而引發的火災、爆炸、瘟疫、有毒有害物質污染、海嘯、水災、泥石流、滑坡等災害。

【暴風】指風速在28.5米/秒（相當於11級大風）以上的大風。風速以氣象部門公布

的數據為準。

【暴雨】指每小時降雨量達 16 毫米以上，或連續 12 小時降雨量達 30 毫米以上，或連續 24 小時降雨量達 50 毫米以上。

【洪水】指山洪暴發、江河泛濫、潮水上岸及倒灌。但規律性的漲潮、自動滅火設施漏水以及在常年水位以下或地下滲水、水管爆裂不屬於洪水責任。

【玻璃單獨破碎】指未發生被保險機動車其他部位的損壞，僅發生被保險機動車前后風擋玻璃和左右車窗玻璃的損壞。

【車輪單獨損壞】指未發生被保險機動車其他部位的損壞，僅發生輪胎、輪輞、輪轂罩的分別單獨損壞，或上述三者之中任意二者的共同損壞，或三者的共同損壞。

【車身劃痕損失】僅發生被保險機動車車身表面油漆的損壞，且無明顯碰撞痕跡。

【新增設備】指被保險機動車出廠時原有設備以外的，另外加裝的設備和設施。

【新車購置價】指保險合同簽訂地購置與被保險機動車同類型新車的價格，無同類型新車市場銷售價格的、由投保人與保險人協商確定。

【單方肇事事故】指不涉及與第三者有關的損害賠償的事故，但不包括自然災害引起的事故。

【家庭成員】指配偶、子女、父母。

【市場公允價值】指熟悉市場情況的買賣雙方在公平交易的條件下和自願的情況下所確定的價格，或無關聯的雙方在公平交易的條件下一項資產可以被買賣或者一項負債可以被清償的成交價格。

【參考折舊系數表】車輛種類、月折舊系數見表 5－1。

表 5－1　　　　　　　　　車輛種類、月折舊系數　　　　　　　　單位：%

車輛種類	月折舊系數			
	家庭自用	非營業	營業	
			出租	其他
9 座以下客車	0.60	0.60	1.10	0.90
10 座以上客車	0.90	0.90	1.10	0.90
微型載貨汽車	—	0.90	1.10	1.10
帶拖掛的載貨汽車	—	0.90	1.10	1.10
低速貨車和三輪汽車	—	1.10	1.40	1.40
其他車輛	—	0.90	1.10	0.90

折舊按月計算，不足一個月的部分，不計折舊。最高折舊金額不超過投保時被保險機動車新車購置價的 80%。

折舊金額＝新車購置價×被保險機動車已使用月數×月折舊系數

【飲酒】指駕駛人飲用含有酒精的飲料，駕駛機動車時血液中的酒精含量大於等於 20 mg/100 mL 的。

【全部損失】指被保險機動車發生事故后滅失，或者受到嚴重損壞完全失去原有形體、效用，或者不能再歸被保險人所擁有的，為實際全損；或被保險機動車發生事故后，認為實際全損已經不可避免，或者為避免發生實際全損所需支付的費用超過實際價值的，為推定全損。

機動車交通事故責任強制保險基礎費率表和機動車交通事故責任強制保險責任限額表見表5-2、表5-3。

表5-2　　　機動車交通事故責任強制保險基礎費率表（2012年版）　　　單位：元

車輛大類	序號	車輛明細分類	保費
一、家庭自用車	1	家庭自用汽車6座以下	950
	2	家庭自用汽車6座及以上	1,100
二、非營業客車	3	企業非營業汽車6座以下	1,000
	4	企業非營業汽車6~10座	1,130
	5	企業非營業汽車10~20座	1,220
	6	企業非營業汽車20座以上	1,227
	7	機關非營業汽車6座以下	950
	8	機關非營業汽車6~10座	1,070
	9	機關非營業汽車10~20座	1,140
	10	機關非營業汽車20座以上	1,320
三、營業客車	11	營業出租租賃6座以下	1,800
	12	營業出租租賃6~10座	2,360
	13	營業出租租賃10~20座	2,400
	14	營業出租租賃20~36座	2,560
	15	營業出租租賃36座以上	3,530
	16	營業城市公交6~10座	2,250
	17	營業城市公交10~20座	2,520
	18	營業城市公交20~36座	3,020
	19	營業城市公交36座以上	3,140
	20	營業公路客運6~10座	2,350
	21	營業公路客運10~20座	2,620
	22	營業公路客運20~36座	3,420
	23	營業公路客運36座以上	4,690
四、非營業貨車	24	非營業貨車2噸以下	1,200
	25	非營業貨車2~5噸	1,470
	26	非營業貨車5~10噸	1,650
	27	非營業貨車10噸以上	2,220

表 5-2（續）

車輛大類	序號	車輛明細分類	保費
五、營業貨車	28	營業貨車 2 噸以下	1,850
	29	營業貨車 2～5 噸	3,070
	30	營業貨車 5～10 噸	3,450
	31	營業貨車 10 噸以上	4,480
六、特種車	32	特種車一	3,710
	33	特種車二	2,430
	34	特種車三	1,080
	35	特種車四	3,980
七、摩托車	36	摩托車 50ml 及以下	80
	37	摩托車 50ml～250ml（含）	120
	38	摩托車 250ml 以上及側三輪	400
八、拖拉機	39	兼用型拖拉機 14.7kW 及以下	按保監產險〔2007〕53 號文實行地區差別費率
	40	兼用型拖拉機 14.7kW 以上	
	41	運輸型拖拉機 14.7kW 及以下	
	42	運輸型拖拉機 14.7kW 以上	

表 5-3　　　　機動車交通事故責任強制保險責任限額表　　　　單位：元

被保險車輛責任情況	死亡傷殘賠償限額	醫療費用賠償限額	財產損失賠償限額	合計賠償限額
被保險機動車交通事故中有責任	110,000	10,000	2,000	122,000
被保險機動車交通事故中無責任	11,000	1,000	100	12,100

資料來源：中國保險行業協會，《機動車交通事故責任強制保險費率方案》。

六、國內新一輪商業車險改革

2015 年 2 月，中國保監會印發《關於深化商業車險條款費率管理制度改革的意見》（以下簡稱《意見》），積極穩妥推進商業車險條款費率管理制度改革。《意見》立足於中國現階段商業車險條款費率管理的實際，吸收 2010 年以來商業車險改革試點的經驗，參考國際上保險業發達國家車險費率市場化改革的路徑，明確商業車險條款費率管理制度改革的指導思想、基本原則和主要目標，提出建立健全商業車險條款費率形成機制的意見，強調加強和改善商業車險條款費率監管的具體舉措。

《意見》緊緊圍繞建立健全市場化的條款費率形成機制的改革核心目標，一方面強調「放開前端」，逐步擴大財產保險公司定價自主權；另一方面堅持「管住後端」，強化事中事後監管和償付能力監管剛性約束。《意見》提出三方面的政策措施：一是建立以行業示範條款為主、公司創新型條款為輔的條款管理制度。中國保險行業協會擬定並不斷完善示範條款，財產保險公司選擇使用；鼓勵財產保險公司開發創新型條款，建立健全公平、公

開、透明的創新型條款評估機制和創新型條款保護機制。二是建立市場化的費率形成機制。中國保險行業協會按照大數法則要求，建立財產保險行業商業車險損失數據的收集、測算、調整機制，動態發布商業車險基準純風險保費表，為財產保險公司科學厘定商業車險費率提供參考；由財產保險公司根據自身實際情況科學測算基準附加保費，合理確定自主費率調整系數及其調整標準。根據市場發展情況，逐步擴大財產保險公司商業車險費率厘定自主權，最終形成高度市場化的費率形成機制。三是加強和改善商業車險條款費率監管。建立健全商業車險條款費率回溯分析和風險預警機制，及時驗證商業車險費率厘定和使用過程中精算假設的合理性、責任準備金提取的合規性和財務業務數據的真實性，切實防範因商業車險費率擬訂不科學、不公平、不合理所帶來的風險隱患。不斷強化償付能力監管剛性約束，完善償付能力監管制度體系，提高償付能力監管制度執行力。

按照中國保監會《深化商業車險條款費率管理制度改革試點工作方案》，黑龍江、山東、青島、廣西、山西、重慶等地區為首批商業車險改革試點地區。經中國保監會批准，試點地區財產保險機構可以使用新的商業車險條款費率，原商業車險條款費率停止使用。在分批試點的基礎上，總結商業車險改革方案並在全國推廣。

復習思考題

1. 機動車輛保險有何特點？
2. 簡述中國機動車輛商業保險的險種結構。
3. 簡述車輛損失險的保險金額確定方式與賠償計算方式。
4. 簡述中國交強險的特點。
5. 比較交強險與商業第三者責任險。
6. 機動車損失保險如何確定保險金額？如何計算賠款？
7. 分析損失補償原則在機動車損失保險賠償中的應用。

第六章 工程保險

內容提要：本章闡述了工程保險的特點、發展歷程和運作，重點介紹了工程保險的兩大險種：建築工程保險和安裝工程保險。對每一險種的概念、投保人、被保險人、保險責任及除外責任、保險費和保險金額的計算等進行了詳細的說明。

第一節 工程保險概述

一、工程保險的概念和分類

工程保險（Engineering Insurance）是針對工程項目在建設過程中可能出現的自然災害和意外事故而造成的物質損失和依法應對第三者的人身傷亡和財產損失承擔的經濟賠償責任提供保障的一種綜合性保險。

工程保險是從財產保險中派生出來的一個險種，主要以各類民用、工業用和公共事業用工程為承保對象，目前已經發展成為產品體系較為完善、具有較強專業特徵、且相對獨立的一個保險領域。

按照承保標的，可以將工程保險分為：建築工程（一切）險（Contractor's All Risks Insurance，CAR）、安裝工程（一切）險（Erection All Risks Insurance，EAR）、施工機具保險（CEP）、機器損壞保險（Machinery Breakdown Insurance，MB）、預期利益損失保險（Advance Loss of Profits Insurance，ALOP/Delay in Start-Up Insurance，DSU）。

國際工程保險人協會（IMIA）將工程保險業務分為四大類：①建築、安裝工程保險及其工程保證保險（CAR、EAR、GUARANTEE）；②機器損壞保險、鍋爐爆炸保險和其他（M、BE、OTHER）；③電氣設備保險（EE）；④利潤損失保險（LOP）。通常將這四大類稱為廣義工程保險，而將其中的建築、安裝工程保險及其工程保證保險（CAR、EAR、GUARANTEE）稱為狹義工程保險，本章所指的工程保險均為狹義工程保險範疇。

本章研究的主要對象是建築工程一切險（CAR）和安裝工程一切險（EAR）。

二、工程保險的保險標的

工程保險的保險標的範圍很廣，從各種財產、機器設備到費用及第三者責任，但概括

起來可分為兩類：

（1）物質財產本身。包括建築、安裝工程；機器及附屬設備、工具；工程所有人提供的物料；工地內的現成建築物和場地清理費等。

（2）第三者責任。指在保險有效期內，因在工地發生意外事故造成工地及鄰近地區的第三者人身傷亡或財產損失，依法應由被保險人承擔的民事賠償責任和因此而支付的訴訟費及其他經保險人書面同意的費用。

三、工程保險的特點

從建築安裝工程保險的投保方式以及承保方式看，建築安裝工程保險與其他保險險種相比具有以下特點：

（一）保險金額的確定具有特殊性

保險標的的價值隨工程的進展逐漸增加。因此，在投保時難以準確確定保險金額。這就需要一個與其他保險不同的確定保險金額的方法。

（二）承保的保險標的風險大

保險標的物不是處於完成狀態，而是處於施工狀態。建築安裝工程保險通常從投保工程動工之日或被保險項目被卸至建築安裝工程工地時起開始，至工程竣工、經驗收或實際投入使用時保險責任終止。所以保險期內的大部分時間保險標的是處於未完成或逐漸接近完成的狀態。與處於完成狀態的保險標的相比，建築物的強度差，危險度高。雖然建築安裝工程在設計時就已經考慮了其支撐強度，對耐火災、風雨、地震等自然災害的性能也都有考慮，但這些能力要待工程完成后，其作用才能發揮。因此，即使是應具有耐震、耐火性能的建築物，在施工中可以說等於處於無防備狀態，對其抵禦各種風險的能力一般都較脆弱。

（三）受人為因素影響大

工程是由人設計、製造、安裝、施工的，潛在地存在著作業中的過失、錯誤等人為因素較強的風險。同時，風險的大小還為施工人員的技巧、熟練程度等技術水平所支配。因此，在施工、作業狀態中，人為因素對工程的風險影響也很大。

（四）有試車風險

諸如機械、鋼結構物的安裝作業這種工程，為了檢查完工工程往往要進行試車。為此，將遇到由於第一次開動從未啟動的機器所帶來的各種風險，即試車風險。這種風險從工程安裝作業開始就已經存在，工程標的物在設計、施工、材質或製造中的缺陷，由於沒有開動而顯露不出來，有許多工程的標的物在試車階段發生事故，瞬間即可決定接近完成狀態的施工項目的命運，所以試車風險很大。

（五）被保險人的多方性

建築安裝工程保險的目的，在於通過將隨著工程的進行而發生的大部分風險作為保險對象，減輕這些風險可能給工程有關的各方造成的損失負擔和圍繞這種損失所發生的糾紛，清除工程進行中的某些障礙，以保證工程的順利完成。由此，保險標的的所有人和保險標的發生損失時對損失承擔修復義務的單位或承擔風險的有關各方都可以成為被保

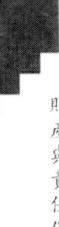

險人。

(六) 保險期限確定的特殊性

建築安裝工程保險的保險責任期限，不是按年計算，而是根據預定的工程施工工期天數來確定的，自工程動工之日起或建築安裝項目的材料、設備卸至工地時開始，至工程竣工驗收或實際投入使用時止。保險期限的長短，一般由投保人根據需要與保險人協商確定。

四、工程保險的發展

工程保險起源於英國工業革命后，因英國曼徹斯特紡織業所需要而發展的鍋爐保險。該保險主要對鍋爐提供保險保障，后來擴大到包括蒸汽機、機器、馬達等動力設備的保險。工程保險的真正發展，是在第二次世界大戰之后。當時，在英、法、西德等歐洲各國飽受戰爭的創傷，到處是一片瘡痍。為了恢復生產，重建家園，各種公路、港口、發電廠、學校、住宅等工程的建設發展很快。此后，經濟的高速發展又帶動了這一基礎行業的持續發展。大量工程的興建、擴建，為工程保險的發展提供了外部環境條件。尤其是這個時期在完善工程承包合同的時候，在承包合同中加入了投保工程保險的義務，這對工程保險的發展無疑起到了關鍵作用。

中國的建築工程保險是在改革開放以後逐步發展起來的。20世紀80年代，建築工程保險的展業重點主要是地方集資、企業自籌資金的建設項目以及外商獨資、中外合資和世界銀行貸款的項目，主要發展涉外領域的建築安裝工程一切險。國家撥款的基建項目不參加保險，工程概算中也沒有保險費的內容。進入20世紀90年代，由於國家加大了對於基礎建設投資的力度，同時，放寬了外資和民營資本進入基礎項目領域的條件，引發了高速公路、橋樑、隧道、電站、機場、地鐵等項目的建設熱潮，客觀上形成了對工程保險旺盛的市場需求，使國內建築工程保險得到了較大的發展。特別是近10年來，工程保險發展迅速，成為保障工程建設轉移風險和順利進行的重要機制。從工程保險的保費收入來看，從1998年的6億元增長到2007年31億元，增長了4倍多，年均增長率分別為17.7%，增長速度非常快，高於保費年均增長14.6%的速度，和固定資產投資的年均增長率17%相當。

但是中國工程保險的發展屬於經濟增長而被快速拉動式的發展，中國建築工程保險總體發展水平較低。雖然工程保險保險費收入占整個財產保險保費收入的比例從12‰增到了16‰，但占財產保險保費收入比例仍然很低，遠低於發達國家5%的水平，工程保險及責任險保險費占全社會固定資產投資額的比例更低，僅2‰左右。中國投保此險種的項目主要是一些利用外資和合資的工程建設項目以及部分國家重點工程，而大量的中小型項目的投保比例較低。目前國內工程項目的投保率不足30%，而在歐美國家，該險種的投保率超過了98%。更為嚴重的是，由於惡性競爭，中國工程保險的費率已低於國際市場，導致了在安排國際再保險時出現了貼費現象。同時，由於缺乏必要的技術手段控制承保風險，工程保險的賠付率呈上升趨勢，工程保險經營效益問題令人擔憂。

制約中國工程保險發展的主要原因有：①人們對工程保險認識不足的因素，把保險當成額外的負擔，而沒有認識到保險的作用；②體制方面的因素，投資體制改革緩慢，許多

建設工程仍由政府直接出面投資，致使建設工程項目的利益主體和風險主體不夠明確；③保險主體的因素，保險公司對該險種技術準備不足，宣傳力度不夠；④配套法律法規不完善，在基本建設工程投保方面缺乏應有的強制措施，只在《建築法》中有「建築施工企業必須為從事危險工作的職工辦理意外傷害保險」的強制規定，而對其他方面無強制保險規定。而在歐美國家，其工程保險多數都實行強制保險。

但是從長遠看，隨著中國國民經濟的持續發展，固定資產的投資將維持在一定規模上，將成為推動工程保險發展的基礎因素。同時，投資體制的進一步改革以及保險公司經營觀念的轉變、人員素質的提高、承保技術的成熟、風險管理能力的加強等都將促進工程保險的大規模持續發展。

第二節　建築工程保險

建築工程保險簡稱「建工險」。主要承保各項土木工程建築的整個建築期間由於發生保險事故造成被保險工程項目的物質損失、列明費用損失以及被保險人對第三者人身傷害或財產損失引起的經濟賠償責任。因此建築工程保險是一種包括財產損失保險和責任保險在內的綜合性保險。

一、建築工程保險的被保險人

凡在工程建設期間要承擔風險責任的有關各方，即擁有保險利益的各方，均可成為被保險人。

（1）工程項目所有人：提供場所、委託建造、支付建造費用，並於完工後驗收的單位。也可稱為發包方、業主、建設單位。

（2）施工單位：受業主委託，實際承擔工程建築的施工單位。也可稱為工程承包人或轉承包人。

（3）技術顧問：由工程所有人聘請的建築師、設計師、工程師等專業顧問，對建築工程進行設計、諮詢和監督。

（4）其他關係方，如貸款銀行等。

二、建築工程保險的投保人

當建築工程保險具有多方被保險人時，一般推舉一方作為投保人，出面辦理投保手續，負責交納保險費，申報保險有效期間風險變動情況，出現保險賠償時提出索賠。

由誰作為投保人，傳統的做法是：由工程承包商來安排保險，業主則只在承包合同中要求承包商參加保險。從國際工程保險的發展來看，對重大工程項目，業主越來越堅持由自己控制保險項目計劃，以保證業主的利益在投保和索賠時得到保障。

在實踐中，建築工程承包方式不同，投保方也可不同。目前工程承包方式大約有以下四種：

（1）全部承包方式，業主將工程全部包給施工單位。承包商負責設計、供料、施工等

全部工程內容，最后將完工的工程交給業主，這種方式承包商應承擔工程的主要風險責任，一般由承包商投保。

（2）部分承包方式，業主負責設計並提供部分建築材料，承包商負責施工並提供部分建築材料，雙方都負責承擔部分風險責任，可協商決定誰出面投保。

（3）承包商只提供勞務的方式。業主負責設計、供料和工程技術指導，承包商只提供勞務、進行施工，不承擔工程的風險責任，由業主投保。

（4）分段承包方式。即業主將一項工程分成幾個階段和部分，分別外包給各個不同的承包商，而每一個承包商對業主來說都是獨立的，承包商之間沒有契約關係。由業主投保，可避免分別保險造成的時間差和責任差距。

因此，從保險的角度出發，如是全部承包方式，可由主承包商出面投保整個工程，同時把有關利益方列為共同被保險人。如非全部承包方式，最好由業主投保。

三、建築工程保險承保的項目及保險金額

（一）建築工程保險項目

建築工程保險項目根據保險標的分類可分為兩部分：

1. 物質損失部分

（1）建築工程，包括永久性和臨時性工程及物料，主要是指建築工程合同內規定建築的建築物主體、建築物內的裝修設備、配套的道路設備、橋樑、水電設施等土木建築項目、存放在施工場地的建築材料設備和臨時工程。

該項保險項目的保險金額為承包工程合同的總金額，即建成該項工程的實際造價，包括設計費、材料費、設備費、施工費、運雜費、保險費、關稅、其他稅項及有關費用。

（2）安裝工程項目，指未包括在承包工程合同金額內的機器設備的安裝工程項目，如旅館大樓內的發電、取暖、空調等機器設備的安裝項目。

本項目的保額以重置價值確定。它不應超過整個工程項目的25%，超過25%的應按安裝工程險的費率計算，超過50%的則應單獨投保安裝工程險。

（3）施工機具設備，指配置在施工場地，作為施工用的機具設備。如吊車、叉車、挖掘機、壓路機、攪拌機等。建築工程的施工機具一般為承包人所有，不包括在承包工程合同價格之內，應列入施工機具設備項目下投保；有時，業主會提供一部分施工機器設備，此時，可在業主提供的物料及項目一項中投保；如果承包合同價或工程概算中包括有購置工程施工所必需的施工機具的費用，這時可在建築工程項目中投保。但是，無論哪一種情形，都要在施工機具設備一欄予以說明，並附清單。該保險項目保險金額按重置價值確定。

（4）業主提供的物料及項目，指未包括在上述建築工程合同金額之中的業主提供的物料及負責建築的項目。這部分財產投保應在保單上分別列明，這項財產的保險金額可按工程所有人提供的清單，以財產的重置價值確定。

（5）清除殘骸費用，指保險標的受到損壞時，為拆除受損標的和清理災害現場、運走廢棄物等，以便進行修復工程所發生的費用。此費用未包括在工程造價之內。合同工程在

遭受自然災害或意外事故時，常伴有施工場地內大量殘骸，為恢復現場，使工程施工順利進行，必須將這些殘骸清理出去。為此將支出一筆可能為數不小的清理費用。有時甚至可能超過工程造價。因此，國際上通用的做法是將此項費用單獨列出，作為一個保險金額，須在投保人按與保險人商定的保險金額投保，並交付相應的保險費後，保險人才負責賠償。一般來說，大的工程項目不超過合同價格或工程概算價格的5%，小的工程不超過工程合同價格或概算價格的10%。

（6）工程所有人或承包人在工地上現成的建築物及其他財產，指不屬於承保的建築工程範圍內，工程所有人或承包人所有的或其保管的工地內原有的現成建築物或財產。該項保額可由保險人與被保險人協商確定，但不能超過投保標的的實際價值。

2. 第三者責任

工程施工中可能發生的對第三者人身或財產造成的傷害或損失的賠償責任難以預料，所以對第三者賠償責任沒有設保險金額，只確定賠償限額，由保險雙方根據工程風險的情況協商確定。一般按以下幾種情況處理：

（1）人身傷亡的每人賠償限額，根據當地經濟情況，由保險雙方協商確定；

（2）人身傷亡的總限額，先估計每次事故可能造成第三者傷亡的總人數，乘以每人的限額；

（3）財產損失賠償限額，根據工地具體情況估算一個金額；

（4）總賠償限額是保險公司對工程整個保險期限內賠償第三者責任的總限額。

（二）保險金額的調整

建築工程一般工期較長，工程的實際造價需在工程完工以后才能最後確定，因此，實務中可以先以工程概算價格或承包合同價格作為保險金額。

在保險期內，工程原計劃的各項費用可能因物價的上漲、設計變更及其他原因致使工程完工總造價超出原概算或發包時的合同金額時，為確保工程足額投保，投保人應以書面方式及時通知保險人，調整保險金額。

四、建築工程保險的保險責任和除外責任

（一）物質損失部分

建築工程保險的保險責任可採用列舉式和概括式兩種方式，由此產生兩種保單：建築工程保險和建築工程一切險。建築工程保險僅對保單上列舉出來的風險引起的保險標的的損失負賠償責任；建築工程一切險的保險責任為除保險單所載除外責任外的任何自然災害或意外事故造成的損失。

1. 責任範圍

國際上多採用一切險保單，這裡僅以建築工程一切險為例。

建築工程一切險責任範圍為：在保險期限內，保險財產在列明的工地範圍內，因保單所載明除外責任以外的任何自然災害或意外事故物質損壞或滅失，保險人均負賠償責任。

自然災害：指地震、海嘯、雷電、颶風、臺風、龍捲風、風暴、暴雨、洪水、水災、凍災、冰雹、地崩、雪崩、火山爆發、地陷及其他人力不可抗拒的破壞力強大的自然現象。

意外事故：指不可預料的以及被保險人無法控制並造成物質損失或人身傷亡的突發性事件，包括火災和爆炸。

2. 除外責任

（1）被保險人及其代表的故意行為及重大過失引起的損失、費用或責任。關於「被保險人及其代表」的含義問題。「被保險人」的含義是比較明確的，即為保單列明的被保險人，而且它一般是作為法人這一形式出現的。「及其代表」的含義一般指被保險人單位的法人代表、董事長、副董事長、董事、總（經理）、副總（經理）、總會計師、總工程師或上級單位派駐該單位的代表。對於被保險人的一般工作人員和管理人員的故意行為或重大過失引起的損失不在本除外的範圍內，除非是被保險人及其代表人指使或授意的。

（2）戰爭、類似戰爭行為、敵對行為、武裝衝突、恐怖活動、謀反、政變引致損失、費用和責任。

本除外可簡稱為「戰爭除外」，由於這類風險屬於政治風險的範疇，在普通的財產保險中對於以不動產為標的的保險，均將戰爭等風險列為除外責任。

（3）核裂變、核聚變、核武器、核材料、核輻射及放射性污染引起的任何損失、費用和責任。

（4）設計錯誤引起的損失和費用。

本除外條款是一相對除外條款，被保險人可以根據自身的需要要求擴展承保「設計風險」，保險人可用「設計師風險擴展條款」予以擴展承保。但保險人應當充分地認識到擴展這一條款所面臨的風險，即使擴展承保了設計單位對這一工程項目的職業責任保險，保險人對此也應持十分謹慎的態度，一般可以採用訂立一個分項限額的辦法控制風險。

（5）自然磨損、內在或潛在缺陷、物質本身變化、自燃、自熱、氧化、銹蝕、滲漏、鼠咬、蟲蛀、大氣（氣候或氣溫）變化、正常水位變化或其他漸變原因造成的保險財產自身的損失和費用。

本除外基本上均屬於必然的和漸變的因素引起的損失，而保險所針對的風險是偶然的、突發的和不可預見的自然災害和意外事故造成的損失。

（6）因原材料缺陷或工藝不善引起的保險財產本身的損失以及為換置、修理或矯正這些缺點錯誤所支付的費用。原材料缺陷是指用於工程的任何原材料達不到工程所要求的技術標準，存在質量缺陷。工藝不善是指在施工過程中有關人員沒有按照工藝技術標準的要求進行施工的現象。

（7）非外力引起的機械或電氣裝置的本身損失，或施工用機具、設備、機械裝置失靈造成的本身損失。

工程建設過程中可能涉及兩類機器設備：一類是施工過程中作為工具的機具、設備和各種機械；另一類是其他的機械或電力裝置和設備，這些裝置和設備主要是指需安裝並作為建設項目的一部分的裝置和設備。

本除外其目的在於明確儘管建築工程一切險的保險標的可能包括了上述兩類機器設備，但它對於這兩類的機器設備僅承擔財產一切險的保險責任，即僅承擔由於外來「自然災害或意外事故」原因造成的機器設備的財產損失。而對這兩類的機器設備可能由於從事

操作和安裝的工人、技術人員操作錯誤、缺乏經驗、技術不善、疏忽、過失或惡意行為造成的損失不負賠償責任。

這兩類機器設備可能由於從事操作和安裝的工人、技術人員操作錯誤、缺乏經驗、技術不善、疏忽、過失或惡意行為造成的損失通常是由相應的保險負責保障的。其中的用於施工過程中的機具、設備和各種機械，是由專門的「施工機具保險」進行保障的。對於需安裝並作為建設項目的一部分的裝置和設備，是由安裝工程一切險予以保障的。這也符合了保險的各險種之間互為除外的基本原則。

（8）維修保養或正常檢修的費用。維修保養和正常檢修的費用均屬於被保險人在其生產經營過程中所必然發生的費用，屬於其生產成本的一部分，所以，保險人不能予以承擔。

（9）全部停工或部分停工引起的損失。本除外可簡稱為「停工除外」。停工除外有兩層含義：①停工除外是基於風險變更的原理產生的，其理由是在工程施工過程中長時間的停工必然會造成工地環境和條件的變化，導致風險因素增加、被保險財產損失的可能性加大，因此在停工期間的被保險財產損失列為除外。②停工除外是針對被保險人因為停工可能產生的其他利益上的損失，此類損失列為除外的理由為：一是它屬於間接損失，而不是工程保險所針對的直接損失；二是它一般可以根據工程合同向有關的責任方要求賠償。

工程計劃內的季節性停工和臨時性停工，被保險人對於停工可能導致的風險變更已經採取了充分和有效地防範措施，停工前向保險人提出書面申請並經保險人書面同意，保險人對此類停工過程中的被保險財產的損失不以停工除外論處。

（10）檔案、文件、帳簿、票據、現金、各種有價證券、圖表資料及包裝物料的損失。本除外主要是針對這類標的的特點而定的，根據它們的性質可以將上述標的分為三類：

第一類是數額難以確定的，如現金、有價證券和票據。這類標的往往存在數額變動情況頻繁，且數額難以確定的特點，所以在工程保險項下一般將其列為除外。被保險人如存在這方面的風險可以安排相應的現金保險予以保障。

第二類是價值難以確定的，如檔案、文件、帳簿、票據和圖表資料。這類標的的特點是其價值較難確定，這些標的重新複製的費用往往不高，但如需重新設計或編製的費用就可能相當高。而作為保險人對於受損的檔案、文件、帳簿、票據和圖表資料是應該複製還是應該重新設計或編製的標準難以確定，同時對於重新複製或需重新設計和編製的費用也難以預測，所以在工程保險項下一般將其列為除外。被保險人如果認為其在這方面的風險需要分散，可以要求保險人在工程保險項下擴展承保「工程圖紙、文件特別條款」。

第三類是保險利益難以確定的，如包裝物。用於被保險項目的材料和設備均可能有包裝物，這些包裝物在被包裝的物品運抵目的地之後，就完成了它的使命。通常認為這些包裝物在運抵目的地之後就不再有價值了，所以，一旦發生損失，保險人對包裝物的損失不予負責（但是，如果設備是部分損壞且需要送回廠家進行修復時，對於損壞的包裝物則應當賠償）。

（11）盤點時發現的短缺。工程保險將這種損失除外的理由是：這種短缺損失往往是由於被保險人的內部管理混亂造成的。因為，如果是盜竊造成的短缺，必須有明顯的盜竊

痕跡，而且被保險人一旦發現財產被盜竊，應及時向警方和保險人報案，只有符合上述條件的才被視為盜竊損失，保險人才承擔相應的責任。

（12）領有公共運輸行駛執照的，或已由其他保險予以保障的車輛、船舶和飛機的損失。就一般情況而言，被保險人如有要投入公共運輸的運輸工具，應辦理相應的專門保險。而工程保險所針對的是僅在工地範圍內使用的，沒有領取公共運輸行駛執照的運輸工具，即是施工機具的一部分。

（13）除非另有約定，在保險工程開始以前已經存在或形成的位於工地範圍內或其周圍的屬於被保險人的財產的損失。除外主要是針對一些改建或改造工程。在這些工程項目中往往在工地範圍內或工地周圍存在著屬於被保險人的財產。比較典型的情況是被保險人在舊城改造過程中對其已徵用的土地範圍內的舊建築物進行拆除時，保留了一些建築物作為在施工過程中的現場辦公場所或者倉庫；或是被保險人對其自己的工廠進行改建時，在工地範圍內的未改建的部分。

這類財產主要存在兩類風險：一是由於普通財產保險承保的風險造成的損失；二是由於被保險的工程項目施工過程中的意外事故造成的損失。

本除外的表象是將這類標的除外，其實質是希望將這類標的納入工程保險的範疇。只有這樣才能充分地保障被保險人的利益，避免可能出現的損失和糾紛。本除外的「除非另有約定」的措辭表明它屬於相對除外，即被保險人可以根據需要與保險人約定擴展承保這類風險。

（14）除非另有約定，在本保險單保險期限終止以前，保險財產中已由工程所有人簽發完工驗收證書或驗收合格，或實際佔有、使用、接收的部分。

本除外是針對在保險期限終止以前，已由工程所有人簽發完工驗收證書或驗收合格，或實際佔有、使用、接收的部分被保險財產。

對於這類標的除外的原理是建立在風險變更的基礎之上的，即工程所有人對部分或全部工程簽發完工驗收證書或驗收合格，或實際佔有、使用、接收后，將變更這些標的的風險狀況。如被保險人對於被保險標的的使用，必然增加這些標的物的風險。

對這類風險的除外，工程保險採用了標的和期限雙重除外的方式，即在「除外責任」部分以標的除外的方式將這類風險除外，同時在「保險期限」部分以期限除外的方式也將這類風險除外。

本除外的「除非另有約定」的措辭表明它屬於相對除外，即被保險人可以根據需要與保險人約定擴展承保這類風險。

（15）保險單中規定的應由被保險人自行負擔的免賠額。免賠額的定義是十分明確的，在除外責任中加上這一條，有兩層含義：一是對於免賠額的性質進一步予以明確；二是強調對於保單中保障的各個部分和批單擴展部分的免賠額是分別適用的。

（16）建築工程第三者責任。

（二）第三者責任險

建築工程保險的第三者指除保險人和被保險人以外的單位和人員，不包括被保險人和其他承包人所雇傭的在現場從事施工的人員。

建工險第三者責任保險是建工險的附加險，承保建築工程項目在建築期間因意外事故的發生造成工地及鄰近地區第三者的人身傷亡、疾病或財產損失。

1. 建工險第三者責任險的保險責任

（1）該保險所承保的建築工程在保險期限內，因發生意外事故，造成工地及鄰近地區的第三者人身傷亡、疾病或財產損失，依法應由被保險人負責以及被保險人因此而支付的訴訟費用或事先經保險公司書面同意支付的其他費用，均可由保險公司承擔。

（2）對每一次事故的賠償金額以根據法律或政府有關部門裁定的應由被保險人償付的數額為準，但不能超過保單列明的賠償限額。

2. 第三者責任險的責任免除

（1）明細表列明的由被保險人自行負擔的免賠額；

（2）被保險人和其他承包人在現場從事工程有關工作的職工人身傷害和疾病。

在現場從事工程有關工作的職工與被保險人之間可能產生的責任屬於雇主責任的範疇，投保人或被保險人可以通過安排雇主責任保險的方式來分散這類風險。

（3）工程所有人、承包人或其他關係方或他們所雇傭的職員、工人所有的或由其照管、控制的財產發生的損失。

本除外針對的對象有兩個群體，一是「工程所有人、承包人或其他關係方」；另一個群體是「他們所雇傭的職員、工人」。

由於「工程所有人、承包人或其他關係方」通常就是工程保險的被保險人，所以，他們從法律關係上講不屬於「第三者」。另外，「工程所有人、承包人或其他關係方所有的或由其照管、控制的財產」是指在工地範圍內，用於工程的或與工程建設有關的財產，這類財產應納入工程保險物質損失責任的標的範圍，而不能成為「第三者責任」的賠償對象。

作為被保險人的「工程所有人、承包人或其他關係方」所雇傭的職員、工人往往被認為是被保險人的一員，所以，他們「所有的或由其照管、控制的財產」同樣不能成為「第三者責任」的賠償對象。

（4）由於震動、移動或減弱支撐而造成的其他財產、土地、房屋的損失或由於上述原因造成的人身傷亡或財產損失。

本除外主要是針對在一些大型工程建設項目的基礎施工過程中（尤其是舊城改造工程），由於工地範圍大、周邊的情況複雜、存在潛在責任巨大、處理困難的特點制定的。這類風險對於被保險人來講是必然存在的，同時可以通過施工工藝、進度和防護措施加以控制的，而對保險人來講是很難瞭解和測算這些風險。但是本除外是相對的，保險人可以應投保人或被保險人的要求擴展承保這一風險。同時，作為保險人對此擴展的接受應持十分謹慎的態度，在接受被保險人的擴展要求之前需對工地環境以及周圍的有關情況進行認真、細緻的查勘，切不可輕率決定接受。

本除外責任僅適用於建築工程一切險的第三者責任項下。

（5）領有公共運輸執照的車輛、船舶和飛機造成的事故。本除外所針對的對象是「領有公共運輸行駛執照的車輛、船舶、飛機」，其原因是這類對象的有關第三者責任的風險處理問題應納入另一個體系，即應根據國家的有關法律辦理統一的強制保險。

（6）被保險人根據與他人的協議支付的賠償或其他款項。民事法律關係中的責任主要有合同責任和侵權責任兩種，合同責任是被保險人可以預見和控制的，侵權責任則往往是被保險人無法預見和控制的。從二者的特點看，合同責任具有較大的必然性，所以，不能成為普通的公眾責任或第三者責任保險的對象。而普通的公眾責任或第三者責任保險針對的通常是民事責任中的侵權責任。本除外就是明確將被保險人的合同（協議）責任除外。

五、建工險保險期限

（一）保險期限的確定

工程保險的保險期限與普通財產保險不同，普通財產保險的保險期限一般均是 12 個月，工程保險的保險期限原則上是根據工期確定的，並在保單明細表上予以明確。但保險人對於保險標的實際承擔責任的時間應根據具體情況確定，從原理上講它在事先是一個不確定的時間點。

工程保險的保單對於保險期限的措辭為：「本公司的保險責任自被保險工程在工地動工或用於被保險工程的材料、設備運抵工地之時起始，至工程所有人對部分或全部工程簽發完工驗收證書或驗收合格，或工程所有人實際佔有或使用、或接收該部分或全部工程之時終止，以先發生者為準。但在任何情況下，建築安裝期保險期限的起始或終止不得超出本保險單明細表中列明的建築安裝期保險生效日或終止日。」

1. 保險期限的起點

（1）被保險工程在工地的開工時間。

（2）用於被保險工程的材料、設備運抵工地。

（3）保單生效日。「保險責任自被保險工程在工地動工或用於被保險工程的材料、設備運抵工地之時起始」的條件是它們的時間點必須在保單生效日之后，否則，就以保單生效日為準。

2. 保險期限的終點

（1）工程所有人對部分或全部工程簽發完工驗收證書或驗收合格。這個時間點是以工程所有人的「簽發完工驗收證書」或「驗收合格」這兩個行為動作為標誌的。

關於工程的驗收問題，根據工程的具體情況可能有各種形式，主要是根據驗收后有關部門是否簽發驗收證書為準，可分為正式驗收和非正式驗收兩種。正式驗收是指工程完成后，根據施工單位提出的竣工報告和驗收申請，由業主會同有關方面對工程進行竣工驗收，對於驗收合格的，簽發驗收或竣工證書。非正式驗收是指施工單位承建的某一個相對獨立的項目完工后，要求業主進行驗收，業主應施工單位的要求進行了驗收，但並未對其簽發竣工證書。就建築工程保險而言，它所注重的是事實上的驗收並驗收合格這一實質，而不論驗收是否有簽發驗收證書。

（2）工程所有人實際佔有或使用、或接收該部分或全部工程。這個時間點是以工程所有人的實際「佔有」「使用」和「接收」這三個行為動作為標誌的。

在許多工程項目的建設中經常會出現這樣的情況，即工程所有人在對工程項目進行正式驗收或非正式驗收之前，出於各種目的或需要對工程項目的一部分進行實際的佔有、使

用或接收。在這種情況下，工程保險對於被工程所有人實際佔有、使用和接收部分的保險責任自其被實際佔有、使用和接收的動作發生之時起即告終止。

(3) 保單終止日。「工程所有人對部分或全部工程簽發完工驗收證書或驗收合格，或工程所有人實際佔有、或使用、或接收該部分或全部工程之時終止」的條件是它們的時間點必須在保單終止日之前，否則，就以保單終止日為準。

(二) 保證期

一般國內建築施工合同協議條款中都對工程的保證期（保修期）有規定，工程合約內規定承包商的保證期一般從業主或其代表在最終驗收記錄上簽字之日起算起，分單項驗收的工程，按單項工程分別計算保證期。從保險期限來看，保證期不包括在工程保險期限內，而是工程保險期限的延續。在保證期間，如發現工程質量有缺陷，甚至造成損失，根據承包合同，承包商須負責賠償，這就是保證期責任。保險期責任可以加保，投保與否由被保險人決定，並要加交一定的保險費。保證期自工程驗收完畢移交後開始，至保險單上註明加保月份數或規定日期終止，以先發生者為準。即如工程提前完工，則從完工之日起算加上規定的月份數至該期限的最后一天終止；如按時完工，則按保險單上規定的日期終止。保證期的長短計算按工程合同規定的工期來確定，通常為 12 個月。

建工險保險期限為在保單列明的建築期限內自投保工程動工或自被保險項目被卸至建築工地時發生效力，直至建築工程完工驗收完畢時終止。但最晚終止日期不超過保單中所列明的終止日期，如需延長保險期限，必須事先獲得保險公司的書面同意。

主體工程中部分完工驗收或交付使用，該部分的保險責任（包括第三者責任）自驗收或交付使用時終止。

工程完工驗收后，一般有一個保證期。在保證期內，如工程發現有質量缺陷，甚至造成損失，根據合同規定承包人須負賠償責任，這就是保證期責任。保證期責任投保與否，由被保險人決定。加保保證期責任必須加貼附加條款，註明加保時間。

六、建工險的免賠額

在建工險中規定免賠額可以提高被保險人施工時的安全意識，減少保險事故的發生，另一方面也可相應降低被保險人的保險費負擔。

免賠額的確定，要考慮工程風險程度、工地自然條件和工期長短等因素，進行風險評估后，具體確定數額。對風險較大的項目可單獨制定較高的免賠額。建工險中規定的免賠額一般指絕對免賠額。下面是建工險保險項目免賠額掌握的幅度：

(1) 建築工程免賠額。該項免賠額一般為保險金額的 0.5%～2%。

(2) 建築用機器裝置及設備，免賠額為保險金額的 5% 或損失金額的 15%～20%，以高者為準。

(3) 其他項目的免賠額，一般為保險金額的 2%。

(4) 特種風險的免賠額。特種風險是指地震、洪水、暴雨和風暴，一般可規定為總保額的一定比例或固定金額。為控制巨災風險，應設置特種風險賠償限額，該限額一般在物質損失總保額的 50%～80%，不論發生一次或多次賠償，均不得超過這個限額。

(5) 第三者責任免賠額。第三者責任免賠額只對財產損失部分規定免賠額，對人身傷害一般沒有免賠額的規定。

七、保險費率

(一) 厘定費率考慮的主要因素

(1) 工程本身危險程度、工程性質及建築高度；
(2) 工地及鄰近地區的自然地理條件、有無特別風險存在；
(3) 巨災的可能性、最大可能損失及工地現場管理和安全條件；
(4) 工期包括試車期的長短及施工季節、保證期長短及其責任大小；
(5) 承包人及其他工程關係方的資信、技術水平及經驗；
(6) 同類工程的損失記錄；
(7) 免賠額的高低及特種風險的賠償限額；
(8) 是否包括經紀人佣金；
(9) 分保與否。

(二) 開價

費率可以逐項開價，也可統定費率。即工程、第三者責任、保證期和附加險費率綜合為一個費率。第三者責任有時可忽略不計，但對下述工程須認真評估其責任風險：機場、橋樑、纜線鋪設、大壩、海上工程、石油化工、管道、電廠、採石場、水庫、公路、污水處理、高層建築和隧道、礦井、地鐵等。

八、必備材料

投保建築工程一切險應提交以下文件：
(1) 投保單；
(2) 工程承包合同；
(3) 承包金額明細表；
(4) 工程設計文件；
(5) 工程進度表；
(6) 工地地質報告；
(7) 工地略圖。

承保人在瞭解並掌握上述資料的基礎上，應向投保人或其設計人瞭解核實，並對以下重點環節作出現場查勘記錄：
(1) 工地的位置。包括地勢及周圍環境，例如鄰近建築物及人口分佈狀況，是否靠海、江、河、湖及道路和運輸條件等；
(2) 安裝項目及設備情況；
(3) 工地內有無現成建築物或其他財產及其位置、狀況等；
(4) 儲存物資的庫場狀況、位置、運輸距離及方式等；
(5) 工地的管理狀況及安全保衛措施，例如防水、防火、防盜措施等。

第三節 安裝工程保險

安裝工程保險簡稱安工險，專門承保以新建、擴建或改造的工礦企業的機器設備或鋼結構建築物在整個安裝、調試期間由於保險責任內的風險造成保險財產的物質損失、列明費用損失及安裝期間造成的第三者財產損失或人身傷亡引起的經濟賠償責任的保險。

一、安裝工程保險的特點

安裝工程保險和建築工程保險在形式和內容上基本一致，兩者是承保工程項目相輔相成的一對險種。但安裝工程保險與建築工程保險相比較，仍有以下顯著區別：

（1）建築工程保險的保險標的是逐步增加，風險責任也隨著保險標的的增加而增加，而安裝工程保險的保險標的，大多從安裝一開始就負有全部的風險責任。

（2）建築工程保險的保險標的多半處於暴露狀態，遭受自然災害損失的可能性較大，而安裝工程保險的保險標的多在建築物內，技術性強，受人為事故造成損失的可能性大。

（3）建築工程保險不負責因設計錯誤而造成的損失，而安裝工程保險雖然不負責因設計錯誤造成的安裝工程項目的本身損失，但負責設計錯誤而引起的其他保險標的的損失。

（4）安裝工程交接前必須通過試車考試，相應保險的費率比較高，而建築工程無試車風險。

二、安裝工程保險的被保險人

凡在工程安裝期間，要承擔風險責任或具有利害關係，即具有可保利益的工程有關方都可成為安裝工程保險的被保險人，主要包括：

（1）業主，即所有人。

（2）承包人，即負責安裝該項工程的承包單位。

（3）分承包人，即和承包人訂立分承包合同，負責該工程中部分項目的承包單位。

（4）供貨人，即負責提供被安裝機器設備的一方。

（5）製造人，即被安裝機器設備的製造人。如果將製造人（有時供貨人和製造人同是一人）作為共同被保險人，在任何時候製造人風險的直接損失，即本身部分都應除外，不包括在安裝工程保險責任範圍之內。

（6）工程監理，即由業主聘請，代表業主監督工程合同執行的單位或個人。

（7）其他關係方，如貸款銀行。

三、安裝工程保險的投保人

安裝工程的投保人可以是業主，也可以是承包商。工程由誰投保，實際操作時，可視承包方式而定，主要有以下承包方式：

（1）全部承包方式。業主將所有機器設備的供應及安裝工程的全部包給承包商，由承包商負責設計、製造（或採購）安裝、調試及保證期等全部內容，最後將完成的安裝工程

交付給業主。

(2) 部分承包方式。業主負責提供（或採購）被安裝的機器設備，承包商負責安裝、試車，雙方都承擔部分風險責任。

(3) 分段承包方式。對於大型的安裝工程，業主常將一項工程分成幾個階段或部分承包。而每一個承包商對業主來說都是獨立的，他們相互之間沒有契約關係。

由於安裝期間發生的損失原因很複雜，往往各個原因相互交錯，難以截然分開，所以多數情況下採取統一投保，由一張保險單將工程安裝期間要承擔風險責任或具有可保利益的有關方都視為共同被保險人，使各方都獲得保障，同時也避免了由於責任難以劃清而產生的糾紛，各方接受賠款的權利以不超過其對保險標的可保利益為限。

如果是全部承包方式，由主承包商出面投保整個工程的安裝工程保險，同時把工程的有關利益方列為共同被保險人。其他承包方式，採用業主投保較好。

四、安裝工程保險承保的項目、保險金額及其調整

（一）承保的項目和保險金額

根據保險標的的分類可分為物質損失部分和責任賠償部分。

1. 物質損失部分

(1) 安裝項目。作為安裝工程保險的主要保險項目，包括安裝的機器設備、裝置、物料、基礎工程（地基、基座）以及工程所需的各種臨時設施如水、電、照明、通信設施。

安裝工程主要有三類：①新建工廠、礦山或某一車間生產線安裝的成套設備；②單獨的大型機械裝置，如發電機組、鍋爐、巨型吊車等組裝工程；③各種鋼結構建築物，如油罐、橋樑、電視發射塔之類的安裝、管道、電纜的鋪設工程等。

安裝項目的保險金額，應以安裝工程安裝完工時的總價值為保險金額，包括設備費用、原材料費用、運輸費和保險費、安裝建造費、關稅其他稅項和費用以及由工程所有人提供的原材料和設備的費用。工程項目包括被安裝的機器、物料、基礎工程以及工程所需的各種臨時設施，如水、電、照明、通訊等設施。

(2) 土木建築工程項目，指新建、擴建廠礦必須有的項目，如廠房、倉庫、水塔、道路、辦公室、宿舍、食堂等。如果該項目已經包括在上述安裝項目內，則不必另行投保，但要在保單中說明。

土木建築工程項目的保險金額應為該項目建成時的總價值。包括設計費、材料設備費、施工費、（人工及施工設備費）、運費、保險費、稅款及其他有關費用。

安裝工程保險內承保的土木建築工程項目，其保險金額以不超過整個工程項目的20%為限，如果超過這一限額，土建項目應該按建築工程保險費率計收保險費。如果超過50%時，應用建築工程保險保單承保。

(3) 安裝施工用機具設備。施工機具設備一般不包括在承包合同價格內，如果要投保可列入此項。保險金額應按同型號、同負載的新機具設備重置價值計算，包括出廠價、運費、關稅、機具本身的安裝費及其他必要的費用在內，並列出清單附在保險單上，加費投保。

(4) 工地內現成財產，指不包括在承包工程範圍內的，業主或承包商所有的或其保管的工地內已有的建築物或財產。工地內現成財產保險金額由被保險人與保險人商定，保額一般按重置價值計。

(5) 清除殘骸費用，由被保險人自定並單獨投保，不包括在合同價格內，但要在保險單上列明。一般大的工程多訂為合同工程金額的 0～5%；小的工程訂在合同工程的 5%～10%。按第一危險方式承保，但最高不超過現存財產的實際價值。上述各項保險金額之和，構成安裝工程保險物質損失部分的總保險金額。

若被保險人是以保險工程合同規定的工程概算總造價投保，被保險人應：

(1) 在本保險項下工程造價中包括的各項費用因漲價或升值原因而超出原保險工程造價時，必須盡快以書面通知保險人，保險人據此調整保險金額；

(2) 在保險期限內對相應的工程細節作出精確記錄，並允許保險人在合理的時候對該項記錄進行查驗；

(3) 若保險工程的建造期超過三年，必須從保險單生效日起每隔十二個月向保險人申報當時的工程實際投入金額及調整后的工程總造價，保險人將據此調整保險費；

(4) 在保險單列明的保險期限屆滿后三個月內向本公司申報最終的工程總價值，保險人據此以多退少補的方式對預收保險費進行調整。

否則，針對以上各條，保險人將視為保險金額不足，一旦發生本保險責任範圍內的損失時，保險人將根據保險單的規定對各種損失按比例賠償。

2. 責任賠償部分

保險人對安裝工程保險的保險期限內，因發生與保險單所承保的工程直接相關的意外事故引起工地內及鄰近地區的第三者人身傷亡、疾病或財產損失，依法應由被保險人承擔的經濟賠償責任，保險人按條款的規定負責賠償。對被保險人因此而支付的訴訟費用以及事先經保險人書面同意而支付的其他費用，保險人也可按條款規定負責賠償。

第三者責任部分賠償金額以法院或政府有關部門根據現行法律裁定的應由被保險人賠付的金額為準，但在任何情況下，均不得超過保險單明細表規定的有關賠償限額。賠償限額的確定與建築工程保險相同。

以上安裝工程保險的物質損失部分的保險金額與第三者賠償責任部分的賠償限額相加，就是安裝工程保險的總保險金額。

(二) 保險金額的調整

由於被保險人投保時確定保險金額的方式不同，因此在調整保險金額時需根據不同情況分別處理。

1. 被保險人以被保險工程合同規定的工程概算總造價投保

如果在保險單列明的保險期限內，各保險標的工程造價因設計變動、漲價或升值超出被保險工程造價時，必須盡快以書面通知保險人。保險人據此調整保險金額，以避免出現保額不足發生保險責範圍內的損失時保險人按比例賠償，被保險人的損失則不能得到充分的補償。

2. 保險人與被保險人有特別約定時

保險人與被保險人以批單約定保額增減在某百分比內（如10%～20%），被保險人不需書面通知保險人，事故發生時，保額不低於完成總額的該百分比內視為足額投保，保險人須足額賠償。也有約定待工程全部完工時，再對保額進行調整，保險費多退少補。不論怎樣，其條件應在保險單中明確規定。

3. 以承包合同價作為保險金額時

在工程整個保險期間，如果由於工程計劃的變更，或物價的變動而造成承包合同價發生變化的情況下，也必須對保險金額進行與承包合同價的變化相一致的調整，或在保險單中明確規定保險金額可按每年工程的實際投資隨時調整。

當工程承包商有時以低於實際所需工程費用總額的金額進行承包，即犧牲血本承包時，保險金額要依與工程完工造價相一致的工程費用來計算。

五、安裝工程保險的保險責任與除外責任

（一）物質損失部分

1. 保險責任範圍

在保險期限內，對保險單中列明的被保險財產在已列明的工地範圍內，因保險單除外責任以外的任何自然災害或意外突故造成的物質損失，均按照保單規定予以賠償；對保險單列明的因發生上述損失所產生的有關費用，亦可負責賠償。如：

（1）洪水、風暴、暴雨、凍災、冰雹、火山爆發、滑坡、臺風、龍捲風、地面下陷等自然災害；

（2）火災、爆炸；

（3）安裝技術不善引起的事故；

（4）空中運行物體墜落；

（5）超負載、超電壓、碰線、電弧、走電、短路、大氣放電及其他電器引起的事故（工程保險對於電器原因造成的電器用具本身的損失不負責任，僅僅負責由此造成其他保險財產的損失。電器原因造成的電器用具損失是機損險承保的責任範圍）。

對每一保險項目的賠償責任均不得超過保險單明細表中對應列明的分項保險金額以及保險單特別條款或批單中規定的其他適用的賠償限額。在任何情況下，對保險單項下承擔的對物質損失的最高賠償責任不得超過保險單明細表中列明的總保險金額。

2. 除外責任

保險人除外責任對下列各項不負責賠償：

（1）因設計錯誤、鑄造或原材料缺陷或工藝不善引起的保險財產本身的損失以及為換置、修理或矯正這些缺點錯誤所支付的費用；

（2）由於超負荷、超電壓、碰線、電弧、漏電、短路、大氣放電及其他電器原因造成電器設備或電器用具本身的損失；

（3）施工用機具、設備、機械裝置失靈造成的本身損失；

（4）自然磨損、內在或潛在缺陷、物質本身變化、自燃、自熱、氧化、銹蝕、滲漏、

鼠咬、蟲蛀、大氣（氣候或氣溫）變化、正常水位變化或其他漸變原因造成的保險財產自身的損失和費用；

（5）維修保養或正常檢修的費用；

（6）檔案、文件、帳簿、票據、現金、各種有價證券、圖表資料及包裝物料的損失；

（7）盤點時發現的短缺；

（8）領有公共運輸行駛執照的，或已由其他保險予以保障的車輛、船舶和飛機的損失；

（9）除非另有約定，在保險工程開始以前已經存在或形成的位於工地範圍內或其周圍的屬於被保險人的財產的損失；

（10）除非另有約定，在保險單保險期限終止以前，保險財產中已由工程所有人簽發完工驗收證書或驗收合格，或實際佔有或使用或接收的部分。

（二）第三者責任險

1. 保險責任範圍

（1）在保險期限內，因發生與保險單所承保工程直接相關的意外事故引起工地內及鄰近區域的第三者人身傷亡、疾病或財產損失，依法應由被保險人承擔的經濟賠償責任，保險人按條款的規定負責賠償。

（2）對被保險人因上述原因而支付的訴訟費用以及事先經保險人書面同意而支付的其他費用，保險人亦負責賠償。

2. 除外責任

保險人對下列各項不負責賠償：

（1）保險單物質損失項下或本應在該項下予以負責的損失及各種費用；

（2）工程所有人、承包人或其他關係方或他們所雇傭的在工地現場從事與工程有關工作的職員、工人的人身傷亡或疾病；

（3）工程所有人、承包人或其他關係方或他們所雇傭的職員、工人所有的或由其照管、控制的財產發生的損失；

（4）領有公共運輸行駛執照的車輛、船舶、飛機造成的事故；

（5）被保險人根據與他人的協議應支付的賠償或其他款項，但即使沒有這種協議，被保險人仍應承擔的責任不在此限。

此外，安裝工程保險中保險人對下列各項不負責賠償，即其總除外責任：

（1）戰爭、類似戰爭行為、敵對行為、武裝衝突、恐怖活動、謀反、政變引起的任何損失、費用和責任；

（2）政府命令或任何公共當局的沒收、徵用、銷毀或毀壞；

（3）罷工、暴動、民眾騷亂引起的任何損失、費用和責任；

（4）被保險人及其代表的故意行為或重大過失引起的任何損失、費用和責任；

（5）核裂變、核聚變、核武器、核材料、核輻射及放射性污染引起的任何損失、費用和責任；

（6）大氣、土地、水污染及其他各種污染引起的任何損失、費用和責任；

(7) 工程部分停工或全部停工引起的任何損失、費用和責任；
(8) 罰金、延誤、喪失合同及其他后果損失；
(9) 保險單明細表或有關條款中規定的應由被保險人自行負擔的免賠額。

六、安裝工程保險的保險期限

(一) 安裝期物質損失及第三者責任保險

安裝工程保險的保險責任自被保險工程在工地動工或用於被保險工程的材料、設備運抵工地之時開始，至業主對部分或全部工程簽發完工驗收證書或驗收合格，或業主實際占用或使用或接收該部分或全部工程之時終止，以先發生者為準。在保險期限內，如果是在機器材料被卸至工地之前這些設備材料發生損失，保險人不負責賠償。但在任何情況下，安裝工程保險期限的起始或終止不得超出保險單明細表中列明的安裝工程保險的生效日或終止日。

安工險保險期內一般包括試車考核期。試車考核期包括冷試、熱試和試生產。冷試指單機冷車運轉；熱試指全線空串聯合運轉；試車指加料全線負荷聯合運轉。對保險設備本身是在本次安裝前已被使用過的設備或轉手設備，則自其試車之時起，保險人對該項設備的保險責任即行終止。

試車考核期出險率最高，因此在承保試車考核期時應慎重。試車期考核的長短應根據承包合同上的規定而定，一般以不超過三個月為限，若超過三個月則應另行加費。不論安裝的被保險設備有關合同中對試車和考核期如何規定，保險人僅在保險單明細表中列明的試車和考核期限內對試車和考核所引發的損失、費用和責任負責賠償。

(二) 保證期物質損失保險

保證期的保險期限與工程合同中規定的保證期一致。從工程所有人對部分或全部工程簽發完工驗收證書或驗收合格，或工程所有人實際佔有或使用或接收該部分或全部工程時起算，以先發生者為準。但在任何情況下，保證期的保險期限不得超出保險單明細表中列明的保證期。

保證期責任是否投保由被保險人自己決定。

實際操作時，由於安裝工程涉及的項目種類繁多，對有的安裝工程保險責任的終止期的確定比較困難。遇有下列工程項目可通過加批單分別規定保險責任的終止期：

(1) 石油、石化氣罐安裝工程責任的終止期為交工時或開始存放儲存物時（以先發生者為準）。

(2) 如果由承包商投保，在承包合同中規定由業主進行試車的情況下，如在試車開始前交工，應把責任的終止日定為交工時或試車開始時（以先發生者為準）。

(3) 試車中風險巨大的項目安裝，保險人應與被保險人預先約定試車期限，制定責任終止條款，以便使保險人在約定的試車期限內終止保險責任。

(三) 保險期限的延長

如項目在保險單規定的終止日還未完工，被保險人要求延長保險期限，須事先獲得保險人的書面同意，保險人同意后應出具批單，並按規定增收保險費。

七、安裝工程險的免賠額

規定對承保的安裝工程免賠額是可以促使被保險人加強對施工場地的安全管理工作，減少事故的發生，降低保險費。免賠額的高低，應根據安裝工程的危險程度、機械設備的性質及價值、工期的長短、自然氣候條件等因素，與投保人在投保時具體商定。

1. 物質損失部分（僅供參考）

（1）自然災害引起的巨災損失免賠額為 25,000～400,000 元。

（2）試車考核期免賠額為 80,000～800,000 元。

（3）其他風險免賠額為 16,000～40,000 元。

（4）特種危險免賠額與自然災害相同。此外，對特種危險還應規定特種風險賠償金額，即由地震、海嘯、洪水、暴雨和風暴特種風險造成保險工程物質損失的總的賠償金額。不論發生一次或多次事故，賠款都不能超過此限額。具體限額的高低應根據工程自然條件、以往發生這類災害的記錄及工程本身的抗災能力等因素研究確定。

2. 第三者責任險的免賠額

對第三者責任附加險免賠額，只規定每次事故財產損失的免賠額，對人身傷亡一般不作規定。

八、費率的確定和保費計算

（一）費率確定考慮的主要因素

（1）工程本身的危險程度、工程的性質及安裝技術難度；

（2）工地及鄰近地區的自然地理條件，有無特別危險存在；

（3）保險期限的長短，安裝過程中使用吊車次數的多少及危險程度；

（4）最大可能損失程度及工地現場管理和施工的安全條件等；

（5）被安裝設備的質量、型號、產品是否達到設計要求；

（6）工期長短及安裝季節，試車期和保證期分別有多長；

（7）承包人及其他工程關係方的資信、技術水平及經驗；

（8）同類工程以往的損失記錄；

（9）免賠額的高低及特種風險的賠償限額。

（二）安裝工程保險的保險費

安裝工程投資大、工期長、保險費數額較大，可由保險雙方協商保險費的收取辦法，並在保險單上載明。

九、承保安裝工程險必須查證的情況

保險公司在承保安裝工程險之前，除了認真審閱工程文件資料外，還必須到現場查勘，並記錄以下情況：

（1）被保險人、製造商及其他與工程有利害關係的各方資信情況；

（2）工程項目或機器設備的性質、性能、新舊程度以及以往發生過的情況，有無保險

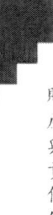

或損失記錄；

（3）工廠所用原材料的性能及其危險程度；

（4）安裝或建築工程中最危險部位及項目；

（5）機器設備及原材料的啓運時間、運輸路線、運輸和保管方法，運輸中風險最大的環節；

（6）工地周圍的自然地理情況和環境條件，包括風力、地質、水文、氣候等，尤其是發生特種風險如地震、特大自然災害的可能性；

（7）工地鄰近地區情況，特別是附近有哪些工廠，是否有河流、公路、海灘，這些因素可能對保險標的產生什麼影響？

（8）工地附近居民的情況，如生活條件、治安、衛生等；

（9）安裝人員的組織情況，負責人及技術人員的業務水平及其素質；

（10）工程進度及實施方式，有無交叉作業；

（11）無法施工季節的防護措施；

（12）擴建工程情況下原有設備財產的情況，是否已投保，誰負責保險，保險內容；

（13）試車期以及開始日。

瞭解並掌握上述情況后，保險雙方即可商定保險標的內容，進而簽訂安裝工程險的保險合同。

復習思考題

1. 工程保險的特點是什麼？
2. 談談什麼人可成為工程保險的投保人和被保險人？
3. 簡述建築工程保險的保險標的、保險責任、保險期限、保險金額的確定。
4. 安裝工程保險與建築工程保險有何異同？
5. 建築安裝工程保險中保險費率的厘定要考慮哪些因素？

第七章　農業保險

內容提要：本章闡述了農業保險的概念、分類及其特徵，分析了影響農業保險發展的因素，並在概括闡述種植業保險和養殖業保險的基礎上，介紹了種、養兩業保險的主要內容，探討了種、養兩業保險的風險控制問題。

第一節　農業保險概述

一、農業保險的概念及其分類

（一）農業保險的概念

農業保險有廣義與狹義之分。廣義的農業保險是指農村保險，包括農村的兩業保險、農村的財產保險和農村的人身保險。狹義的農業保險僅指兩業保險，即種植業保險和養殖業保險[①]。在國外，特別是很多發達國家，一般使用廣義農業保險的概念。而中國一般使用狹義的農業保險概念，即農業保險是指保險機構根據農業保險合同，對被保險人在種植業、林業、畜牧業和漁業生產中因保險標的遭受約定的自然災害、意外事故、疫病、疾病等保險事故所造成的財產損失，承擔賠償保險金責任的保險活動[②]。簡言之，農業保險是指保險人為農業生產經營者因保險事故所致的種植業、養殖業標的損失提供經濟補償的保險保障制度。但近年來，隨著農業保險在中國的不斷發展，農業保險的概念也開始向農村保險延伸，例如，江蘇省開辦的農業機械保險和湖南農房保險，也隸屬於農業保險的範疇。本教材僅述狹義的農業保險。

（二）農業保險的分類

根據農業保險承保的具體對象，農業保險可以分為種植業保險和養殖業保險兩大險別，並可進一步細分為農、林、牧、漁（水產養殖）業保險。見表7-1。

[①] 孫蓉，蘭虹．保險學原理［M］．4版．成都：西南財經大學出版社，2015：141．
[②] 國務院：《農業保險條例》（第二條），2012年10月24日通過，2013年3月1日起施行。

表 7-1　農業保險的分類表

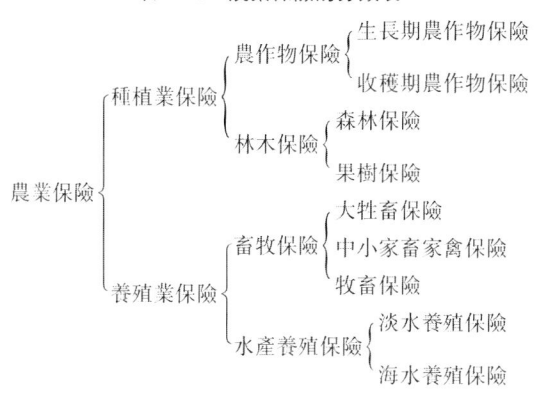

```
                              ┌ 農作物保險 ┌ 生長期農作物保險
                              │           └ 收穫期農作物保險
                 ┌ 種植業保險 ┤
                 │            │           ┌ 森林保險
                 │            └ 林木保險 ┤
農業保險 ┤                                └ 果樹保險
                 │            ┌ 畜牧保險 ┌ 大牲畜保險
                 │            │           ├ 中小家畜家禽保險
                 └ 養殖業保險┤           └ 牧畜保險
                              │
                              └ 水產養殖保險 ┌ 淡水養殖保險
                                             └ 海水養殖保險
```

1. 種植業保險

種植業保險是各種農作物保險、林木保險的總稱，它是以農牧場、林場和個人為保險對象，以其生產經營的各種農作物、林木為保險標的，承擔保險事故所致的農作物、林木損失的一種保險。

（1）農作物保險。農作物保險是以各種農作物為保險標的，承保農作物在生長期和收穫期遭受保險責任範圍內的經濟損失的一種保險。生長期農作物保險和收穫期農作物保險是農作物保險的具體表現形式。

生長期農作物保險。生長期農作物保險通常是指保險人承保合同約定的各種農作物在生長期間因災害事故造成的收穫量價值或生產費用（成本）損失的保險。生長期農作物保險的對象是處於生長階段的農作物，受土壤環境和自然條件的影響較大，具有較強的不穩定性，保險人要根據各種農作物的具體特點合理地制定保險條款。生長期農作物保險通常採取農作物成本保險和農作物收穫量保險兩種方式，並實行不足額承保，以減少道德風險。由於農作物面臨的風險程度因農作物的生長期不同而存在差異，因此，生長期農作物保險通常根據各種農作物生長期確定不同的保險期限。

收穫期農作物保險。收穫期農作物保險是以農作物成熟後的初級農產品為承保對象的短期風險保險，是生長期農作物保險的後續保險。其保險金額一般按正常年景平均畝產的一定成數確定。處於收穫期的初級農產品遭受了自然災害、意外事故造成損失，或者出險時因施救整理支付了合理費用，保險人應根據保險合同的有關規定進行賠償。

（2）林木保險。林木保險是承保林木生長期間因保險事故所致風險損失的保險。林木保險以森林保險為主要內容，亦可承保各種果樹等林木以及園林苗圃。

森林保險。森林保險是以林場或林農營造的人工林和天然林為承保對象，以林木生長期間因農業風險造成林木價值損失或營林、造林生產費用損失為承保責任的保險。森林的生長期較長，森林保險的保險期限亦較長，這是森林保險區別於其他險種的一個顯著特徵。森林保險的險種可以根據中國《森林法》對森林的分類來確定，保險人可以分別提供防護林保險、用材林保險、經濟林保險、薪炭林保險及特種用途林保險等。森林保險一般按單位面積立木蓄積量或營林成本確定保險金額，也可以按市場價的一定成數或理論林價

（計息成本價＋應獲利潤與應交稅金）等確定保險金額。

果樹保險。果樹保險是以常綠果樹和落葉果樹為承保對象的保險。果樹保險的保險標的兼具有林業生產和農業生產的雙重特性。果樹生產是多風險生產，在保險實務中，果樹保險責任是各種氣象災害，一般不保病蟲害，將樹體和產果分別承保，並分別估價確定和按畝產確定保險金額。

2. 養殖業保險

養殖業保險是畜牧保險、水產養殖保險等險種的總稱。它是以不同形式的農牧場和農牧民個人、漁場及漁民為保險對象，承擔其在養殖業生產過程中因災害事故或疾病造成保險標的損失的賠償責任的一種保險業務。

(1) 畜牧保險。畜禽保險以大牲畜、中小家畜家禽等為保險標的，是保險畜禽在保險期限內因保險事故致風險損失時，由保險人承擔賠償責任的保險。

大牲畜保險。大牲畜保險是養殖業保險的主要險種。它以役用、乳用、種用的大牲畜為承保標的。在保險實務中往往規定了較為嚴格的承保條件，如大牲畜的健康狀況、畜齡及飼養管理狀況等都有相應的限制性規定，大牲畜的保險金額一般以帳面價值、估定價值和市場價值等為依據確定。

中小家畜家禽保險。中小家畜家禽保險是以中小家畜和商品性生產群養的家禽為承保標的的保險，保險責任是家畜家禽因災害事故和疾病造成的死亡損失。保險人主要採取定額承保和變額承保等方式對家畜家禽予以承保。

牧畜保險。牧畜保險的特色在於以牧區放養的牲畜為承保標的，保險標的主要有群養群牧的牛、馬、驢、騾、駱駝等大牲畜及綿羊、山羊等小牲畜。承保時主要依據牧畜的種類和經濟價值等因素確定保險金額，並主要採取定額承保和估價承保兩種方式。

(2) 水產養殖保險。水產養殖保險是以利用淡水水域和海洋資源進行人工養殖的水產品為保險標的的保險。保險標的主要有商品性養殖的魚類、蝦類、蟹類、貝類、藻類等。保險期限按各種水產品的不同養殖期限而定，並根據養殖成本和養殖產量確定保險金額。

淡水養殖保險。淡水養殖保險以在淡水水域進行人工養殖的水產品為承保標的，保險人主要承保淡水養殖產品的流失責任和死亡責任。

海水養殖保險。海水養殖保險以利用海洋資源進行人工養殖的水產品為承保標的，包括海生動物和海生植物。保險人承擔保險事故造成的海水養殖產品的死亡和流失賠償責任。

從上述可見，農業保險的適用範圍較為廣泛，凡是農、林、牧、漁場或農、牧、漁民及林農的種植類、養殖類標的，只要符合保險條款規定的承保條件，都可以投保農業保險。

二、農業保險的特徵

農業保險的發展歷史可以追溯到18世紀的西歐，那時的德國、法國等國就已經開辦了農作物雹災保險。發展至今，農業保險的開辦已遍及世界，承保的標的已擴展到農、林、牧、漁，承保的風險責任也由單一的風險責任發展到混合風險責任乃至一切風險責任。可

以說，經過兩個多世紀的發展，農業保險已有了長足的進步。

狹義的農業保險①屬於財產保險的範疇，但由於其保險標的的特殊性及其所面臨風險的複雜性，使其具有了區別於其他財產保險的顯著特點：

(一) 農業保險標的的特殊性增大了保險難度

農業保險標的大多是有生命的植物或動物，在此基礎上，產生了一系列在以非生命體作為保險標的的財產保險中未曾遇到的問題。

(1) 保險期限。農業保險標的有明顯的生命週期及生長規律，保險期限需要嚴格地按照農作物生長期特性來確定。普通財產保險的保險期限一般為一年，而在農業保險中則不能籠統規定，需要根據物種的生長差異進行更細緻的劃分。尤其是對一年多季的糧食作物及養殖業更是如此。

(2) 保險標的。農業保險標的在一定的生長期內受到損害后有一定的自我恢復能力，從而使農業保險的定損較之財產保險顯得更為複雜，尤其是農作物保險，往往需要在收穫時二次定損。

(3) 保險價值。農業保險標的的保險價值難以確定。一般財產保險的標的是無生命物，保險價值相對穩定，容易確定；農業保險的標的在保險期間一般都處在生長期，其價值始終處於變化中，只有當它成熟或收穫時才能最終確定。在此之前，保險標的處於價值的孕育階段，不具備獨立的價值形態。因此在實務中，賠償金額可能是在保險事故發生后以公式計算，而不一定是事先確定一個定額。

(二) 農業自然風險具有系統性特徵

首先，農業保險承保的自然風險結構很特殊，主要包括各種氣象災害和生物災害，例如水災、旱災、冰雹、低溫災害、干熱風災、病蟲害、疫病災害等，甚至很多時候出現多種災害疊加，對農業生產構成嚴重威脅。其次，農業風險具有高度的相關性，這是由於地域的廣延性和氣象災害的區域性，使得農業風險單位在災害事故及災害損失中常表現為高度的時間與空間相關性。②再加上農業災害的覆蓋面廣、影響面大，農業風險所造成的經濟損失往往難以度量，發生巨災損失的概率相對較大，極易給保險公司帶來無法控制的潛在的巨大損失。

(三) 農業保險中存在著嚴重的信息不對稱

保險業中普遍存在著逆選擇和道德風險。由於農業保險的標的大都是有生命的動植物，其生長、飼養都離不開人的行為作用。而中國農村地區土地廣袤，氣候多變，加之農戶居住地分散，信息閉塞，保險人往往很難得到相關信息，農業保險中信息不對稱就表現得更為嚴重。

1. 逆選擇問題

由於在農業保險上獲取信息的代價過於高昂，保險人不得不採取統一格式的農業保險合同，其結果是：農險市場上充斥著大量的高風險者，而低風險者不願參保 → 保險人的

---

① 下文中的農業保險，凡未特別指明的均指狹義的農業保險。
② 馬國旭．農業保險的特殊性與中國農業保險發展的戰略選擇 [J]．濟南金融，2004 (8)：44-45．

賠付率不斷上升，進一步提高保險費率 → 中低風險的農業風險單位不願參保，形成惡性循環。

2. 道德風險問題

與一般財產保險不同，在農業保險中，風險事故的發生與事故發生后造成損失往往與被保險人的行為密切相關。被保險人的防災防損、災后補救的態度和手段不同，損失率就有可能不同。而實際中，農戶參保以后，可能忽視甚至放棄有效的風險管理措施，大大增加了損失概率；加之由於查勘定損的不便，騙賠現象屢有發生。如投保能繁母豬的農戶用同一頭母豬的屍體多次報案要求賠付，或者故意弄死患病牲畜以達到獲得保險金的目的等。目前保險人的人力及技術水平有限，監督成本高，風險控制難度大，道德風險往往給保險公司造成很大的損失。①

(四) 農業保險一般以收支平衡為經營目標

中國農村經濟發展水平相對較低，農業經濟基礎薄弱，影響到保險雙方當事人的經濟承受能力，影響到農業保險的發展。一方面，投保人的有效需求不足，保費負擔能力偏低，難以承受較高的農業保險費支出；另一方面，相對於其他財產保險的險種而言，由於農業保險標的面廣、分散、風險損失率高等原因，又使保險企業的賠付率居高難下，賠付負擔過重，承保能力受到限制。薄弱的經濟基礎與高風險、高賠付②並存引起的農業保險供求矛盾，決定了農業保險不可能取得較高利潤，一般只能以收支平衡為經營目標。而且，如果沒有政府的扶持，農業保險甚至連收支平衡也難以做到，保險公司的經營會陷入虧損局面而難以為繼。

(五) 農業保險離不開法律的完善和政府的扶持

農業保險經營的高風險及高賠付率，使不少商業保險公司對農業保險望而卻步。而農業保險具有準公共物品性質③，對農業經濟乃至整個國民經濟的發展起著十分重要的作用。這就從客觀上要求通過立法促進和保護農業保險的發展，要求政府對農業保險高度重視，並採取經濟手段、法律手段和行政手段來大力扶持農業保險，以稅率優惠、保費補貼等方式，促進農業保險的健康發展。例如，巴拿馬政府規定農業保險公司的全部行政開支由政府負擔，如果保費收入不足賠付，除去國際再保險市場分擔的部分外，不足部分由政府承擔，且實行農業保險免稅經營；加拿大政府則對農業保險實行50%的保險補貼。又如，根據《農業保險法》，西班牙糧食保險委員會對小麥、大麥、玉米、高粱等作物遭受多種自然災害造成的損失和林業遭受火災所致損失提供保險保障，保險費採取農民交費與政府補貼相結合，實施方式是農作物保險以自願為主，地方政府可以規定強制投保，林業保險則採取強制方式；土耳其政府對農業保險免稅；葡萄牙的農業保險補償基金會對農作物、水果等保險，由政府實行超賠分擔等。總之，各國政府專門對農業保險立法保護，實行減、

---

① 孫蓉，費友海，王向南，等. 政策性農業保險體系構建與制度創新研究 [R]. 成都：四川省委農辦課題，2010：4-5.
② 在1985—2010年的26年間，農業保險的年均賠付率高達86.54%。1985—2010年數據源自《中國保險年鑒》，此年均賠付率係筆者據此計算得出。
③ 庹國柱，王國軍. 中國農業保險與農村社會保障制度研究 [M]. 北京：首都經濟貿易大學出版社，2002：85-106.

免稅政策，採取了政府分保、承擔部分費用支出、超額補償、保費補貼等方式，並對部分險種實施強制保險，以體現政府對農業保險的扶持。這些措施的採取，促進了農業保險的良性循環。相反，如果沒有法律的完善和政府的扶持，農業保險雖然在局部領域可能得到發展，但其總體的發展却會舉步維艱。

由農業保險的特徵可知，將農業保險業務交由保險公司按照純商業性經營方式來操作，在現實中的可行性較低。基於農業在國民經濟中的重要地位以及農業保險業務開展的諸多難處，世界各國普遍將農業保險定性為政策性農業保險。

三、影響農業保險發展的因素

世界各國乃至中國的農業保險的發展實踐表明，政策、經濟、法律以及市場等因素影響著農業保險的發展。

(一) 政策因素

政策因素對農業保險影響最大。對農業保險供給而言，政策因素不僅決定著農業保險供給量的大小，而且決定著農業保險供給與否。從農業保險需求而言，國家政策是否鼓勵農業生產者參加農業保險，是否給予一定的財政支持，並努力縮小自然需求與有效需求的差距，將反應出政策的傾向性，進而會直接影響到農業保險需求。

日本、美國等國的農業保險之所以有一定的成就，甚至取得成功，在很大程度上取決於政府制定的促進、穩定農業生產發展的政策。比如，日本政府對農業保險承擔了幾乎所有的經營費用，按不同險種補貼較高比例的保險費，費率越高、風險程度越高，補貼就越高，並通過再保險的提供承擔了大額的賠款，使農業保險的發展有了經濟基礎。又如美國，由農業部聯邦作物保險公司專門經營農作物保險，政府對農作物保險的附加保費部分給予補貼並提供再保險。

而中國農業保險改革開放後的發展歷程更是體現出政策的顯著影響。1982年中國人保開始恢復停辦近30年的農業保險。在1982—1992年的10年間，農業保險保費收入呈不斷上升趨勢，但由於缺乏政府的政策支持和財政補貼，基本上處於持續虧損狀態（見表7-2）。

1993—2003年中國農業保險發展波動起伏、長期停滯、徘徊不前。自2004年啓動農業保險試點以來，中央和地方出抬了一系列推動農業保險發展的政策措施，農業保險在經歷多年停滯之後，得到了較快的發展：首先，中央政府連續6個（2004—2009年）一號文件要求加快發展政策性農業保險。其次，2004年開始啟動農業保險試點。2007年中央確定四川、江蘇、浙江、黑龍江、吉林、新疆六省、區和上海市為政策性農業保險的試點省、區、市，並根據財政部及各地方政府文件精神實施財政補貼。如2007年四川省水稻、玉米的財政補貼比例為70%，其中中央25%、省25%、市縣20%；能繁母豬的財政補貼比例為80%，其中，中央財政50%，地方財政30%。2007年根據四川養豬大省的省情，四川省將育肥豬保險納入保費補貼試點。2008年度，財政部將水稻、玉米等種植業的中央補貼比例提高至35%，省財政維持了25%的補貼比例不變，將市/縣財政的補貼比例降低至15%，將農戶的交費比例降低至25%。能繁母豬的財政補貼比例維持不變。2008年中央財政將奶牛、育肥豬納入保費補貼範圍，其中，育肥豬在四川、湖南、吉林三省試點，中央

表 7-2　　　　　1982—1993 年中國農業保險經營狀況表[1]

項目 年份	保費收入 （萬元） A	賠款支出 （萬元） B	賠付率 （％） C = B/A	業務管理費用 （萬元） D = A * 20%	盈虧額 （萬元） E = A −（B + D）
1982	23	22	95.7	5	−4
1983	173	233	134.7	35	−95
1984	1,007	725	72	201	81
1985	4,332	5,226	121.6	866	−1,800
1986	7,803	10,637	136.3	1,561	−4,395
1987	10,028	12,604	125.7	2,006	−4,582
1988	11,534	9,546	82.8	2,307	−319
1989	12,931	10,721	82.9	2,586	−376
1990	19,428	16,723	86.9	3,850	−1,325
1991	45,504	54,194	119.1	9,101	−17,791
1992	81.690	81,462	99.7	16,338	−16,110
1993	56,130	64,691	115.3	11,226	−19,787
合計	250,403	266,824	106.6	50,082	−69,379

數據來源：《中國保險年鑒》（1982—1993 年）。

財政保費補貼比例為 10%，地方財政補貼比例為 60%；奶牛中央財政補貼 30%，地方財政補貼 30%，農戶承擔 40%。中央財政關於農業保險的補貼支出從 2007 年開始已連續 3 年大幅增長，2009 年在 2008 年 60 億元的基礎上增加到了 100 億元[2]，加大了補貼力度，擴大了試點範圍，增加了試點品種。在 2007 年國家對政策性農業保險試點地區給予保費補貼等優惠政策以來，試點險種業務得到了極為迅速的發展，財政的補貼政策起到了很好的槓桿效應。2004 年以來，經中國保監會批准成立了幾家農險公司：黑龍江的陽光農業保險公司、吉林的安華農業保險公司、上海的安信農業保險公司、安徽的國元農業保險公司等，增加了農業保險供給主體，增大了農業保險供給總量，促進了農業保險的發展。

2014 年 8 月，國務院發布「關於加快發展現代保險服務業的若干意見」（簡稱新「國十條」）（國發〔2014〕29 號文），明確規定應「大力發展『三農』保險，創新支援惠農方式」「積極發展農業保險。按照中央支持保大宗、保成本，地方支持保特色、保產量，有條件的保價格、保收入的原則，鼓勵農民和各類新型農業經營主體自願參保，擴大農業保險覆蓋面，提高農業保險保障程度。開展農產品目標價格保險試點，探索天氣指數保險

---

[1] 費友海.中國農業保險制度演化研究［D］.成都：西南財經大學，2009：59.
[2] 孫蓉，費友海，王向南，等.政策性農業保險體系構建與制度創新研究［R］.成都：四川省委農辦課題，2010：20，26-27.

等新興產品和服務，豐富農業保險風險管理工具。落實農業保險大災風險準備金制度。健全農業保險服務體系，鼓勵開展多種形式的互助合作保險。健全保險經營機構與災害預報部門、農業主管部門的合作機制」；「拓展『三農』保險廣度和深度。各地根據自身實際，支持保險機構提供保障適度、保費低廉、保單通俗的三農』保險產品。積極發展農村小額信貸保險、農房保險、農機保險、農業基礎設施保險、森林保險，以及農民養老健康保險、農村小額人身保險等普惠保險業務。」

2015年11月13日中國保監會召開新聞發布會，宣布對中央財政補貼保費、涉及15類農作物和6類養殖品種的738個農業保險產品全面升級。其主要內容如下：2015年初為貫徹落實黨中央、國務院強農惠農富農政策和中央一號文件精神，保監會、財政部、農業部聯合印發《關於進一步完善中央財政保費補貼型農業保險產品條款擬訂工作的通知》，部署在全國開展中央財政保費補貼型農險產品的升級改造。至2015年11月，農業保險產品已實現全面升級，共涉及34個地區（含省、自治區、直轄市、計劃單列市），15類農作物和6類養殖品種共計738個農業保險產品，22家保險公司，進一步滿足了新形勢下的農業風險管理需求。升級后，農險產品的保障力度大幅提高，保險責任大幅拓展，惠農力度不斷增強。具體體現在：一是顯著擴大保險責任。種植業保險在原有自然災害的基礎上，增加了旱災、地震等重大災害，以及泥石流、山體滑坡等地質災害以及病蟲草鼠害；養殖業保險責任擴展到所有疾病和疫病。部分地區還結合當地實際拓展了「雪災」「野獸侵襲」等責任。二是大幅提高主要糧食作物保障水平。全國大部分省市保險金額已覆蓋直接物化成本，在原有的平均賠付金額能覆蓋直接物化成本33%的基礎上，將保障水平提高10%～15%；對少部分因各種因素未能覆蓋直接物化成本的地區，要求保險公司開發商業性補充保障產品，確保基本保障達到國家要求。三是提高賠付標準、降低理賠條件。取消原有巨災、旱災損失設立40%免賠額、普通災害設立20%左右免賠額的做法，規定所有產品均不得設立免賠額，不得在保額下再設立賠付封頂線，同時提高對農作物不同生長階段和絕產情形下的賠付標準。四是下調保險費率。以農業大省為重點，指導各地根據近年來風險特點、風險分佈和經營情況，下調保險費率。部分地區種植業保險費率降幅接近50%。五是強化社會管理職能。將病死畜禽按政府規定進行無害化處理作為獲得保險賠款的前提，通過經濟手段，引導農戶將病死畜禽主動進行無害化處理，防止病死畜禽流入市場。①

自2007年中央財政實施農業保險保費補貼政策以來，中國農業保險發展迅速，服務「三農」能力顯著增強。2014年，農業保險實現保費收入325.7億元，提供風險保障1.66萬億元，參保農戶2.47億戶次，承保主要農作物突破7,333萬公頃，承保覆蓋率接近50%，主要口糧作物承保覆蓋率超過65%。中國保監會部署的農業保險產品升級，標誌著農業保險產品體系的進一步完善，將大幅提升農業保險產品管理的標準化和規範化水平，對擴大農業保險覆蓋面，維護投保農戶合法權益，完善農業保險體制機制，發揮農業保險功能作用產生深遠影響。下一步，保監會將以進一步落實國家強農惠農富農政策為重點，

---

① 中國保險監督管理委員會. 農業保險產品實現全面升級［EB/OL］. 財新網, 金融頻道. 2015-11-19；中國保監會. 738個農業保險產品全面升級［EB/OL］. 金投保險網, http://insurance.cngold.org/. 2015-11-17.

加強與地方政府及相關部門的溝通協作，穩步提高提高保障水平；完善產品管理制度，制定主要農作物保險示範性條款，完善農業保險風險區劃和費率浮動機制，繼續發揮農業保險支農惠農的積極作用。①

顯然，在新「國十條」及中國保監會關於農業保險的相關政策紅利背景下，中國的農業保險將迎來發展的春天，這同時也彰顯出政策因素對農業保險的發展具有重要的影響作用。

近10年農業保險的發展情況，詳見表7-3。

表7-3　　　　　2005—2014年農業保險保費收入及賠付情況

年份	保費收入（億元）	賠付額（億元）	賠付率（%）
2005	7.11	5.5	77.36
2006	8.48	5.98	70.52
2007	51.94	28.95	55.74
2008	110.68	64.14	57.95
2009	133.93	95.18	71.07
2010	135.86	95.96	70.63
2011	174.03	81.78	46.99
2012	240.6	131.34	54.59
2013	306.59	194.94	63.58
2014	325.7	214.6	65.89

數據來源：歷年《中國保險年鑒》《2015年中國保險市場年報》。

國內外的農業保險實踐表明，政策因素作用於農業保險的供求雙方，並直接影響到農業保險的發展。

(二) 經濟因素

經濟條件是保險業賴以發展的基礎，因而也直接影響並作用於農業保險。

1. 經濟發展水平的影響

農業經濟發展水平的提高，會擴大農民的生產規模和經營範圍，農民個人和集體的財富會增加，農業風險損失的機會也會隨之增大，而農業生產經營者自行消化風險損失的能力卻會削弱，這會刺激農民風險意識的增強和保險自然需求的形成；同時，農村經濟的發展使農民個人和集體的收入水平得以提高，農業保險自然需求更多地轉化為有費支付能力的需求。農業保險需求的增多，又會促使保險人順應需求，擴大農業保險保障的對象和範圍，增大農業保險供給。

2. 經濟發展週期的影響

農村經濟週期的波動對農業保險的發展構成影響。當農村經濟發展迅猛時，農業保險的有效需求隨著農村生產力的大幅度提高而迅速增大，農業保險的保費收入亦可能隨之迅

---

① 中國保險監督管理委員會. 農業保險產品實現全面升級 [EB/OL]. 財新網、金融頻道. 2015-11-19.

速增加；反之，農村經濟發展處於低谷時，農業生產經營者的收入明顯減少，農業保險的有效需求降低，保費收入減少。

3. 經濟體制的影響

經濟體制會影響到農業保險的發展。西方國家農民投保積極性高的主要原因之一，是私有化生產方式下農民要承擔全部風險責任。在中國，農村經濟改革使承包責任制得到發展和完善，進而促使農村發展商品經濟的積極性高漲，用於生產投資的項目多了，投入的人財物力增大了，農民所承擔的經濟責任也相應加大，農業風險亦隨之增大，對農業保險保障的自然需求增大；農村經濟體制改革還使農業生產經營者的經濟收入增加，農業自然需求更多地向有效需求轉化，在一定程度上促進了農業保險業的發展。

(三) 法律因素

法律是國家依照立法程序規定、強制保證執行的行為準則。

法律因素的影響，體現為農業保險與其他保險一樣，需要相應的法律條文作為保障。農業保險是保險雙方當事人通過簽訂農業保險合同建立起來的一種民事法律關係。農業保險合同從簽訂、履行到終止，保險業務從承保到理賠，無不受到法律的約束。農業保險合同作為一種法律形式，既保障雙方當事人合法的經濟利益，又促使其各自履行其應盡義務，並調整人們在保險活動中的關係，使農業保險以法律為保障持續發展。

法律因素的影響還體現為國家通過制定法律來規範農業保險行為。法律是許多國家普遍採用的管理保險經濟活動的手段，市場經濟的國家尤其注重實行法制管理。法制管理的實施通常採用兩種方式：

1. 制定和完善農業保險法，實施農業保險保障

國家可以通過保險立法對農業保險企業的開業資本金、組織形式、業務範圍以及農業保險合同等做出明確的規定。通過保險法律手段，國家可以控制農業保險業的發展方向和發展規模，確保保險企業按照國家政府的總體目標發展農業保險。例如，法國在1900年通過《農業互助保險法》（AMA），該法給予互助保險社稅收優惠待遇，對其收入和財產免徵賦稅；1960年，頒布的《農業指導法》對農業保險的經營與發展做出了較為明確的規定；1964年，法國政府頒布「農業損害保證制度」，規定農業保險公司除了經營農業保險業務外，還可以為農民提供財產保險和壽險業務；1982年，法國頒布《農業災害救助法》[①]；1984年制定了《農業保險法》，對農業保險的保險責任、再保險、保險費率、理賠計算等用法律加以明確規定。可以說，法國的農業保險法律法規經過不斷的調整、修改而臻於完善，為農業保險的健康發展奠定了堅實的基礎。

2. 實施法定保險

比如，日本根據《農業災害補償法》於1947年開始在全國範圍內開展農作物保險，對小麥、大麥、水稻等主要作物以法律形式實施強制保險。

以上兩種方式是密切相連的，往往法定保險的實施以農業保險法的制定和頒布為前提，法定保險又是農業保險法的具體體現。

---

① 田野，胡遷，馬明華. 法國農業互助保險及對中國的啟示 [J]. 農村經濟, 2005 (10): 119-122.

在中國，《中華人民共和國農業法》① 第四十六條規定：「國家建立和完善農業保險制度。國家逐步建立和完善政策性農業保險制度。鼓勵和扶持農民和農業生產經營組織建立為農業生產經營活動服務的互助合作保險組織，鼓勵商業性保險公司開展農業保險業務。」《中華人民共和國保險法》② 第一百八十六條規定：「國家支持發展為農業生產服務的保險事業，農業保險由法律、行政法規另行規定。」這表明了中國的法律明確認定了農業保險與一般的商業保險不同，具有政策性，中國將對農業保險單獨立法。為充分發揮農業保險對農業經濟發展的保障作用，中國已出台《農業保險條例》③ 並將最終出台《農業保險法》及配套的行政法規、規章，以規範農業保險活動、保護農業保險活動當事人的合法權益、加強對農業保險業的監督管理、促進農業保險的健康發展。

此外，農業保險市場因素也對農業保險的發展產生重大影響。農業保險市場既是農業保險商品買賣的場所，又是一定時期內對農業保險商品的供給和有支付能力的需求之間的關係。農業保險市場由農業保險供給者、農業保險需求者及農業保險仲介人構成。對農業保險供給而言，供給主體的增加與專業的農業保險公司的成立是推動農業保險發展的重要條件，逆選擇和道德風險的防範是農業保險發展的嚴峻挑戰；對農業保險需求而言，關鍵是如何提高農業生產經營者的有效需求；農業保險市場的完善還離不開農業保險仲介人制度的建立對農業保險供求均衡所產生的促進作用。

總之，農業保險的發展既需要保險行業自身的努力，也需要社會環境的優化；既需要一個良好的市場環境和經濟環境，更需要國家提供的政策支持和法律的規範約束。

第二節　種植業保險

一、種植業保險概述

種植業保險以農作物和林木為保險標的，承保保險標的因保險責任範圍內的災害事故所致的經濟損失。按保險標的分類，種植業保險可以分為農作物保險和林木保險。

（一）種植業保險標的特徵

1. 農作物與林木的特徵不同

在種植業保險標的中，農作物與林木具有各自不同的特徵。農作物保險標的種類多、生長期較短、投入成本較少、分佈範圍廣；林木保險標的種類則相對較少、生長期較長、投入成本較多、分佈相對較為集中。

2. 再生能力較強

種植業標的在遭受自然災害、意外事故後，只要災后的自然條件適合植物生長，又管

---

① 《中華人民共和國農業法》於 1993 年 7 月 2 日通過，2002 年 12 月 28 日修訂並公布，自 2003 年 3 月 1 日起施行。

② 《中華人民共和國保險法》於 1995 年 6 月 30 日通過，1995 年 10 月 1 起施行；2002 年 10 月 28 日修正，自 2003 年 1 月 1 日起施行；2009 年 2 月 28 日修正，2009 年 10 月 1 日起施行。

③ 2006 年 9 月由中國保監會牽頭、國務院法制辦、財政部、農業部等單位參加，成立了政策性農業保險條例起草工作小組，起草了《政策性農業保險條例草案徵求意見稿》。2012 年 11 月 12 日溫家寶總理頒發國務院第 629 號令，《農業保險條例》自 2013 年 3 月 1 日起施行。

理得當，就能逐步恢復植物的生長機能，減輕災害造成的損失；而且部分植物個體的消失，會給植物群體中的其他個體帶來更多的光、肥、水、氣等養分，使之增產增收。但若管理不當，自然條件又不理想，則植物的再生能力必定受到影響。

3. 各種植物的自身規律要求實現種植的科學化

種植業保險標的一般是活的有機體，主要以群體存在方式進行規模種植，群體中的個體在吸收光、肥、水、氣等方面相互排斥，存在著矛盾。因此，必須根據各種植物自身的生長發育規律，根據植物的種類、品種特性和氣候條件，實現種植的科學化，為種植業生產的豐收創造條件。

(二) 種植業保險的基本做法

種植業保險的特徵及規律，決定了開展該業務有別於一般的財產保險業務。

1. 以成本為基礎實施基本保障

對一般的財產保險而言，保險標的的外部形態和內在結構在保險期限內相對穩定，保險價值較易確定，投保人的保費交納能力相對較強，保險人鼓勵投保人通過足額投保獲得較充分的保障。而種植業標的從外部形態到內在結構幾乎每天都在變化，保險價值隨著種植成本的投入逐日增加；且種植業生產受自然條件和選種、施肥、農時季節、田間管理、種植技術等諸多因素的影響和制約，即使在相同面積投入相同成本，也不一定能獲得相同數量的產品。因此，在確定種植業保險的保障程度時，一般是以投入的生產成本費用為基礎，保產量者也是按這種保障程度確定可保產量的成數，其目的是保證恢復簡單再生產。

2. 實行防賠結合

種植業保險標的生長於自然環境中，受自然條件的影響較大，自然災害發生後涉及面大，需要預防與賠償相結合。從保險角度促進防災，既可以使保險標的高產穩產、增加社會財富；又可以降低賠付率，提高保險企業效益。保險人以防災為前提，通過災前的預防和災后的補償來促進生產的發展。

3. 實行收穫時的最終補償

種植業保險標的是有生命的植物，遭災後有一定的自我恢復能力，收穫時才能最終真實地反應損失情況。因此，只有在收穫時測定的損失才較準確合理。在實際工作中，出險後保險理賠人員應盡快趕赴現場查勘定損，確定為全損的，一般按出險前已投入的成本費用一次性賠償；對部分損失，則將受災情況記錄在案，作為收穫時理賠的依據之一，並預付部分賠款作為施救等費用，待收穫時由保險人組成評估小組確定保險標的的實際損失程度並實施最終的補償。

二、種植業保險的主要內容

(一) 保險標的

對種植業保險的不同險種而言，保險標的是不同的。

1. 生長期農作物保險標的

生長期農作物的保險標的，是處於生長期的各種農作物，它可以分為兩大類：一類是糧食作物，一類是經濟作物。生長期農作物保險亦分為糧食作物保險和經濟作物保險。

糧食作物的保險標的，主要有禾谷類作物（如水稻、玉米、小麥等）和豆類作物（如大豆、蠶豆、綠豆等）。

經濟作物保險的保險標的，主要有纖維作物（如棉花、亞麻）、油料作物（如油菜、花生）、嗜好性作物（如菸草、茶）、藥用作物（如天麻、三七）以及瓜果、蔬菜等。

2. 收穫期農作物保險標的

收穫期農作物保險的保險標的是處於收穫期的各種農作物，它同樣分為糧食作物和經濟作物。農作物成熟后離開生長地進入場院、炕房，處於晾曬、脫粒、烘烤等初加工形態時，即成為初級農產品，可以作為收穫期農作物保險的標的進行投保。

3. 森林保險標的

森林是指生長在廣闊陸地上的各種樹林，從起源上可以劃分為人工林和天然林。從理論上講，人工林和天然林在不同程度上都投入了人、財、物力，都可以作為森林保險的標的。但從動態角度考察，人工林在森林資源中將呈現不斷上升的趨勢，因此，人工林在森林保險標的中居於重要地位。森林保險標的是一種多年生植物，它屬於種植業，又不同於農作物，其生長過程具有週期長、效益廣、風險大、災害多等特徵。

4. 果樹保險標的

果樹保險標的，有樹體標的和果品標的；有常綠果樹標的和落葉果樹標的；有木本果樹標的和草本果樹標的；有溫帶、亞熱帶、熱帶和寒帶果樹標的。概括起來，果樹保險的保險標的可以分為七大類，即仁果類（如蘋果）、核果類（如櫻桃）、漿果類（如葡萄）、堅果類（如核桃）、柑果類（如柚）、柿棗類（如柿子）、亞熱帶及熱帶果類（如香蕉、芒果）。

(二) 保險期限

在農作物保險中，保險期限的長短與保險標的的特點密切相關。

生長期農作物保險一般從作物出土定苗後起保，到成熟收割時止。例如，水稻保險的保險期限可以從插秧結束起至收割時止。對於分期收穫的農作物（如棉花），保險期限應到收穫最后一期為止。

收穫期農作物保險，一般從農作物收割（採摘）進入場院或炕房后起保，到完成初加工離場或離房入庫前終止。收穫期農作物保險的保險期限往往較短，一般只有一個月左右；有的保險條款，將保險期限向前延伸到收割（採摘）進入場院前10天，包括了收割、運輸途中的時間，向后推遲至交售入庫為止，從而進一步擴大了保障程度。

林木屬多年生植物，生長期較長，林木保險期限因此較長。但由於各地、各種林木的生長期差異較大，林木保險期限一般以林木的投入至產出時間作為確定保險期限的依據。在林木保險試辦初期，在尚未掌握林木保險規律的情況下，適宜於實行1年期的短期保險；對已試辦結束並摸索和總結出林木保險規律的也可以實行長期保險，如保險期限為3年、5年乃至更長期限。

(三) 保險責任

種植業生產面臨各種各樣的風險，作為轉嫁種植業生產風險的種植業保險，究竟能承擔哪些風險，是種植業保險必須解決的問題。

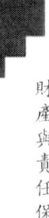

中國農作物面臨的風險主要有旱災、水澇災、病蟲害、風雹災和霜凍等。

林木同樣面臨著各種風險的威脅，火災、病蟲害、風災、雪凍和洪水等均危及林木生長，而火災的影響尤其大。全世界每年發生森林火災幾十萬次，被燒毀林地面積幾百萬公頃，有的年份竟達幾千萬公頃，平均約為世界有林面積的1‰以上。

對農作物和林木面臨的各種風險，保險人並非都承保，而是根據保險原理中可保風險的條件（非投機性、偶然性和意外性、普遍性、嚴重性等）以及保險人的承保能力對風險進行選擇。如病蟲草害是農業生產的大敵，然而，病蟲草害與耕作技術的科學合理性有關，人為管理因素的影響特別大。保險人承保時須慎重考慮，既可以將病蟲草害作為不保風險，也可以根據當地的實際情況選擇特定的病蟲草害作為保險責任。對於旱災、水澇災、風雹災、凍災、火災等災害基本符合可保風險條件的，保險人可以選擇承保，也可以全部承保，並應盡量避免承擔與人為因素有關的責任。

1. 農作物保險的保險責任

根據保險人承擔風險責任的多寡，農作物保險可以分為單一風險責任、混合風險責任和一切風險責任。

承保農作物單一風險責任的保險，簡稱「農作物單一險」，是指保險人只承保農作物的一種風險責任的保險。如：「棉田雹災保險」，保險人只對冰雹災害引起的棉田損失負責賠償；又如「麥場火災保險」，保險人只對火災引起的保險小麥損失負責賠償。

承保農作物綜合風險責任的保險，簡稱「農作物混合險」，是指保險人對兩種或兩種以上的風險（如暴風、暴雨、冰雹等）所致的農作物損失負賠償責任。

例如，《四川水稻、玉米保險條款》（2008 版）[①] 承保的風險是暴雨、洪水（政府行蓄洪除外）、內澇、風災、雹災和凍災。

承保農作物一切風險責任的保險，簡稱為「農作物一切險」，是指保險人對幾乎所有的自然災害和病蟲害造成的農作物損失都承擔賠償責任。由於承擔「農作物一切險」在損失發生時需要大量資金，因此，該保險一般由政府部門或政府支持的農作物管理機構辦理，政府為此提供保費支助，分擔賠款或再保險。如美國的《聯邦農作物保險法》規定，由美國農業部聯邦農作物保險公司對46 種農作物因一切自然風險等所致的損失給予保險補償，政府則提供補貼和再保險。

中國的農作物保險主要承保單一風險責任和混合風險責任。

2. 林木保險的保險責任

林木再生產過程面臨著各種各樣的風險，如林木被哄搶、偷砍、盜伐等人為風險；洪災、雹災、風災、凍災、雪災以及牲畜踐踏、病蟲害、野獸危害等致林木損失的自然風險；介於人為風險與自然風險之間的火災風險等。在以上風險中，對林木威脅最大的是火災。

根據林木面臨的風險，保險人可以合理地確定保險責任。林木保險中保險人承保責任

[①] 參見四川省政策性水稻、玉米種植一般災害保險（以下簡稱「四川水稻、玉米保險」）條款（2008 版）第三條。

的多寡，取決於保險人的供給能力和投保人的需求程度。在保險人的承保能力不足、經營水平不高、投保人面臨的風險程度和經濟支付能力有限的情況下，保險人通常不承擔病蟲害等風險責任。若保險供求能力低下，林木保險甚至只承保火災這一項風險責任。

（四）保險金額

種植業保險金額的確定，一般以不超過正常年景的收穫量或保險標的的實際價值的八成為最高限額，讓被保險人自己承擔一部分損失責任，以提高承保效益。主要確定方法有以下三種：

1. 按投入的生產成本確定保額

即根據種植保險標的的生長規律和有關職能部門提供的種植成本投入的具體情況，分別確定不同階段的保險程度，按畝平均成本計算保額。

2. 按平均收穫量的一定成數確定保額

即根據同類保險標的在鄉以上的範圍內，前3~5年時間區間裡平均收穫量的4~8成，按銷售中間價計算保險金額，其保障程度略高於按成本確定保額的方式。

3. 按銀行貸款確定保額

即為了支持科技興農技術的推廣和應用，保險人可以在農技部門提供責任擔保的情況下，將銀行向農民提供的生產貸款額作為保險金額，以提高農民的適貸地位。

（五）保險費率

確定種植業保險費率是一項複雜的工作。確定種植業保險費率的主要依據是保險責任範圍和保險標的歷年的損失率，同時還應顧及保險公司的承保能力和投保人的保費負擔能力。具體制定時應考慮以下因素：

（1）地理位置、自然環境、氣候條件、水利設施、防災力量、交通狀況等。

（2）各種作物及林木對災害抵抗力的強弱及經營管理水平的高低。各種作物、林木對災害的抵抗能力不同，即使是同等強度的災害對各種農作物或林木造成的損失程度也各不相同。而經營管理水平不同，亦影響到農作物或林木的風險大小及其損失程度。因此，在制定費率時應有所區別，被保險人經營管理水平高的、保險標的對災害的抵抗能力強的，應適當降低費率。

（3）切實估計最大損失的可能以及必要的開支。保險人員應切實估計到發生災害的最大可能性，考慮大災年的賠付狀況，清楚自己所能承擔的最高賠償額度，在純費率的基礎上附加一定的穩定系數，並將保險人的營業費用支出計算在費率中。

（六）保險理賠

種植業保險理賠是指保險人對種植業保險賠案進行處理的過程。其理賠的基本程序是審核、查勘和賠付等。

保險人接到被保險人的報險索賠后，一方面應根據有關資料進行審核；另一方面則應盡快派人到出險現場進行查勘，並根據災害的強度和保險標的的生長規律進行評估和收穫前的實地測算。例如，對禾類作物進行定損，通常要從單位面積上的穗數、平均每穗實粒數和千粒重這三個方面進行測算定損；對於大面積災害，還可利用先進的遙感計算機、計算技術甚至無人機等進行測算。在確定進行賠付的前提下，保險人須計算賠款。

種植業保險的賠款計算分為以下兩種情況：

1. 全部損失

中國的種植業保險條款一般規定，保險標的遭災后，如果有70%以上的植株死亡，沒有繼續種植的價值或不能改種其他作物，視同全損，按條款規定的賠付方法計算賠款；若有殘值，要從賠款中扣除。保產量和保成本的賠款計算公式分別為：

畝賠款＝平均畝產×承保成數×單價

畝賠款＝畝保險成本－未來應投入的成本

例如，四川水稻、玉米保險條款（2008版）規定：「賠償處理以畝為核算單位。保險標的不同生長期賠償計算方式：保險水稻、玉米發生保險責任範圍內的損失，保險人按照保險水稻不同生長期的最高賠償標準、損失率及受損面積計算賠償：

賠償金額＝出險當期每畝最高賠償標準×損失面積×實際損失率×（1－絕對免賠率）

公式中「出險當期每畝最高賠償標準」為附表《水稻、玉米不同生長期的最高賠償標準》中所列出險當期每畝最高賠償比例。」「免賠率為損失金額的10%。」①

受災后改種其他作物並有收益的，保單繼續有效，保產量和保成本的賠款計算公式分別為：

畝賠款＝（平均畝產×承保成數×單價）－畝改種已賠金額－畝改種收入

畝賠款＝原保單畝成本保額－改種時畝賠款－（畝改種收入－畝改種投入成本）

2. 部分損失

計算部分損失的賠款，一般是在收穫時的測產以後。如受災當時給了預付賠款的，計算時應當扣除。

保產量的計算公式為：

畝賠款＝（保險畝產－實收平均畝產）×單價－預付賠款

其中，保險畝產＝正常年景下3～5年的平均畝產×承保成數

保成本的計算公式為：

畝賠款＝（畝成本保額－實收平均畝產×單價）－預付賠款

上述公式計算時，只有出現正數才發生賠款。

三、種植業保險的風險控制

要使種植保險業順利發展，保險人應當強化風險控制措施。

（一）加強防災防損

種植業生產在很大程度上受自然條件的制約，其面臨的不少自然風險是難以預防的，如暴雨、龍捲風等；但有些風險卻是可以通過採取預防措施在一定程度上降低災害造成的損失程度的，如病蟲害等。加強種植業保險的防災防損工作，可以減少社會財富的損失，降低保險人的賠付率，提高保險的社會效益和經濟效益。如某年山西太谷縣中國人民保險

---

① 參見《四川水稻、玉米保險條款》（2008版）第九條、第七條。

公司所保的 3 萬多畝（1 畝≈666.67 平方米）高粱遭受蚜蟲災害，保險公司及時投入必要的防災費，統一購置農藥，發給各村同時噴打，避免了往年「你治他不治」的現象，徹底根除了這次蚜蟲造成的危害，減少了上百萬元的損失，效益顯著。

在防災防損中，保險人還應注意以下問題：要與當地植保、氣象、水利、農技等部門緊密配合，相互交流信息，瞭解氣候變化情況，掌握災害發生的規律，並會同有關部門進行防災防損檢查，發現問題及時糾正解決，把防災防損貫穿於種植業保險的始終。經常組織人員深入農村宣傳防災防損的意義、目的及防範措施，使防災防損成為農村社會共同關心的事，尤其是要採取各種措施督促被保險人搞好防災防損。對事前可以預防的應積極採取措施，盡量避免災害的發生。災害發生后，應鼓勵、督促被保險人積極施救，避免災害蔓延。應按保費收入的一定比例提取防災費、購置防災設備、器材等，並合理掌握防災費的使用範圍和標準，提高防災費的使用效果，堅決杜絕挪用防災費的現象。

（二）實行低保額

農業保險標的受自然災害的影響較大，逆選擇和道德風險也較為嚴重，農業保險的經營風險較大，供求能力有限。因此，世界各國對農業保險的經營均較為審慎，普遍實行低保額制，保險人按保險標的價值的一定成數承保，留給被保險人一定的自保成數。這種不足額承保方式，既可以在一定程度上減少道德風險，加強被保險人的責任心，保證保險經營的穩定；又可以增大被保險人的有效需求。中國的種植業保險參照國際慣例，也實行了低保額，讓農民及林農等被保險人自負部分風險損失，以促使其加強對種植業標的的風險管理，實現保險人降低賠付率、減少道德風險的目標。

（三）無賠款保費優待

為了鼓勵被保險人搞好防災防損，保險人可以對一年或多年無賠款的保戶在續保時實行保費優待。如一年內無賠款，優待金額為上年交保險費的 10%；連續兩年無賠款，優惠 15%；連續兩年或三年以上無賠款，優惠 20%，不續保者不享受保費優待。

第三節　養殖業保險

一、養殖業保險概述

養殖業保險是承保被保險人在進行各種養殖業生產活動中因保險責任事故所致損失的一種農業保險。養殖業保險可以分為畜牧保險和水產養殖保險兩大類，亦可細分為大牲畜保險、中小家畜家禽保險、牧畜保險、淡水養殖保險和海水養殖保險。

（一）保險標的的主要特徵

1. 畜牧保險標的——畜禽的主要特徵

（1）畜禽是有生命的陸生動物，其價值變化較大。即畜禽的使用價值和經濟價值隨畜禽年齡的變化而變化，從幼齡開始，隨著養殖成本的投入價值逐漸遞增，直到最大極限后，又隨畜禽年齡的老化而逐年遞減，一旦死亡，則價值喪失 60%~80%。畜禽的這一特徵，決定了畜禽對生存環境的要求較之其他無生命財產對存儲環境的要求更為嚴格。

（2）疾病是影響畜禽生存的最大風險，約占死亡比例的70%以上，這是其他無生命的財產保險標的所沒有的風險，因此，畜禽的防病治病十分重要。

（3）殘值因死亡季節、原因不同而差異較大。一方面，畜禽死亡后有機體易腐爛變質，特別是在夏季高溫時更易腐壞，因此，夏季的殘值相對小，冬季的殘值較大；另一方面死亡原因不同，畜禽的殘值亦不同。畜禽因非病因死亡，殘值較高；因普遍病因死亡，殘值降低；因傳染病死亡，沒有殘值，必須深理處理。保險標的的這一特點，決定了保險人理賠時必須根據畜禽的死亡季節、死亡原因等因素合理地扣除殘值。

2. 水產養殖保險標的——水產品的主要特徵。

（1）水產品是生活在水中的動植物，受自然條件的影響較大，自然淘汰率較高，並因養殖種類不同而呈現差異。例如，對蝦收穫尾數只有放苗尾數的30%左右，淡水魚的收穫尾數，則可達到放苗尾數的50%。

（2）養殖產量與人工養殖條件、養殖技術密切相關。水產品主要是在沿海地區和江河流域地區利用豐富的水資源進行人工養殖，隨時可能因自然災害引起死亡、流失風險。因此，養殖場所堤壩是否牢固，供氧設施是否齊備等，決定了保險標的對自然風險的承受力，進而影響到養殖產量；同時，養殖技術高，有專人負責管理水產品，按時投料、測溫、防病等，則可以減少水產品的死亡率，增加養殖產量。

（3）水產品的價值隨著養殖成本的逐漸投入而不斷增大。不同養殖階段，水產品的價值不同。在放苗時一次性投入購苗成本后，隨著人工費用和養殖飼料投入，養殖成本逐漸增加，水產品的價值亦可隨之不斷增大。根據這一特徵，保險人承保的保險金額可以不是保險標的投保時的實際價值，而是最終收穫時的成本投入額或價值。

（二）養殖業保險的基本做法

根據農村的實際情況和養殖業保險的特徵，中國在養殖業保險的實踐中主要採取了以下做法：

1. 低保額、低保費、低保障

即對養殖業保險，通常按保險標的價值的一定比例承保，這樣既符合開展養殖業保險的社會經濟基礎，又可以在一定程度上減少道德風險。一方面，養殖業經營者的風險轉嫁意識是保險的社會基礎，而中國養殖業經營者的風險意識及保險意識相對薄弱；養殖業經營者的保費交納能力是養殖業保險的經濟基礎，而中國養殖業經營者的經濟收入普遍不高，養殖業收益普遍偏低。在這樣的社會經濟條件下，低保額、低保費，符合被保險人的需求狀況，能減輕其保費負擔。另一方面，養殖產品的價值受各種因素的制約，實行低保額下的低保障，使被保險人自負部分責任，可以減少乃至避免因保障程度高於某階段的實際價值導致被保險人不精心飼養，甚至人為製造事故圖謀賠款的現象。

2. 保險與防疫治病相結合

疾病死亡是養殖業保險標的面臨的最大風險。在養殖過程中養殖標的疾病死亡風險的大小與養殖管理中的防治措施密切相關。防疫面廣、密度大、方法措施得當，養殖標的發病率及死亡率就低；在保險標的已發病的情況下，及時有效的治療，又能阻止疾病的蔓延和傳播，恢復患病畜禽及水產品的生長機能，減少養殖標的死亡損失和保險賠償。因此，

養殖業保險應與防治疾病相結合。在保險公司內部缺乏懂防治疾病知識的專業技術人才的情況下，可以實行保險公司與畜牧獸醫部門等專業部門聯合共保的方式，借助其專業知識和技術力量加強養殖業保險的防疫和治療工作，減少保險標的的死亡率，提高養殖業保險的經濟效益。

二、養殖業保險的主要內容

(一) 保險標的

養殖業保險的保險標的因險種不同而不同。

1. 大牲畜保險標的

大牲畜從用途上可劃分為役用畜、乳用畜、種用畜和肉用畜等；從種類上可以劃分為牛、馬、騾、驢、駱駝等。無論怎樣劃分，要成為大牲畜保險的保險標的，必須符合承保條件（如投保人必須是大牲畜的所有者和飼養者，畜體必須健康，飼養管理正常，符合畜齡規定等）。

2. 中小家畜家禽保險標的

在養殖業保險實務中，家畜保險和家禽保險因標的不同而成為兩個獨立的險種。

家畜保險的保險標的按類別不同，可以分為肉用家畜、種用家畜等。家畜保險主要承保豬、羊、兔等中小家畜，中國各地區因而開辦了生豬保險、養羊保險和長毛兔保險等險種。

家禽保險的保險標的是商品性生產群養的家禽，對單個家禽不予承保。從種類上劃分，家禽保險標的包括雞、鴨、鵝、鴿、火雞、鵪鶉等；從生長階段劃分，家禽又可分為雛禽、成禽、淘汰禽；從用途上劃分，同種家禽又可分為更具體的標的，如成雞可以分為蛋雞、肉雞、種雞等。

家畜、家禽保險都規定了與大牲畜保險大致相同的承保條件，只有符合承保條件才能成為中小家畜家禽保險的保險標的。

3. 牧畜保險標的

牧畜保險的保險標的，包括群養群牧的牛（如肉牛、奶牛、牦牛）、馬、驢、騾、駱駝等大牲畜以及綿羊、山羊等小牲畜。牧畜保險標的具有的主要特點是：保險標的以在草原、草山坡上自然放養、覓食為主，流動性較大；以出售保險標的為主要養殖目的；實行規模養殖等。

4. 淡水養殖保險標的

淡水養殖保險的保險標的，主要有魚、蚌、珍珠等人工養殖的淡水生物。其保險標的主要特點是：生活在淡水水域中，受自然氣候條件的影響較大；產量的高低與養殖方式和養殖管理技術直接相關；保險標的存活量難以準確測定，致使部分損失的損失程度難以確定。

5. 海水養殖保險標的

海水養殖保險的保險標的主要是海洋生物，包括海生動物和海生植物，如對蝦、扇貝、蛤蜊、海帶、鰻魚等。海水養殖保險標的屬於高投入、高風險、高效益的養殖產品，

亦是以出口為主的外向型養殖對象。

(二) 保險期限

1. 畜牧保險的保險期限

畜牧保險期限主要是根據農區或牧區畜禽的種類、生理特徵及生長發育規律、經濟用途等因素確定。

(1) 保險期限為一年。對生長期或使役期超過一年的畜禽，保險期限一般規定為一年。如中國的大牲畜保險，考慮到不同畜齡的大牲畜，其價值和死亡率存在較明顯的差異，一般採取以一年為期的方式。

(2) 根據養殖週期確定保險期限。對生長期或使役期短於一年的畜禽，按照相應的養殖週期確定保險期限。比如，以育肥為主要目的的家畜，具有當年繁殖、生長期較短等特點，因此，可以根據畜種的育肥週期確定保險期限。

畜牧保險的保險期限還可以採取其他形式。比如，歐洲各國的大牲畜保險採取了多種形式，既有一年期的，也有季節性的和短期的保險單，還有4～5年的長期保單。採取多種形式的保險期限，其目的在於適應被保險人的不同需要，提供靈活、方便、經濟的保險服務。隨著中國保險市場的完善及競爭的加強，保險人也應該調整經營方式，採用滿足不同需求的多形式的保險期限。

在畜牧保險期限的確定中，還應注意設置承保觀察期，以防畜禽帶病投保或感菌投保。

2. 水產養殖保險的保險期限

中國水產養殖的品種較多，養殖水域既有淡水又有海水，南北方氣候的差異也較為明顯。所以，就全國而言，不可能按照自然年度來確定一個統一的保險期限，而應根據不同的保險標的的養殖週期來確定。不同的保險標的，保險期限應有長短的差異，即使是同一種保險標的，也可以因南北的氣候差異實行不同的保險期限。如對蝦養殖保險，北方一般一年養一次；而在南海海域，一年內卻要養兩至三次。因此，水產養殖保險期限最好以具體保險標的的養殖週期為限。養殖週期在一年以上的，保險期限可以為一年。另外，對任何水產養殖保險標的，在保險責任生效前都應規定承保觀察期，以防止道德風險。

(三) 保險責任

畜牧保險與水產養殖保險因保險標的面臨的風險狀況不同，而有不同的保險責任。

1. 畜牧保險的保險責任

畜牧保險標的面臨的風險主要有三種：自然災害，如洪水、淹溺、崖崩、暴風雪、冰雹、凍災、雷擊等；意外事故，如摔跌、碰撞、窒息、互鬥、野獸傷害、觸電、建築物或其他物體倒塌等；疾病、胎產、閹割等其他風險。畜牧保險的保險人可以將以上風險所致的畜禽死亡損失綜合起來作為保險責任，或者說承保混合責任；保險雙方當事人也可以協商確定單獨承保某一種風險，即承保單一風險責任。如歐洲各國的大牲畜保險一般都承保混合風險責任；有的國家也承保單一風險責任，如英國的口蹄疫後果保險，保險人只負責承擔大牲畜患口蹄疫而產生的后果損失（如飼養費、銷售損失）。

2. 水產養殖保險的保險責任

水產養殖保險的保險責任包括死亡責任和流失責任兩大類。

水產品自身疾病引起的死亡、缺氧死亡及他人投毒、河水干涸、污染、冰凍等引起的死亡，均構成死亡責任；臺風、龍捲風、暴風雨、洪水、海嘯、地震等風險造成堤壩潰決或海潮漫壩等引起的水產品流失損失，可以構成流失責任。

水產養殖保險的保險人既可以一張保單同時承保水產品的死亡責任和流失責任；也可以將死亡責任作為基本責任，流失責任作為附加責任處理；還可以將流失責任單獨承保。保險人可以根據各地的具體情況，具體確定採用何種承保方式。

(四) 保險金額

1. 畜牧保險金額

畜牧保險金額，需要考慮畜禽的種類、用途、年齡、飼養成本以及所在區域的經濟水平等情況，選擇一種或幾種方式具體確定。一般在初次投保確定保險金額時，以不超過畜禽當時實際價值的七成為宜。在每次續保時，則要依據畜禽的價值變化規律重新確定保額。對保險期滿時正在患病的畜禽不能照常續保，一般應當視風險的大小相應提高費率，並依據病情的嚴重程度降低保額，甚至拒保。

確定畜牧保險金額的主要方式是：

(1) 估價承保，又稱為按評定價值承保。即保險雙方當事人根據保險標的具體情況通過協商估價來確定保險金額。如大牲畜保險的雙方當事人可以根據大牲畜的年齡、用途、健康狀況和飼養管理狀況共同協商估定保險金額；畜牧保險則可以按牲畜的種類、用途、價值等分別進行估價后按成數承保，該方式對有明顯標誌的大牲畜較為適用。

(2) 定額承保。即保險人根據保險標的種類、用途、年齡、經濟價值等制定不同檔次的保險金額，由保險雙方選擇適當的保額檔次進行承保。該方式適用於大牲畜保險、中小家畜家禽保險、牧畜保險等。例如，人保財險的《能繁母豬保險條款》第六條規定「每頭保險母豬的保險金額1,000元」[①] 就屬於定額承保。

(3) 其他方式。除以上方式外，保險人還可以採取其他方式確定保險金額。如中小家畜家禽保險就可以根據在不同生長階段和不同季節的價值差異和生理生長規律實行變動保額；又如，大牲畜保險可以採用帳面價值（即會計帳簿上記載的牲畜價值）或市場價值（即根據各畜齡大牲畜的市場價，分為若干檔次）確定保險金額等。

2. 水產養殖保險金額

水產品養殖的保險標的的價值，往往伴隨著養殖生產過程的延續而不斷增加，因而保險金額的確定往往不是以投保時保險標的的實際價值為依據，而是以最終收穫時的價值或投入的全部成本（最終生產費用）為依據計算。

(1) 保成本。即根據對水產養殖標的投入的全部成本確定水產養殖保險的保險金額。

①保成本，以保險標的在生長期間投入的總成本作為依據確定保險金額。此方式適用

[①] 參見中國人民財產保險股份有限公司（簡稱人保財險）. 能繁母豬養殖保險（簡稱能繁母豬保險）條款 (2008版)。

於養魚保險、養蝦保險等險種。

比如某縣的網箱養魚保險試行條款規定，按8個月的生產期計算成本，每平方米網箱面積保險金額為150元，其中，魚苗費60元、飼料費87元、藥費1元、人工費2元。

水產養殖保險按成本的投入量確定保險金額，能夠為被保險人的生產經營提供基本保障；有利於保險人合理確定保險標的在不同生長期的損失額；可以避免物價變化對保險金額確定的影響。

②保成本，根據對保險標的投入的成本和養殖方式共同確定保險金額。

比如某地的保險條款，保險金額分為四個檔次：精養魚池的保險金額為每0.067公頃500元；湖、塘粗養的保險金額為每0.067公頃300元；圍圈養魚的保險金額為每0.067公頃300元；攔汊養魚的保險金額為每畝200元。

水產養殖保險結合養殖方式採用保成本方式，其主要原因在於養殖方式不同、成本投入量不同、風險狀況不同，水產品的死亡、流失損失情況也隨之不同，因此，需要確定不同檔次的保險金額。

（2）保產值。在保產值的方式下，保險人以保險標的的市場價格或產品銷售價格的一定成數，作為水產養殖保險的保險金額。

對養殖成熟的待售水產品（如海帶），或者是成本一次性投入比較大的水產品，可以採用保產值的方式確定保險金額。

養魚保險也可以採用保產值的方式。比如，某縣網箱養魚保險條款規定，保險金額按約定價格（每500克最高不超過2元）確定。

（五）保險費率

養殖業保險費率的確定，受到諸多因素的影響。保險標的的種類、保險責任的大小、保險標的面臨的風險及其可能導致的損失程度等因素都影響到養殖業保險費率的確定。制定養殖業保險費率，必須綜合考慮上述因素的影響。

養殖業保險費率制定應考慮以下原則：

1. 準確性

科學、準確地制定保險費率，要求保險人在深入調查研究的基礎上，根據當地正常年景（一般是3年以上）的賠付記錄及保額資料計算保額損失率；如資料不全，應進行抽樣測算並力求準確；在試辦養殖業保險的地方，則可用當地畜禽產品或水產品的死亡率統計資料，暫時代替保額損失率，以確定保險費率。

與其他險種的費率一樣，養殖業保險費率既需要準確確定保額損失率，也必須考慮穩定系數和營業費用率。

2. 合理性

養殖業保險費率合理，才能促進養殖業保險業務的開展。保險費率高了，會增大投保人的保險費負擔，降低保險的有效需求；保險費率低了，又會因不敷出危及保險人的經營穩定。因此，為了保障保險雙方當事人的利益，要求保險費率構成的各要素（保額損失率、穩定系數和營業費用率）以及保險人的累積、留利、應繳稅金都必須合理。

3. 穩定性

對養殖業保險，保險人可以根據本公司歷年的資料數據，參考國內外保險公司的經驗，確定一個適當的賠付率指標，如果實際賠付率超過賠付率指標較多，就應該從保險企業自身的經營管理上挖掘潛力，尋找原因，制定對策。比如開展保險投資、降低營業費用率、搞好防災防損、減少保險標的的損失等，以達到經營核算的穩定。

4. 適應性

（1）時期的適應性。養殖業保險率只有在一定時間內保持相對穩定，才不會造成保險經營核算的困難，影響保險人信譽，才能適應養殖業保險業務正常、穩定發展的需要。但是，相對穩定的同時要適當調整，即在一定時期后（如3年）應根據變化了的風險狀況、經濟狀況、市場狀況等因素變動保險費率，以適應保險費率因素自身的變化和保險費率的外部影響因素的變化，滿足各種保險的需要。

（2）區域的適應性。各地的自然條件不同，養殖業保險標的面臨的風險種類及風險損失程度差異很大。如果忽視區域差異，全國比照一個無差別的費率實施養殖業保險，就可能導致保險的「逆選擇」現象，違背風險分散原則。因此，保險人必須適應各地的具體情況，制定出符合當地實際的保險費率。

（六）保險理賠

當保險人接到被保險人的損失通知后，要立即核查保險單或明細清冊資料，初步確定是否屬於保險責任範圍，及時填寫報案登記簿。由於養殖標的易腐爛變質，保險人在出險后應盡快（如24小時內）趕赴現場查勘，以正確核定損失，及時處理殘值。

在查勘過程中，對因疾病死亡的保險標的進行檢驗時，主要採取的方法是：一看，即巡視養殖標的養殖環境，如生豬因豬瘟死亡，應觀察現場有無拉稀或便溺的污染物，還要查閱獸醫的診斷證明及治療經過；二問，即就保險標的發病時間、症狀及變化特徵，患病期間的進食、排泄和運動狀況以及死亡時的症狀，及時詢問被保險人或飼養員；三診斷，保險標的因疾病死亡后有一定的病理變化，保險人可以採取屍體解剖檢查和病理分析措施進行病理診斷。現場查勘后確認不屬於保險責任的應拒賠。

對自然災害、意外事故責任，還需要注意以下問題：對災害事故引起的畜禽死亡，要考察是否與人為因素有關，以分清是否屬於保險責任，如保險大牲畜是否合理使役，家禽養殖的棚圈設施是否符合要求等。對災害事故引起畜禽滅失的（如牲畜被洪水衝走），需要對保險標的的災前情況進行追溯調查。查閱災前的存欄情況、健康狀況資料，並向第三者調查核實，避免被保險人趁機轉嫁非保險責任損失或人為擴大保險責任損失。對災害事故造成的水產品的死亡、流失責任，需要看看是否達到保險責任所要求的等級，以確定是否構成賠償責任。如在養魚保險的查勘中，在確定缺氧浮頭死亡責任時，既要調查自然氣候因素，又要對死亡標的進行解剖分析，查證真實的死亡原因是氣候災害還是疾病，在條款規定不承擔疾病死亡責任的情況下，對疾病引起的死亡損失不予賠償。

查勘后，保險人要將被保險人提供的「出險通知書」等索賠材料與現場查勘的情況進行比較分析，審查核定保險標的是否是在保險合同載明的時間、地點遭受的保險事故，是否構成索賠的條件（如被保險人在出險時對保險標的具有保險利益，具有索賠權）等，以

確定賠償責任。

保險人經過查勘、審核，確認損失屬於保險合同規定的責任範圍時，應按合同約定向被保險人履行賠償義務、支付賠款。

在畜禽保險中，保險人的賠款通常在保險金額的限度內扣除殘值得出。保險人要根據畜禽死亡的季節和死亡的原因扣除殘值。對定額承保的畜禽，保險人根據投保人選定的檔次定額賠付，不扣殘值。如果投保人未將飼養的畜禽全部投保，保險人要按比例賠付。

在水產養殖保險中，保險人根據保險金額確定的方式不同，採取相應的賠償方式：

（1）保成本方式，即根據不同時期賠償額占保額的比例進行賠償。如某縣網箱養魚保險條款規定，保險標的全損時，魚苗費按保額全額賠付；人工費、藥費、飼料費從起保日起按下列比例賠償：飼養2個月以內的按保額的15%賠償；飼養3個月以內的按保額的25%賠償……飼養8個月以內的按保額的100%賠償。如果遭受部分損失，保單繼續有效，有效保額等於原保額減去已賠款。

（2）保產值方式。採用保產值方式的，在發生保險責任範圍內的損失時，應該根據保險標的實際損失情況，在保險金額內扣除殘值賠付。

對於第三者原因造成的保險標的損失，如少數不法分子的蓄意破壞、故意投毒以及工廠污染等，保險人可以先將賠款支付給被保險人，被保險人再將追償權轉讓給保險人，並協助保險人依法向第三者追償。

三、養殖業保險的風險控制

養殖業保險標的面臨著疾病死亡風險、自然災害、意外事故以及社會風險與市場風險，這些風險有其自身的規律。養殖業保險還與種植業保險一樣，道德風險較為嚴重，保險人必須高度重視風險控制。

（一）實行承保觀察期

養殖業保險標的因疾病死亡的概率較高，而疾病從感染到症狀明顯有一個潛伏期。不同的傳染病潛伏期的長短不同，即使是同一種傳染病，因病原菌的毒力、數量、侵入途徑和機體的抵抗能力等存在差異，潛伏期亦不同。如豬瘟的潛伏期最短為3天，最長為21天。為了防止投保人將帶病的養殖對象投保，養殖業保險條款中規定，凡是將疾病作為保險責任的，都應該規定一個承保觀察期（又稱保險檢疫期），在觀察期內保險標的因疾病死亡，保險人不負損失賠償責任，退還保險費；觀察期滿，如果標的正常，保險責任從觀察期滿的次日開始履行至保險期滿為止。觀察期一般為10~20天。例如，人保財險《奶牛養殖保險條款》（2008版）第九條規定：「從保險期間開始之日起20日為保險奶牛的疾病觀察期。保險奶牛在疾病觀察期內因保險責任範圍內的疾病導致死亡的，保險人不負責賠償。保險期間屆滿續保的奶牛，免除觀察期。」實行承保觀察期，可以使被保險人在新購進養殖標的時，盡量隔離觀察，避免疾病傳染造成更大損失，也可以防止養殖者將處於疾病潛伏期的養殖標的投保，避免不必要的賠付，穩定保險經營。

（二）實行差別費率和保費優待

養殖保險標的死亡率與標的種類、用途、年齡和飼養管理狀況等密切相關。因此，保

險人應根據死亡概率制定費率，並根據標的的種類、用途、年齡和飼養管理狀況實行差別費率。對死亡率低、飼養管理狀況好的實行保費優待。

（三）實行絕對免賠率

養殖標的具有風險大、死亡率高的特點，除各種瘟疫會造成養殖標的死亡外，管理不善及養殖標的的自身生理特點、病變等，也會造成養殖標的一定數量的自然死亡。如禽舍溫度、濕度不適、飼料中毒、寄生蟲病以及家禽之間的互啄，維生素、微量元素的攝取不足等原因都會造成家禽的自然死亡。根據保險原理，保險人不能承擔具有必然性的自然死亡風險。保險公司可以根據實際情況制定絕對免賠率，免賠率以下的損失保險人一律不賠，由被保險人自己承擔。例如，《四川省政策性育肥豬養殖保險條款》（2008版）第十一條規定：「每次事故每頭育肥豬絕對免賠額為人民幣100元。」規定絕對免賠率，可以促進被保險人加強防疫措施、改善飼養管理狀況、降低自然死亡率。

（四）嚴格可保條件

嚴格制定保險條款中的可保條件，是防範風險的重要舉措，保險人對不符合條件的一律不予承保。例如，人保財險的《能繁母豬保險條款》（2008版）第二條明確規定：「在本保險合同中列明並符合下列條件的能繁母豬，可以作為保險標的（以下稱保險母豬）：①投保的能繁母豬品種必須在當地飼養1年以上（含）；②投保時能繁母豬在8月齡以上（含）4周歲以下（不含）；③能繁母豬存欄量30頭以上（含）；④管理制度健全、飼養圈舍衛生、能夠保證飼養質量；⑤飼養場所在當地洪水水位線以上的非蓄洪、行洪區；⑥豬只經畜牧獸醫部門驗明無傷殘，無本保險責任範圍內的疾病，營養良好，飼養管理正常，能按所在地縣級畜牧防疫部門審定的免疫程序接種並有記錄，且豬只必須具有能識別身分的統一標示；⑦投保人應將被保險人符合投保條件的能繁母豬全部投保。」

（五）限額承保

養殖業保險中逆選擇和道德風險也較為嚴重，保險人的經營風險較大。因此，世界各國對養殖業保險普遍採取限額承保，即低保額或不足額承保，保險人按保險標的價值的一定成數承保，留給被保險人一定的自保成數。如人保財險的《能繁母豬保險條款》（2008版）第六條規定：「每頭保險母豬的保險金額1,000元，並且不超過其市場價格的7成。」這有利於減少逆選擇和道德風險。

除了以上措施外，保險人還應該進一步嚴格制定保險條款，將風險控制貫穿於保險經營的各環節，採取各種有效措施控制養殖業保險的風險。如將被保險人及其關係人的故意行為造成的損失列為除外責任；規定被保險人必須履行防災防疫及施救義務；並制定限制條款，規定最高賠償限額，超限額部分的責任，保險人不予負責[①]等。

---

① 例如，2008年四川省政策性農業保險實行風險責任在當年試點市保費3倍以內封頂，並承擔在此之內保險賠付責任的方案。試點市（州）賠款在當年保費的兩倍以內，由保險經營機構承擔全部賠付責任；賠款在當年保費2～3倍的部分，由保險經營機構與政府按1：1的比例分擔。政府承擔的超賠責任由省與試點市（州）財政分擔。參見中共四川省委農村工作領導小組辦公室《2008年全省政策性農業保險試點工作全面展開》，《農村工作》第28期，2008。

復習思考題

1. 名詞解釋：
農業保險　　種植業保險　　養殖業保險
2. 農業保險有何特徵？
3. 影響農業保險發展的因素有哪些？你對發展中國農業保險有何看法？
4. 種植業保險金額確定的主要方式是什麼？種植業保險一般怎樣計算賠款？
5. 種植業保險怎樣實施風險控制？
6. 養殖業保險標的的主要特徵是什麼？
7. 養殖業保險的基本做法是什麼？
8. 水產養殖保險的保險責任有何特點？
9. 怎樣確定養殖業保險的保險金額？
10. 養殖業保險如何實施風險控制？

第八章 責任保險(一)

內容提要：本章介紹了民事責任與責任保險的基本概念和特徵，分析了責任保險的保險標的及其特點，介紹了責任保險的分類及其基本內容，簡單梳理了責任保險的發展歷史以及中國責任保險市場的發展。

第一節 民事責任與責任保險

一、民事責任概述

民事責任是指民事法律關係中的義務主體違反法律規定的或者合同約定的民事義務，侵害民事權利主體的民事權利，依民法之規定而產生的一種法律后果。《中華人民共和國民法通則》[①]（以下簡稱《民法通則》）第一百零六條規定：「公民、法人違反合同或者不履行其他義務的，應當承擔民事責任。公民、法人由於過錯侵害國家的、集體的財產，侵害他人財產、人身的，應當承擔民事責任。沒有過錯，但法律規定應當承擔民事責任的，應當承擔民事責任。」

(一) 民事責任的法律特徵

1. 民事責任以民事義務為基礎，是違反民事義務的法律后果

民事責任是義務主體違反法律規定的或合同約定的民事義務而依民法規定應該承擔的一種法律后果。所以，如果沒有民事義務，就不存在違反民事義務的問題，也就談不上法律后果的承擔。

2. 民事責任主要是一種財產責任

根據民事責任的內容有無財產性，民事責任可分為財產責任與非財產責任。財產責任，是指直接以一定的財產為內容的責任，如返還財產、賠償損失。非財產責任，是指不直接具有財產內容的民事責任，如賠禮道歉、恢復名譽。民事責任的主要目的是彌補當事人所遭受的經濟損失。因此儘管在民事制裁中有賠禮道歉、恢復名譽等非財產的救濟方

[①] 1986 年 4 月 12 日第六屆全國人民代表大會第四次會議通過，2009 年 8 月 27 日修訂。

式，但總的來說，承擔財產責任是民事責任的主要方式。

3. 民事責任是違法行為人對受害人承擔的責任

只有承擔民事義務的人才能承擔民事責任。

4. 民事責任的範圍與違法行為所造成的損害範圍相適應

民事責任的目的主要是使受害人恢復到原先的財產和精神狀況，因而民事責任必須與損害后果相適應。

5. 民事責任是一種民事制裁措施

民法有獨立的法律責任形式，民事責任不能與其他責任形式相互混淆或替代。

(二) 民事責任的歸責原則

民事責任的歸責原則主要有過錯責任原則、無過錯責任原則和公平責任原則三種方式。中國現行的《民法通則》確立了以過錯責任為主、以無過錯責任、公平責任為例外的歸責體系。

1. 過錯責任原則

過錯責任原則是指當事人的主觀過錯是構成侵權行為的必備要件的歸責原則。《民法通則》第一百零六條第二款規定：公民、法人由於過錯侵害國家的、集體的財產，侵害他人財產、人身的，應當承擔民事責任。過錯是行為人決定其行動的一種故意或過失的主觀心理狀態。過錯違反的是對他人的注意義務，標明了行為人主觀上的應受非難性或應受譴責性，是對行為人的行為的否定評價。

適用過錯責任原則時，第三人的過錯和受害人的過錯對責任承擔有重要影響。如果第三人對損害的發生也有過錯，即構成共同過錯，同時根據《民法通則》第一百三十一條的規定，應當由共同加害人按過錯大小分擔民事責任，同時對外承擔連帶責任。如果受害人對於損害的發生也有過錯的，則構成混合過錯，依法可以減輕加害人的民事責任。

過錯推定責任，是指一旦行為人的行為致人損害就推定其主觀上有過錯，除非其能證明自己沒有過錯，否則應承擔民事責任。過錯推定責任仍以過錯作為承擔責任的基礎，因而它不是一項獨立的歸責原則，是過錯責任原則的一種特殊形式。過錯責任原則一般施行「誰主張誰舉證」的原則，但在過錯推定責任的情況下，對過錯問題的認定則實行舉證責任倒置的原則。

2. 無過錯責任原則

無過錯責任原則，是指當事人實施了加害行為，雖然其主觀上並無過錯，但根據法律規定仍應承擔責任的歸責原則。《民法通則》第一百零六條第三款規定：沒有過錯，但法律規定應當承擔民事責任的，應當承擔民事責任。隨著工業化的發展和危險事項的增多，加害人沒有過錯致人損害的情形時有發生，證明加害人的過錯也越來越困難。為了實現社會公平和正義，更有效地保護受害人的利益，無過錯責任原則開始逐漸作為一種獨立的歸責原則在侵權行為法中得到運用。根據中國《民法通則》的規定，實行無過錯責任的主要情形有：從事高度危險活動致人損害的行為、污染環境致人損害的行為、飼養動物致人損害的行為、產品不合格致人損害的行為等。

無過錯責任的適用應注意三個方面：其一，無過錯責任原則的適用必須有法律的明確

規定，不能由法官或當事人隨意擴大適用；其二，適用無過錯責任，受害人不須證明加害人的過錯，加害人亦不能通過證明自己無過錯而免責，但原告應證明損害事實及其因果關係；其三，中國實行的是有條件的、相對的無過錯責任原則，在出現某些法定免責事由時，有關當事人也可全部或者部分免除其民事責任。如中國《環境保護法》規定，完全由於不可抗拒的自然災害，並經及時採取合理措施仍然不能避免造成環境污染損害的，免於承擔責任。

3. 公平責任原則

公平責任原則，是指損害雙方的當事人對損害結果的發生都沒有過錯，但如果受害人的損失得不到補償又顯示公平的情況下，由人民法院根據具體情況和公平的觀念，要求當事人分擔損害結果。《民法通則》第一百三十二條規定：當事人對造成損害都沒有過錯的，可以根據實際情況，由當事人分擔民事責任。

公平責任原則的適用應當注意：①適用公平責任的前提，必須是當事人既無過錯，又不能推定其過錯的存在，同時也不存在法定的承擔無過錯責任的情況。如果可以適用過錯責任，無過錯責任就不能適用公平責任。②當事人如何分擔責任，由法官根據個案的具體情況，包括損害事實與各方當事人的經濟能力進行綜合衡量，力求公平。

根據中國《民法通則》的規定，可能適用公平責任原則的情形主要有：緊急避險致人損害的；在為對方利益或共同利益活動中致人損害等。

依產生原因，民事責任主要分為違約責任和侵權責任。

(三) 違約行為與違約責任

違約行為，是指當事人一方不履行合同義務或者履行合同義務不符合約定條件的行為。違約責任是違反合同的民事責任的簡稱，是指合同當事人一方不履行合同義務或履行合同義務不符合合同約定所應承擔的民事責任。

違約責任具有以下特徵：

1. 違約責任是違約當事人一方對合同另一方承擔的責任

合同關係的相對性決定了違約責任的相對性，即違約責任是合同當事人之間的民事責任，合同當事人以外的第三人對當事人之間的合同不承擔違約責任。

2. 違約責任是當事人不履行或不完全履行合同的責任

首先，違約責任是違反有效合同的責任。合同有效是承擔違約責任的前提和基礎；其次，違約責任以當事人不履行或不完全履行合同為條件。

3. 違約責任具有補償性和一定的任意性

首先，違約責任以補償守約方因違約行為所受損失為主要目的，以損害賠償為主要責任形式，故具有補償性質；其次，違約責任可以由當事人在法律規定的範圍內約定，具有一定的任意性。

對承擔違約責任的具體方式，《民法通則》第一百一十一條和《中華人民共和國合同

法》①（以下簡稱《合同法》）第一百零七條作了明文規定。《合同法》第一百零七條規定：「當事人一方不履行合同義務或者履行合同義務不符合約定的，應當承擔繼續履行、採取補救措施或者賠償損失等違約責任。」據此，違約責任有三種基本形式，即繼續履行、採取補救措施和賠償損失。當然，除此之外，違約責任還有其他形式，如違約金和定金責任。

(四) 侵權行為與侵權責任

侵權行為是民事主體違反民事義務，侵害他人合法的民事權益，依法應承擔法律責任的行為。

侵權行為的特徵表現在：侵權行為是違法行為；侵權行為的損害對象是絕對權，即物權、人身權、知識產權；侵權行為是行為人有意識的行為，即行為人主觀上有過錯。侵權行為按不同的標準可分為一般侵權行為與特殊侵權行為、單獨侵權行為與共同侵權行為、積極的侵權行為與消極的侵權行為。

1. 一般侵權責任構成要件

(1) 行為的違法性。行為人實施了違法行為是其承擔侵權責任的前提要件。如果行為人的行為並不違法，即使產生了損害事實，也不承擔賠償責任。所謂行為的違法性，是指行為人事實的行為違反了法律的禁止性規定或強制性規定。根據違法行為的表現形式，又可分為作為的違法行為與不作為的違法行為。作為的違法行為，是指法律禁止實施某種行為，行為人違反規定實施了該行為。不作為的違法行為，是指法律要求人們在某種情況下實施某種行為，而負有此義務的人卻沒有實施。

(2) 損害事實的存在。損害事實，既包括對公共財產的損害，也包括對私人財產的損害，同時還包括對非財產性權利的損害。對財產的損害，包括直接損害與間接損害。直接損害又稱積極的財產損失，是指受害人現有實際財產的減少；間接損害又稱消極財產損失，是指受害人可得利益的減少。對人身的損害包括對生命、健康、名譽、榮譽等的損害，而且對人身的損害往往也會生成一定的經濟損失。

(3) 因果關係。侵權行為中的因果關係是指違法行為與損害結果之間的客觀聯繫，即特定的損害事實是否是行為人的行為必然引起的結果。只有當二者間存在因果關係時，行為人才應承擔相應的民事責任。民事主體只能為自己實施行為的損害后果承擔責任，沒有因果關係的侵權責任是不成立的。

(4) 行為人主觀上有過錯。過錯是侵權行為構成要件中的主觀因素，反應行為人實施侵權行為的心理狀態。與無過錯責任與公平責任不同，對一般侵權行為而言，過錯是行為人承擔侵權責任的必要前提。過錯根據其類型可分為故意和過失。故意，是指行為人預見到自己的行為可能產生某種損害結果，仍希望其發生或任其發生。過失，是指行為人對其行為結果應預見或能夠預見而因疏忽未預見，或雖已預見，但因過於自信，以為其不會發生，以致造成損害后果。根據法律對行為人要求的注意程度不同，過失又分為一般過失與

---

① 中華人民共和國第九屆全國人民代表大會第二次會議於1999年3月15日通過，自1999年10月1日起施行。

重大過失。一般過失是指行為人沒有違反法律對一般人的注意程度的要求，但沒有達成法律對具有特定身分人的較高要求。重大過失是指行為人不僅沒有達到法律對行為人的較高要求，甚至連法律對普通人的一般要求也未達到。

2. 侵權責任及其形式

侵權責任是指行為人不法侵害社會公共財產或者他人財產、人身權利而應承擔的民事責任。《民法通則》第一百三十四條規定，民事責任的責任形式有十種，除了支付違約金與修理、重作、更換適用於違約責任外，其他方式均可適用於侵權責任。具體包括：停止侵害、排除妨礙、消除危險、返還財產、恢復原狀、賠償損失、消除影響、恢復名譽、賠禮道歉等。此外，由於侵權行為侵害他人，造成人身損害的應當賠償醫療費、護理費、交通費等為治療和康復支出的合理費用以及因誤工減少的收入。造成殘疾的，還應當賠償殘疾生活輔助具費和殘疾賠償金。造成死亡的，還應當賠償喪葬費和死亡賠償金。

二、責任風險與責任保險

(一) 責任風險

責任風險是指企業、團體、家庭和個人在從事各項活動中，因疏忽、過失等造成他人的人身傷亡或財產損失，而依法對受害人承擔經濟賠償責任的可能性。

隨著社會經濟的日益發展，從責任風險發生的趨勢和對經濟單位和個人帶來的損失程度來看，已越來越受到人們的關注。分析其原因，主要有以下幾個方面：①人們在遭受他人的侵權損害時，可借助法律手段來保護自己，使責任方承擔對損害的賠償；②科學技術的進步在給人們帶來生產發展和生活方便的同時，也使責任風險發生的概率增加，造成的損失后果嚴重化；③人們生活水平的提高以及物價指數的上升，導致了受害人的損害賠償數額日趨升高。對致害人而言，責任風險事故一旦發生，要依法承擔損害賠償責任，要使現有利益受損，甚至要承擔巨額的賠償，危及正常的生活，導致生產的中斷，甚至經營的破產。因此，責任風險的客觀存在及其對經濟單位和個人所帶來的威脅，使經濟單位和個人對所面臨的責任風險產生憂慮並尋求轉嫁此類風險的途徑，這是責任保險產生的自然基礎。

(二) 責任保險

隨著經濟的發展、法制的健全和完善，人們權利意識的不斷增強，迫切需要一種轉嫁和分散日益增加的法律責任風險的風險分散機制。因此人們產生了對責任保險的需求。保險公司順應社會經濟發展的需要開發了一系列責任保險產品，進一步推動了責任保險的發展。同時責任保險的發展反過來也保障了法律的實施，促進了社會的公平正義，促進了社會經濟的協調發展。

責任保險是指以被保險人對第三者依法應負的賠償責任為保險標的的保險（《保險法》第六十五條第四款）。保險人主要承擔各經濟單位和個人在進行各項生產經營活動、業務活動或在日常生活中，由於疏忽、過失等行為造成他人的人身傷亡或財產損失，依法以及按合同約定應承擔的經濟賠償責任。例如，汽車肇事造成他人的人身傷亡或財產損失，醫生誤診造成病人的傷亡，產品缺陷造成用戶或消費者的人身傷亡或財產損失等，致害人必

須依照有關法律規定對受害人承擔經濟賠償責任。如果致害人投保了相關的責任保險，就把責任風險轉嫁給了保險人；一旦保險責任事故發生，就由保險人承擔致害人（被保險人）應向受害人承擔的經濟賠償責任。

第二節 責任保險標的和責任保險特點

一、責任保險的保險標的

責任保險是指以被保險人對第三者依法應負的民事損害賠償責任為保險標的的保險，該保險標的不是有形的財產，具有以下幾個方面的特點：

(一) 責任保險合同承保的責任類型

責任保險合同承保的責任大體分為兩類：一是侵權責任；二是違約責任。侵權責任是以被保險人因過失或疏忽造成第三者人身傷害或財產損失依法必須承擔的民事賠償責任；違約責任是指被保險人因違反合同約定而應承擔的民事賠償責任。一般情況下，保險人以法律規定的民事賠償責任為承保風險，但也可以根據保險客戶的要求並經過特別約定後，承保其合同責任風險。

(二) 責任保險合同承保責任的性質

責任保險合同主要承保過失責任，同時承保一些無過失責任以及經特別約定的其他責任。民事法律上的賠償責任，既可能是因為故意甚至犯罪行為產生，也可能因為過失行為產生，甚至還可能因為法律規定的無過失責任而產生。由於可保風險具有偶然性、意外性的特點，因此因故意甚至犯罪而產生的民事賠償責任不在保險人承保的範圍之內。責任保險主要承保的是因被保險人的過失行為而依法承擔的民事賠償責任。此外，某些無過失責任以及經合同特別約定的其他責任也可以成為責任保險合同的保險標的。

(三) 責任保險合同的賠償範圍

保險人承擔的是保險合同責任限額內的賠償責任。保險人在保險單項下所承擔的賠償責任，一般來說包括兩項：①被保險人依法應對第三者的人身傷亡或財產損失（雇主責任保險僅對雇員的人身傷亡）承擔的經濟賠償責任以及被保險人按照合同規定應承擔的違約責任。此項責任是基本責任，它是以受害人的損害程度及索賠金額為依據，以保單所載明的賠償限額為最高賠付額，由保險人予以賠償。②因賠償糾紛引起的訴訟、律師費用及其他事先經保險人同意支付的費用。

二、責任保險的特點

責任保險屬於廣義的財產保險範疇，以大數法則為數理基礎，遵循財產保險合同的基本原則。然而由於責任保險合同承保對象的特殊性，作為一類獨特的保險業務，它在產生與發展的基礎、保障對象、保險人責任範圍、賠償處理方式等方面具有明顯的特點。

(一) 產生與發展的基礎——民事法律制度的建立與完善

一般財產保險產生與發展的基礎，是自然風險與社會風險的客觀存在和商品經濟的產

生與發展，而責任保險的產生與發展的基礎却不僅是由於風險的客觀存在和社會生產力達到了一定階段，而且是由於人類社會的進步帶來了法律制度的不斷完善。其中法制的健全和完善是責任保險產生與發展的最為直接的基礎。

正是因為人們在社會經濟活動中的行為都在法律制度的一定規範之內，才有可能因違反法律而造成他人的財產損失或人身傷害時，依法必須承擔經濟賠償責任的問題，有關單位或個人才有轉嫁責任風險的必要，責任保險才會被人們所接受。所以，民事法律制度的建立與完善是責任保險產生與發展的基礎。事實上，當今世界責任保險最發達的國家和地區，必然是民事法律制度較完善的國家和地區。

(二) 責任保險的保障對象——致害人（被保險人）和受害人

一般財產保險合同中，被保險人因保險事故發生造成經濟損失時，保險人要對被保險人的經濟損失進行補償，保險金直接支付給被保險人。而在責任保險合同中，保險人承保的是被保險人依法對他人應承擔的民事損害賠償責任。當保險事故發生時，按照損失補償原則，如果被保險人未向受害人賠償的，保險人不得向被保險人賠償保險金；如果被保險人對第三者應負的賠償責任確定的，根據被保險人的請求，保險人應當直接向該第三者賠償保險金。被保險人怠於請求的，第三者有權就其應獲賠償部分直接向保險人請求賠償保險金。這樣，既使被保險人避免了經濟損失，也使受害人獲得補償與慰藉。因此，責任保險合同在保障被保險人利益的同時，受害人的合法利益也受到了保障。

(三) 保險人賠償範圍的確定——賠償限額

一般的財產保險的保險標的是各種物質財產，該類保險標的具有可估價性，在對保險標的估價的基礎上確定保險金額，作為保險人賠償的最高限額和計算保險費的依據。在責任保險合同中，保險人所承保的却是各種民事法律風險，這種特殊的無形標的，由於沒有客觀價值因此無法估價，所以合同中無法確定保險金額。但為了限制保險人承擔賠償責任的範圍，避免賠償時合同雙方發生爭議，保險人在承保責任保險時，通常對每一種責任保險業務規定若干等級的賠償限額，由被保險人自己選擇。被保險人選定的賠償限額即是保險人承擔賠償責任的最高限額，同一險種賠償限額越高，投保人交納的保險費越多。

(四) 賠償處理方式的特殊性

與其他財產保險合同相比，責任保險合同的賠償處理涉及的關係方複雜、受制因素較多。

1. 責任保險賠案的處理涉及第三者（受害人）

責任保險合同賠案的發生，以被保險人對第三者造成損害並依法應承擔經濟賠償責任為前提，使責任保險的賠償必然涉及第三者受害人，從而表明責任保險的賠償處理並非像一般的財產保險那樣只是保險雙方的事情。

2. 責任保險的賠償受制因素複雜

一般的財產保險合同賠案的處理僅涉及保險人與被保險人，當保險事故發生后，保險人根據保險標的的損失狀況，按保險單規定的計算方式計算賠款。如果保險事故由第三者責任方造成，保險人向被保險人賠償后，依法或按合同約定取得向第三者責任方進行追償的權利。

由於責任保險承保的標的是被保險人依法對第三者應承擔的民事損害賠償責任，賠案的處理往往要以法院的判決或執法部門的裁決為依據，保險人在此基礎上，再根據保險合同的規定計算賠款。因此，責任保險的賠償受制因素複雜，除按保險合同的規定外，一個國家的立法、司法制度對它都有影響。保險人經營該險種所面臨的風險較大。

(五) 責任保險的承保基礎

責任保險的承保基礎有期內發生式和期內索賠式兩種，兩種不同承保基礎的保單分別叫做事故發生型保單和索賠發生型保單。傳統的產品責任險保單大多採用期內發生式作為承保基礎。

所謂期內發生式是指保險人只對保險期限內發生的保險責任事故負賠償責任，而無論受損害的第三者或被保險人何時提出索賠。對於此類保單，保險人必須隨時準備處理那些保險期限早已到期却剛來報案的索賠案子，並對已經過很多年的保單支付賠償，這就使得精算師們很難準確估算應收取的保費和應當為已發生未報告（IBNR）的索賠而建立損失準備金。因此，保險人為了避免這一弊端，又推出了「期內索賠式」作為承保基礎。

所謂期內索賠式是指保險公司僅對保單有效期內提出的索賠負責，而不管導致索賠的事故是否發生在該保險有效期內。該類保單可以為在保單生效日之前發生的損失提供保障。保險人之所以採用期內索賠方式是因為存在長尾索賠（即在保單簽發多年後才提出的索賠）的緣故，但保險人為了對風險責任有所控制，通常在保單中規定有追溯日期，只有事故發生在追溯期以內，而索賠發生在目前的保險有效期限內的損失才能得到賠償。採用期內索賠方式有利於保險人準確估算保費、損失和損失準備金，從而達到控制風險的目的。

第三節　責任保險的分類和責任保險合同的共同規定

一、責任保險的種類

責任保險有兩種承保方式：一種是作為各種財產保險合同的組成部分或作為附加險承保，如機動車輛保險第三者責任險、建築或安裝工程保險的第三者責任險、船舶保險的碰撞責任、第三者責任、油污責任等；另一種是單獨承保，保險人簽發單獨的責任保險合同。

單獨承保的責任保險一般分為以下四類：

(一) 公眾責任保險

承保企事業單位、社會團體、個體工商戶、其他經濟組織及自然人在保險單明細表中列明的地點範圍內依法從事生產經營活動或其他活動因意外事故發生造成他人（第三者）人身傷亡或財產損失，依法應由被保險人承擔的民事賠償責任。

(二) 產品責任保險

產品責任保險承保產品的製造商、銷售商、維修者因產品缺陷，造成消費者、用戶或第三者發生人身傷害或財產損失，依法應承擔的經濟賠償責任。

(三) 雇主責任保險

雇主責任保險是以雇主（被保險人）對雇員源於並在雇傭過程中發生的傷害，依法應承擔的賠償責任作為保險標的的保險。

(四) 職業責任保險

職業責任保險，也稱為職業賠償保險，承保各種專業技術人員因工作上的疏忽或過失造成合同對方或其他人的人身傷害或財產損失的經濟賠償責任。這些專業技術人員包括律師、設計師、醫生、會計師、美容師等。

以上四類責任保險將在第九章做較為詳細的介紹。

責任保險具有保險人代替致害人向受害人承擔經濟賠償責任的特徵，是為無辜受害者提供經濟保障的一種手段。為了保障社會公眾利益，對某些涉及面廣的損害賠償責任，如汽車第三者責任保險、雇主責任保險等，許多國家實行了強制保險。

二、責任保險合同的共同規定

以上各種責任保險合同，一般有以下幾個方面的共同規定：

(一) 保險責任範圍

責任保險合同承擔的保險責任一般有兩項：

(1) 被保險人依法應對第三者的人身傷害或財產損失（雇主責任保險僅對雇員的人身傷亡）承擔的經濟賠償責任以及被保險人按照合同規定應承擔的違約責任；

(2) 因賠償糾紛引起的訴訟、律師費用及其他事先經保險人同意支付的費用。

(二) 除外責任

除外責任又稱責任免除，是指保險人按照法律規定或者合同約定，不承擔保險責任的範圍。因此，除外責任也是界定保險合同責任範圍的重要依據。

在除外責任條款中，有的是基於法律的禁止性規定或者公共秩序、社會道德等原因，不能由保險公司承保的事項，這些事項是絕對除外的事項；而有些事項經特別約定可以加保，或者剔除，這些事項是相對除外事項。

責任保險合同中，常見的絕對除外責任包括：

(1) 戰爭、內戰、叛亂、暴動、騷亂、罷工或封閉工廠引起的任何損害事故；

(2) 被保險人的故意行為；

(3) 不可抗力的原因引起的損害事故，如地震、洪水等自然災害引起的損害事故造成的損失。

此外，對於一些相對除外責任，可以通過投保附加險，或者其他的險種等方式，將除外責任變成可保責任。如對於由核污染引起的損害事故，在一般的責任保險中是被列為除外責任的，被保險人可以通過投保核責任保險來獲取相應的保障。

(三) 賠償限額與免賠

由於責任保險合同的保險標的是被保險人依法應承擔的民事賠償責任，它沒有實物形態。因此普通的財產保險根據保險標的的價值來確定保險金額的方式在責任保險當中並不適用。保險人在承保責任保險時，通常對每一種責任保險業務規定若干等級的賠償限額，

由被保險人自己選擇。被保險人選定的賠償限額便是保險人承擔賠償責任的最高限額，超過限額的經濟賠償責任由被保險人自己承擔。

保險人之所以以設定賠償限額的方式來明確自己的保險責任、並能夠將賠償限額劃分為若干等級，主要是由於以下幾個方面的原因：

（1）從保險人的角度來看，其承擔的賠償責任的大小事先是無法預料的，可能為無限大，這將使保險公司陷入無限的經營風險之中。因此有必要設定一個責任限額，以限定保險公司承擔的責任大小。

（2）在具體的案件中，致害人對受害人的賠償責任會受到法律的限制，這使得責任保險中，被保險人對第三者造成的財產損失或人身傷害均可以直接貨幣化。如中國《民法通則》第一百一十九條規定：侵害公民身體造成傷害的，應當賠償醫療費用、因誤工減少的收入、殘疾者生活補助費等費用；造成死亡的，並應當支付喪葬費、死者生前扶養的人必要的生活費等費用。

（3）儘管不同的賠案，保險人的賠償金額會有差異。然而在某類賠償案件中，整個社會的賠償平均值總是在一定的數額內浮動的。因此保險人能夠參考社會平均賠償標準，根據不同的情況，將風險劃分為若干等級，並據此確定不同風險等級下的費率標準。

責任保險中，保單規定的賠償限額通常有兩種，一種是針對每次責任事故或同一原因引起的一系列事故規定一個賠償限額；另一種是針對整個保險期，規定一個累計的賠償限額。對於這兩種賠償限額，保險單上可以只規定一種，也可以同時規定。具體採用哪一種方式可以根據具體情況由保險公司和投保人協商確定。

為了使被保險人恪盡職責、防止事故發生和減少小額零星賠償，除賠償限額外，保險單上一般還有免賠的規定，責任保險的免賠通常為絕對免賠。

第四節 責任保險的發展概況

一、責任保險的發展歷史

西方保險界認為，保險業的發展可以劃分為三個階段：第一階段是傳統的海上保險和火災保險（后來擴展到一切財產保險）；第二階段發展到了人壽保險；第三階段則是擴展到了責任保險。可見，保險業的發展由最初只承保物質利益風險，發展到承保人身風險，進一步擴展到承保各種法律風險。責任保險是市場經濟發展到一定階段的必然產物，它的產生和發展與國家法律制度、國民法律意識息息相關。然而，責任保險在開辦之初，被一些人認為代替致害人承擔賠償責任不符合社會公共道德準則，有害而無利，因而頗受爭議。

（一）國外責任保險的發展歷史

19世紀末，隨著歐美等國家的法制環境逐漸成熟，人們的權利意識不斷增強，司法體制逐漸完善，人們意識到自身所面臨的法律責任危險大幅度增加，因而對責任保險的需求也逐漸增大。為順應社會經濟發展的需求，保險公司開發了一系列的責任保險產品，進一

步推動了責任保險的發展。責任保險產生於19世紀末的歐美國家，於20世紀70年代以後在工業化國家得到迅猛發展。

初期責任保險的創新與發展都與雇主責任保險有著緊密的聯繫。19世紀中葉，處於工業化革命進程的英國，工業的從業人員迅速膨脹，然而由於當時的工作環境惡劣致使工傷事件頻頻發生，工人從雇主那裡得不到任何的賠償。工人階級為獲得人身和經濟保障同資本主義國家政府進行了堅決的鬥爭，迫使資本主義政府先後制定了勞工法律，1846年英國議會通過《致命事故法令》。法令規定，如因一方的疏忽大意造成另一方死亡，死亡者贍養的人有權要求對方承擔一定的經濟責任，以彌補損失。法令頒布后，公眾仍然要求對法律進行重大修改。議會於1880年又通過《雇主責任法令》。《雇主責任法令》規定雇主經營業務中因過錯致使雇員受到傷害時須負法律賠償責任。但法令仍規定受害人必須證明對方犯有過失，方能提出賠償要求。當年英國就成立了專業的雇主責任保險公司，並開發了雇主責任保險產品。因此，雇主責任保險成為工人階級保護自身權益的一種有效的手段。隨后，英國於1886年在美國開設雇主責任保險分公司，而美國也於1889年在本土設立自己的承保雇主責任業務的保險公司。隨著英、美兩國法律的不斷修訂和完善，使得雇主對雇員應承擔的法律責任逐漸增大，雇主責任保險有了迅速的發展。20世紀初英、美兩國將雇主責任保險納入法定保險之列，隨即為眾多國家所效仿。

其他種類的責任保險，最初都以附加責任的方式承保，隨后才逐漸以新險種的方式出現。

（1）在機動車第三者責任保險方面。1875年，英國出現了馬車第三者責任保險，專門承保因使用馬車而引起的責任。這可以看成是汽車第三者責任保險的先導。在汽車問世不久，1898年英國法定事故意外保險公司推出了第一張汽車保險單。該保單嚴格地遵循了用於承保使用馬匹所產生責任的保單格式。到了20世紀40年代很多國家將機動車第三者責任保險規定為法定的強制保險。目前機動車責任保險已經成為業務量最大的責任保險險種。

（2）在公眾責任保險方面。公眾責任保險始於19世紀80年代，最早開辦的險種主要有承包人責任保險（始於1886年）、升降梯責任保險（始於1888年）、業主房東住戶責任保險（始於1894年）等。到了20世紀40年代，隨著西方工業化的發展，公眾責任保險進入成熟階段。隨著社會公眾法律意識的增強，公共場所損害賠償額的急遽上升，公眾責任保險已經成為公眾活動場所、企業、其他團體的重要保障機制。

（3）在職業責任保險方面。1885年第一張職業責任保單問世，承保藥劑師過失責任。19世紀末期，醫生職業責任保險產生。1923年，會計師職業責任保險產生。目前，在發達國家的保險市場上，職業責任保險已經涵蓋了醫生、護士、藥劑師、美容師、律師、會計師、公證人、建築師、工程師、房地產經紀人、保險經紀人和代理人、公司董事和高級職員、教育工作者、情報處理者、退休人員等數十種不同的行業。職業責任保險在發達國家的保險市場占據了十分重要的地位。

（4）在產品責任方面。該險種起始於1910年的有毒物品責任保險，主要承保的是與人身體健康有直接關係的產品諸如食品、藥品等。隨著科學技術日新月異的發展，產品開

發和使用過程中的風險也在不斷增加，產品缺陷等不安全因素不斷增大。產品責任險的承保範圍也逐漸擴大到輕紡、機械、石油、化工、電子等行業的產品。20世紀60年代以後，產品責任保險開始迅速發展起來。

（5）在環境責任方面。隨著社會經濟發展，環境污染重大事故也不斷發生，環境責任保險應運而生。環境污染的后果往往極為嚴重，給人身、財產、環境和自然資源造成重大損害。環境污染往往是地域廣闊、受害人數眾多、賠償數額巨大的嚴重社會災難。在這種情況下，環境污染責任保險成為各國通過社會化途徑解決環境損害賠償問題的主要方式之一。1988年美國成立了專門的環境功能保護保險公司，承保被保險人因漸發、突發、意外的污染事故應承擔的責任及第三者責任。目前，環境責任保險在西方發達國家已經有了較為成熟的發展，美國、德國、瑞典甚至將其納入強制責任保險的範疇。

進入20世紀70年代以後，責任保險在工業化國家進入了黃金發展期。在這個時期，首先是各種運輸工具的第三者責任保險得到了迅速發展，其次是雇主責任保險成了普及化的責任保險險種。責任保險承保的領域不斷擴展，形成了門類齊全、險種多樣、專業性強的責任保險體系。美國的責任保險市場份額從20世紀80年代前后就占整個非壽險業務的45%左右，在英、德等歐洲保險發達國家，這個比例在30%左右。但從總體來看，責任保險是在挫折中不斷發展和完善的。在英、美、法等國家，責任保險更經歷了若干次發展危機。

（二）責任保險的危機

進入20世紀70年代以後，在一些國家，特別是英美法系國家，多次發生「責任保險危機」，嚴重阻礙了責任保險的發展。責任保險危機主要表現為：責任人的民事責任不斷增高、法院裁判的賠償金額大幅上漲，保險賠款驚人地增長，保險公司不得不大幅提高責任保險費率，甚至退出個別責任保險市場，進而導致投保人難以獲得保險或者需要極高的代價才能獲得保險。責任保險危機在產品責任保險、醫療責任保險及董事責任保險等方面表現得尤為突出。

（1）產品責任保險危機。20世紀七八十年代，美國產品責任逐步向絕對責任發展。產品生產商、銷售商對因產品缺陷對消費者所造成的損害負有絕對的賠償責任，產品責任訴訟數量有了很大的增長，原告勝訴率逐漸增大，賠償數額也發生了爆炸性的擴張。20世紀70年代中期，許多製造商的保險費增加了2倍或3倍，有的甚至增加了10倍。此後，在1984—1986年間，保險費又連續上漲了3倍。加上保險人大幅度削減了可保範圍，製造商怨聲載道，產品責任保險曾一度面臨毀滅性災難。

（2）醫療責任保險危機。在美國，1976—2000年間，由於法院對醫療事故受害人的過分保護，醫療賠償費用大幅上升，保險賠款支出不斷增長，導致保險公司不斷提高費率水平，或者直接退出醫療責任保險市場。據統計，這段時期全美醫療責任保險的平均費率上升了505%。目前，醫療訴訟的賠償金額仍然居高不下。保險公司的承保利潤一直很低，經營風險很高，醫療責任保險存在明顯的危機。

（3）董事責任保險危機。20世紀80年代中期北美出現了「董事責任和高級職員責任保險危機」，由於法院判決了眾多的高額賠償案件，保險公司為了彌補虧損，不得不大幅

度提高費率，保險市場發生了劇烈的變化。進入 21 世紀以后，由於美國的安然、世界通信等公司在證券市場上嚴重的虛假陳述、詐欺等行為，引發證券投資者對企業及其董事、高級職員的新一輪訴訟，董事和高級職員責任保險再一次陷入危機。

英美法系國家責任保險危機的發生，其內在原因主要有以下幾點：

第一，英美法系國家獨有的訴訟文化。這些國家由於自身對權利保護的重視，形成了好訟的民眾心理。訴訟對於他們來講並不只是利益之爭，還包括對價值觀念及權利的追求，這種觀念已深入人心。20 世紀后半葉以來，西方社會司法的社會功能不斷擴大，通過審判確認的權利和損害賠償責任的無限擴大刺激了訴訟的進一步增長，出現了所謂的「訴訟爆炸」，即訴訟數量多、賠償額大、保險公司的賠付越來越高，導致了責任保險危機的發生。

第二，民事責任無限擴大化。無過錯責任制度的泛化和高額的懲罰性賠償金制度是導致責任保險危機發生的根本原因。無過錯責任制度與懲罰性賠償金制度的存在，往往使法院傾向於支持受害者高額的賠償請求。在裁判過程中，法官和陪審團更多地考慮保險因素，如果加害人購買了保險，則所判決的賠償金額也高，這樣雖然能夠更好地保護受害人的利益，卻過分地加重了責任人的負擔，進而加重了保險人的負擔，造成了責任保險危機的發生。

第三，保險公司經營管理不善。由於責任保險經營所具有的特點，保險人從承保開始，到事故發生，往往事隔數年之久，這就對保險公司的經營管理提出了相當高的要求。很多保險公司在經營責任保險的過程中，存在對風險估計不充分，承保和理賠控制不嚴以及投資不善、再保險安排不當、準備金提取不足等問題。這也是造成責任保險危機的重要因素。

相比較而言，大陸法系國家無過錯責任和懲罰性賠償金制度適用範圍有限，法律責任風險也相對有限，缺乏大範圍責任保險危機的社會和法律環境。因此，類似與英美法系國家的大規模責任保險危機，很少在大陸法系國家發生。

二、中國責任保險市場的發展

(一) 中國責任保險的發展歷史

在新中國成立以前，中國存在零星的電梯責任保險、旅客責任保險和第三者責任保險業務。① 在中國，20 世紀 50 年代初期，原中國人民保險公司曾經舉辦過汽車、飛機附加第三者責任保險和船舶碰撞責任保險，但由於人們對責任保險存在認識上的誤區，認為責任保險「弊多利少，副作用大」，責任保險不得不停辦。

20 世紀 70 年代初，為滿足外國駐華機構、人員的需要，恢復了涉外保險業務，承保各國駐華使館等外國人擁有的汽車及其相關責任風險②。20 世紀 70 年代末，為了適應出口產品的需要，中國配套設置了產品責任保險。③ 可以說，在 1979 年以前，責任保險並未作為一項專門的業務展開，附加責任保險的業務量也相當少。責任保險因國內保險業務的停

---

① 許謹良，等．財產保險原理與實務 [M]．上海：上海財經大學出版社，1998：440．
② 中國人民保險公司，中國保險學會．保險參考資料之七——汽車保險講話 [C]．1982：2-3．
③ 楊鵬慧．產品責任保險的法律分析 [J]．福建金融，1999 (8)．

辦而基本處於休業狀態。

1980 年恢復開辦國內保險業務以後，首先開展的責任保險業務仍然是汽車第三者責任保險，由於社會環境等種種因素，其他責任保險業務仍然只是在涉外經濟領域發展。

據統計，1981 年中國已經開辦的以附加條款承保的責任保險有機動車輛第三者責任保險、承運貨物運輸責任保險、公眾責任保險、雇主責任保險、產品責任保險、展覽會責任保險、修船責任保險、海上石油開發第三者責任保險等[1]。1984 年，人保武漢分公司出具了國內第一張責任保險保單——承保「荷花」牌洗衣機產品責任保險和產品質量保證保險，這標誌著中國獨立承保的責任保險險種的誕生。[2] 到 20 世紀 80 年代末期，責任保險才開始進入國內市場非涉外經濟領域，中國人民保險公司不分省市開始試辦國內獨立的責任保險業務，如產品責任保險、醫療責任保險等，責任保險作為一類獨立的責任保險業務漸成雛形，並從此進入了前所未有的發展時期。

責任保險在中國開辦的歷史雖然不長，但已有了很大的發展。從責任保險發展的制度環境來看，2014 年頒布的《國務院關於加快發展現代保險服務業的若干意見》中明確指出：「強化政府引導、市場運作、立法保障的責任保險發展模式，把與公眾利益關係密切的環境污染、食品安全、醫療責任、醫療意外、實習安全、校園安全等領域作為責任保險發展重點，探索開展強制責任保險試點。加快發展旅行社、產品質量以及各類職業責任保險、產品責任保險和公眾責任保險，充分發揮責任保險在事前風險預防、事中風險控制、事后理賠服務等方面的功能作用，用經濟槓桿和多樣化的責任保險產品化解民事責任糾紛。」從法制環境的完善上看，繼《民法通則》外，已陸續出抬的《中華人民共和國產品質量法》《中華人民共和國消費者權益保護法》《食品衛生法》《醫療事故處理條例》《中華人民共和國道路交通安全法》《最高人民法院關於審理人身損害賠償案件適用法律的解釋》《中華人民共和國海洋環境保護法》《中華人民共和國煤炭法》《中華人民共和國建築法》《機動車交通事故責任強制保險條例》《中華人民共和國內河交通安全管理條例》《中華人民共和國海洋石油勘探開發環境保護管理條例》《旅行社管理條例》《中華人民共和國道路運輸條例》《勞動法》《消防改革與發展綱要》《中華人民共和國侵權責任法》等幾十部關於損害賠償的法律法規、條例，大大促進了中國責任保險的發展。從責任保險的供給主體來看，目前國內共有 34 家中資財產保險公司、18 家外資保險公司和一家專門經營責任保險業務的公司——長安責任保險公司[3]，改變了恢復國內保險業務之初只有中國人民保險公司一個供給主體提供責任保險的局面。從責任保險的險種來看，目前各保險公司開辦了公眾責任保險、雇主責任保險、產品責任保險、職業責任保險等責任保險險種，並且在每個大的險種之下，推出了一些適應當前人們生產和生活需要的一些新的險別或附加險。可以看出，責任保險已經逐步滲透到經濟生活的各個領域，成為人們從事經營活動以及個人行為十分必要的補充條件，極大地促進了社會的進步和發展，發揮了維護社會穩定的作用。

---

[1] 趙曉光. 中國已開辦的國內外保險種類 [N]. 經濟日報，1984 - 09 - 04.
[2] 曹路，朱波. 新編責任與保證保險 [C]. 中國人民保險公司內部資料，1998.
[3] 根據保監會網站資料整理. http://www.circ.gov.cn/web/site0/tab3059/i141740.htm.

(二) 中國責任保險市場發展的特點

在中國責任保險市場的發展過程中，主要呈現以下特點：

(1) 責任保險業務的發展規律和軌跡大體上與其他國家相同。首先是從運輸工具第三者責任保險和公眾責任保險開始，然後是雇主責任保險和產品責任保險，逐步向職業責任保險等其他責任保險領域延伸。

(2) 責任保險業務與法制化建設程度密切相關。由於中國的國民法制意識相對落後，較少有責任風險意識超前的情況，因此國家法律法規的頒布實施對責任保險的發展影響極大。例如，《旅行社管理條例》的出抬成為旅行社責任保險開辦的契機，而《醫療事故處理條例》的頒布極大地促進了醫療責任保險的發展。而發達國家就不同，以近年發展起來的網路經濟為例，雖然各國對互聯網的法律規定都還不甚明確，但是互聯網經營公司對網路經營責任風險的意識卻非常強，相關責任保險供不應求。

(3) 責任保險整體表現為供給不足、發展滯后。縱觀中國保險市場，競爭日趨白熱化，但是相對其他險種而言，責任保險的市場競爭激烈程度要低得多。到目前為止，責任保險尚未成為一個獨立的市場體系，絕大多數的業務是從屬於傳統業務的。在整個保險業中所處的地位也不高，這種現狀與發達國家在工業化早期責任保險的發展進程相似。

(4) 責任保險發展不能滿足市場的實際需要。這可以通過不同市場主體的經營成果得出判斷，境內的外資產險公司責任險保費收入已占其財產險業務的 15% 以上。這個比例與經營多年的內資保險公司的 2%～4% 形成鮮明對比，說明中國保險業長期以來把責任保險市場視為一塊「硬骨頭」，沒有下力氣去「啃」。而外資保險公司由於進入市場較晚，沒有機會或沒有興趣去大力爭搶傳統業務，只有拿責任保險這類業務作為「敲門磚」，以逐步開拓自己的市場範圍。當然內資保險公司的這種狀況不全是由於主觀因素造成的，其經營條件、人員素質等客觀因素也限制了其拓展責任保險業務。

(三) 制約中國責任保險市場發展的成因及發展對策

國內責任保險發展滯后的主要原因如下：

(1) 法制化程度相對落後，各項民事法律制度不健全。責任保險的發展與一國法律的發展密切相關。法制環境不健全是制約責任保險發展的主要因素之一。目前，中國的法律法規不夠細化，社會生活的許多領域還沒有相關立法，這造成實際生活中許多損害責任認定不清，導致許多責任保險的開展尚不具備必要的法制條件。

(2) 公民法律意識不強。這一問題從根本上講是由於法制化進程相對落後造成的。近年來，中國公民的依法索賠意識有了較大提高，尤其是沿海發達地區。但是相對法制化建設完善的國家，中國公民的法律意識應當說還有較大差距，廣大內陸省份更是如此。

(3) 責任保險經營技術落后，缺乏專業技術人才。國內的各主要保險業務的費率都不是運用數理統計方法測算出來的，而是根據經驗和市場競爭情況確定的。這樣的費率無法反應標的風險的大小，保險公司也無法有效地控制風險。由於沒有科學的風險評估手段，對風險較小的標的，本來可以以較低費率承保，卻因為與標準費率相差太大而不敢承保；而對於風險較高的標的，卻因為無法評估或競爭需要，而盲目地以低費率承保，造成虧損。

(4) 各保險從業主體對業務發展模式存在困惑。責任保險從總體上講屬於高風險、高

技術性業務，需要保險從業主體努力發展風險管理技術、完善風險選擇和控制手段。但是近年來不成熟的保險仲介市場的迅速發展，尤其是保險經紀人的出現給保險公司帶來了壓力。一方面，經紀人代表被保險人的利益和保險人討價還價，降低了保險人的利潤空間；另一方面經紀人和代理人共同活躍了市場，為保險公司的經營提供了更廣泛的業務來源，但卻使保險公司採取風險管理措施的手段被弱化了。是借助仲介市場發展，還是堅持走自己的路，這是責任信用保險發展面臨抉擇的問題。但是幾乎所有保險公司在這方面都存在著兩難的選擇，如果借助仲介發展業務，則容易喪失業務主動權，不利於發揮風險管理職能，更談不上什麼社會管理目標了；如果堅持自主經營，由於責任保險大多屬於分散性業務，通過業務人員直銷，則經營成本過高。

（5）再保險等風險分散渠道成本過高。保險公司在承保了高風險的責任保險業務以後，根據自身承保能力需要辦理再保險，向再保險公司尋找風險分散。但是國內的再保險公司對責任保險的高風險業務存在著顧慮，其再保險業務的技術支持也不充分。因此國內的保險公司通常選擇國際市場上知名的再保險公司，辦理責任保險等高風險業務的再保險。但是由於「9·11」和「安然事件」以後，國際再保險市場受到了較大衝擊，承保能力過剩的情況已經蕩然無存，反而呈現出緊縮高風險業務承保能力的趨勢。這種情況直接體現為分保費率的上漲和分保條件的嚴格化，進而使國內的保險公司只能相應提高承保費率和承保條件，否則高風險業務就無法安排風險分散。這種情況直接使國內市場責任保險的供給被進一步壓縮，其需求受到抑制。

雖然當前中國的責任保險市場發展相當滯后，但隨著人們的法律意識的提高、司法體制的完善，責任保險的發展潛力也十分巨大。根據中國責任保險發展的特點以及制約中國責任保險發展的因素，結合中國的實際情況，可以從宏觀和微觀層面著手，促進中國責任保險的快速發展。具體來說：從宏觀層面來看，政府通過立法和行政手段，細化法規，為責任保險的發展營造一個良好的法制環境；行業監管部門和行業協會，應積極參與法制建設，注重引導市場需求，為責任險的發展創造一個良好的市場環境。從微觀層面來看，一方面保險公司要充分認識到責任保險市場的發展潛力，在公司內部加強有關責任保險的研究和開發，積極借鑑國外的成功經驗，引進比較成熟的險種和經營方式，根據客戶的不同需求進行改造，分類別、分步驟開發責任保險；另一方面，多渠道進行法制宣傳，提高公民的法律意識和維權意識。

復習思考題

1. 侵權責任和違約責任的區別是什麼？
2. 侵權行為的特徵是什麼？
3. 侵權行為的歸責原則有哪些？
4. 一般侵權責任的構成要件有哪些？
5. 責任保險的標的是什麼？該險種有哪些特徵？
6. 請分析中國責任保險發展緩慢的原因。

第九章 責任保險(二)

內容提要： 本章介紹了責任保險的幾個主要險種。具體分析了每個險種的含義、特徵及其具體種類，並重點介紹了合同的主要內容。

第一節 公眾責任保險

一、公眾責任保險概述

(一) 公眾責任

公眾責任又稱公共責任或綜合責任，是指公民或法人因自身的疏忽或過失等侵權行為致使他人的人身或財產遭受損害而依法應當承擔的經濟賠償責任。公眾責任有兩個特徵：①致害人所損害的對象不是事先特定的群體或個人；②損害行為是對社會大眾利益的侵犯。由於責任人的行為損害了公眾利益，因此這種責任被稱為公眾責任。

公眾責任損失風險是指致害方對受害方的財產損失或人身傷害負有法律責任的可能性，這種風險普遍存在。無論是在商場、旅館、展覽館、動物園、影劇院、運動場所、醫院、賓館、娛樂場所等各種公眾活動場所營業（或活動期間），或者在企業廠區、辦公樓等一些非公眾活動場所工作期間，或者在建築、安裝工程施工期間，或者在承運人運輸承運貨物期間，甚至在個人住宅和個人日常活動中都會面臨公眾責任損失風險，這些場所的所有者、經營管理者等均有可能因意外事故的發生，造成他人的人身傷害或財產損失，而必須依法承擔相應的民事損害賠償責任。

公眾責任的構成以在法律上負有的經濟賠償責任為前提，其法律依據是各國的民法及各種有關的單行法規制度。中國《民法通則》對民事責任及其損害賠償作了比較具體的規定：凡損害他人財產或身體的，除受害人故意造成的以外，均應承擔賠償責任。隨著經濟的快速發展，法制的逐步健全和完善，公眾索賠意識的增強，各企事業單位、機關團體和個人在生產經營活動和日常活動中所面臨的公眾責任損失風險不斷加大，賠償金額不斷上升，客觀上需要一種風險分散和轉嫁機制，使風險和損失最小化，這為公眾責任保險的產生和發展奠定了基礎。

(二) 公眾責任保險的含義

公眾責任保險（Public Liability Insurance）一詞來源於英國，在美國一般被稱為一般責任保險（General Liability Insurance），它是責任保險中一項獨立的、適用範圍較廣的險種。按照英、美保險市場的定義，公眾責任保險承保了除雇主對雇員的責任以及因擁有或使用汽車、飛機或船舶而產生的責任之外的個人或企業所面臨的全部責任風險。

公眾責任保險的界定有廣義和狹義之分。廣義的公眾責任保險幾乎承保所有的損害賠償責任，如英、美保險市場。狹義的公眾責任保險主要承保企事業單位、社會團體、個體工商戶、其他經濟組織及自然人在保險單明細表中列明的地點範圍內依法從事生產經營活動或其他活動因意外事故發生造成他人（第三者）人身傷亡或財產損失，依法應由被保險人承擔的民事賠償責任。在中國，公眾責任保險通常是指狹義的公眾責任保險。以下主要介紹狹義的公眾責任保險。

(三) 公眾責任保險的特點

（1）公眾責任保險的保險人只承擔被保險人在保險單明細表中列明的地點範圍所發生的損害事故依法應該承擔的經濟賠償責任，對超出固定場所範圍所造成的被保險人的經濟和賠償責任一般作為除外責任。

（2）由於限定了損害事故發生的場所，所以公眾責任保險的受害人不是特定的群體，而是進入固定場所的任何人。因此從這個意義上說，其受害人的範圍比產品責任保險（受害人大多是產品的直接消費者或用戶）、雇主責任保險（受害人僅僅限於與雇主有雇傭關係的雇員）以及職業責任保險（受害人一般是接受職業技術服務的特定對象）的受害人的範圍更加廣泛。

（3）產生這種法律賠償責任的原因可以是侵權責任造成的，也可以是合同（契約）責任造成的。通常，公眾責任保險承保的合同責任需要進行特別的約定。

在公眾責任保險中，保險人主要承擔兩部分責任：①被保險人造成第三者人身傷亡或財產損失時，依法應該承擔的經濟賠償責任；②責任事故發生後，如果引起訴訟，由被保險人承擔的支付相關訴訟費用的責任。當然保險公司的最高賠償責任不超過保險單上所規定的每次事故的賠償限額或累計賠償限額。

公眾責任以被保險人的公眾責任為承保對象，可適用於工廠、辦公樓、旅館、住宅、商店、醫院、學校、影劇院、展覽館等各種固定的場所。

二、公眾責任保險主要的險種

由於意外事故造成的公眾損害日趨嚴重以及公眾索賠意識的增強，公眾責任保險在近30多年來得到了迅猛發展，種類不斷增加，成為責任保險中適用範圍最廣的一個險種。通常情況下，公眾責任保險主要的險種包括：綜合公共責任保險、場所責任保險、承包人責任保險、承運人責任保險和個人責任保險等。除上述幾種主要險種外，公眾責任險還包括如油污責任保險、核責任保險、飛機表演責任險、馬戲表演責任險、野外作業責任險以及房屋主責任保險等。這些險種一般是在公眾責任險的基礎上按被保險人的具體需要適當添加補充條款的方式承保。以下是幾種主要的公眾責任保險種類：

（一）場所責任保險

1. 場所責任保險的概念

場所責任保險是指保險人承保固定場所（包括房屋、建築物及其設備、裝置等）因存在結構上的缺陷或管理不善，或被保險人在保險場所內進行生產經營活動時因疏忽發生意外事故，造成他人的人身傷亡或財產損失而應承擔的經濟賠償責任。

場所責任保險是公眾責任保險的主要業務來源，也是中國公眾責任保險的主要險種。廣泛適用於學校、辦公樓、工廠、商店、旅店、展覽館、遊樂場、影劇院、公園、動物園等各種公共場所以及生產經營場所等。但對於私人住宅內引起的第三者損害的經濟賠償責任則不適用，因為該項責任屬於個人責任，應該在個人責任保險單中承保。

場所責任保險是一類綜合性業務，在保險實務中可以分為若干個具體的險種，如展覽會責任保險、電梯責任保險、旅館責任保險、娛樂場所責任保險、車庫責任保險、機場責任保險等。這些險種中有的是獨立場所責任保險業務，有的是附加業務或擴展業務責任保險，還有的是作為綜合性財產保險的一項內容。

2. 場所責任保險的責任範圍

場所責任保險的保險責任除特定業務以外，均適用公眾責任保險中的保險責任的規定，但在除外責任方面，除公眾責任保險的一般除外責任外，基於自身性質有以下一些特殊規定的除外責任：

（1）對於承包人在被保險場所內進行修理、重建或拆毀作業時造成他人的損害。因為該項責任屬於承包人責任，承包人可以通過投保承包人責任保險獲得保障。

（2）被保險人所有、使用、操作或維修的飛機、機動車輛、船舶造成他人的損害。因為該項責任屬運輸工具第三者責任，只能在運輸工具第三者責任保險項下承保。但娛樂場所內的船舶、單軌車輛等造成的損害事故，仍屬場所責任保險的範圍。

（3）被保險人飼養的動物造成的損害事故不予承保，但動物園的動物例外。

（4）任何工業或家用水管、排水管、空調、消火栓、自動噴淋等裝置漏氣、漏水引起的損害事故不予承保，但經特別約定，此項責任可以在場所保險內擴展承保。

（5）通過屋頂、門窗或通風裝置進入房屋、建築物內的雨、雪所造成的損害事故。

（6）售出的商品、食物、飲料造成的損害事故。因為該責任屬於產品責任事故，應在產品責任保險項下承保。

在上述除外責任中，很多是從承保風險的角度進行剔除的（如承包人責任、產品責任等）。因為這些風險已經被其他保單承保了。當然，這些風險也可以以支付附加保費的形式通過增加附加保單來承保。

3. 場所責任保險的主要險種

（1）旅館責任保險。旅館責任保險是最典型的場所責任保險業務之一。主要承保因旅館建築物及設備、設施方面的原因或因旅館所有人及工作人員過失或疏忽造成他人人身傷亡，或財物損失而應由旅館所有人或管理者承擔的損害賠償責任。

保險人在承保此項責任保險時，要對被保險人的情況進行實地調查。調查的主要內容包括：旅館建築物的結構、等級、建築的年限、設計者、有無明顯缺陷及損壞情況，建成

后各部分的用途、維修、變更使用情況；客房的設施情況；旅館的業務情況；旅館的管理制度是否健全和完善，有無安全委員會或安全檢查制度；其管理者的經營管理水平如何；旅館歷年的事故情況等。

（2）展覽會責任保險。展覽會責任保險承保被保險人及其工作人員或雇傭人員在展覽場所進行展場布置、展品展示、裝卸展品、運轉機器以及其他在展場範圍內與展覽活動有直接相關的活動或行為時，因被保險人的過失、疏忽行為所引起的財產損失或人身傷害，依照中華人民共和國法律應由被保險人承擔的經濟賠償責任。該險種是場所責任保險中常見的保險業務。

展覽會責任保險的責任限額可以根據被保險人的要求和展覽會的性質、內容、展品、展出方式以及展覽場所結構、價值、可能參觀的人數、對象等綜合考慮分項（如可以分為展覽、場所、第三者人身傷害、第三者財產損失等）確定，並須在保險單上註明。保險責任期限一般為整個展覽期間。

展覽會責任保險的保險費率除依其責任限額確定以外，還要考慮展覽會的內容、展品的性質、展出單位的組織管理水平以及同類業務的經營經驗等因素。待確定適當保險費率後，即按下列情況分別計算：

①對展覽場所造成損壞的賠償責任，按展覽場所（如展覽館）的價值及規定的適用費率計算，收取保險費。

②對第三者造成損害（包括人身傷害和財產損失）的賠償責任，按保險雙方商定的責任賠償限額及適用費率計算，收取保險費。

③上述兩項保險費之和，即為展覽會責任保險的應收保險費。如果被保險人是用自己所有的場所進行展覽或僅投保對公眾的損害責任，則僅收第二項保險費。無論以哪種方式計算，均應一次性計收全部保險費。

（3）娛樂場所責任保險。娛樂場所責任保險承保的是在其保險期間內，在保單所載明的營業場所，被保險人在提供與其營業執照上載明的營業範圍相符的娛樂服務過程中，因場地、設施或管理存在缺陷造成顧客人身傷亡或財產損失，依照中華人民共和國法律應由被保險人承擔的賠償責任。

該險種保險費率的確定和保險費的計算應根據投保場所的具體情況分別處理，如影劇院應以座位數為主要依據，公園應以其設施、服務項目及年均遊客人數為依據等。

（4）餐飲場所責任保險。餐飲場所責任保險承保依法設立、有固定場所的餐飲單位，在保單中列明的餐飲場所現場提供與其營業執照上載明的經營範圍相符的餐飲服務過程中，因場地、設施、食品或管理存在缺陷造成顧客人身傷亡或財產損失，依照中華人民共和國法律應由被保險人承擔的民事賠償責任。

（5）機動車輛停車場責任保險。機動車輛停車場責任保險承保在保險單明細表中列明的由被保險人所有或經營的機動車輛停車場內停放的汽車，在保險期限內，因被保險人的過失造成損失，依據中華人民共和國法律應由被保險人承擔的損害賠償責任。

（6）電梯責任保險。電梯責任保險主要承保在保險期間，保險單中列明的電梯在正常運行過程中發生事故，導致第三者遭受財產損失或人身傷亡，經國家有關行政部門組成的

電梯事故調查組認定,該事故屬於電梯安全責任事故,依法應由電梯的所有人、使用單位或維修單位承擔的經濟賠償責任。

電梯責任的保險費除按賠償限額確定以外,還要考慮電梯的坐落地址、使用性質、投入使用的時間、運行速度、乘客人數、樓房層數、電梯中是否安裝有應急裝置、電梯是否有專人駕駛、是否定期對電梯進行檢查、保養、維修等因素。

(7) 風景名勝區責任保險。風景名勝區責任保險主要承保在保險期間內,因被保險人的疏忽或過失發生意外事故,造成被保險人在風景名勝區內接待的境內外旅遊者(包括根據被保險人的規定享受免票待遇的旅遊者)人身傷亡或財產損失,依據中華人民共和國法律應由被保險人承擔的損害賠償責任。

(8) 游泳池(館)公眾責任保險。游泳池(館)公眾責任保險承保在保險期間或保險合同載明的追溯期內,在保險合同中列明的游泳池館內活動的泳客,由於保險原因遭受人身傷害,依照中華人民共和國法律應由被保險人承擔的賠償責任。

(二) 承包人責任保險

1. 承包人責任保險的概念

承包人責任保險承保承包人在進行承包(攬)合同項目下的工程或其他作業時,造成他人的人身傷亡或財產損失,依法或按照合同的約定應承擔的經濟賠償責任。其中承包人是指承攬各種建築工程、安裝工程、裝卸作業以及加工、定做、印刷、測試、修繕、設計、測繪、廣告等業務的法人或自然人,如建築公司、安裝公司、裝卸隊、修繕公司等。

承包人責任保險主要包括建築安裝工程承包人責任保險和修船責任保險。

2. 承包人責任保險的特點

承包人的責任產生於承包人從事受託工作過程中。雖然行為人是承包人,但與之聯繫的是發包人或委託人的工程項目或加工作業等活動。

若一個工程項目由多個承包人承包,保險人僅承擔被保險人應負責的賠償份額;若承包人之下有分承包人,被保險人可以擴展至分承包人,並受交叉責任條款制約。

3. 承包人責任保險的保險費

承包人責任保險的保險費率,主要以不同性質的承包作業以及承包價格來分別確定,如分為建築工程承包人、安裝工程承包人、裝卸或搬運作業承包人、修理(繕)作業承包人、加工承攬作業承包人等,或分為法人單位與個體經營者等;然后,再根據承包作業的具體對象來調查、評估風險責任,加高層建築與低層建築工程大型機器安裝與一般安裝工程、裝卸玻璃與裝卸機床、加工紡織品與加工機械零部件等,均應在承保時區分清楚,再參照承保這種業務的財產保險(如機器損壞保險、建築工程保險、安裝工程保險及普通財產保險等)的費率,科學計算出承包人責任保險的費率。

一般地說,保險人對於下列情況往往採取較優惠的費率予以承保:

(1) 巨額承包或加工承攬合同;

(2) 信譽好的承包人或加工承攬人;

(3) 有防護措施的地下工程;

(4) 對地下財產如水、氣管道的損失不負責的地下工程;

(5) 經驗豐富、技術優良、安全管理好的承包人或加工承攬人。

4. 承包人責任保險的保險期限

承包人責任保險承保的賠償責任不僅僅是承包人依法應負的對其他人的人身傷害和財產損失，而且還應對承包人造成承包作業對象損失的損害賠償責任。所以，承包人責任保險的責任期限一般採用工期保險單，即從承包作業的開工之日起，至完工之日止；但加工及其他承攬作業亦採用定期保險單，具體規定應根據承包作業規模及其連續性等確定。

(三) 承運人責任保險

1. 承運人責任保險的概念

承運人責任保險承保承運人（被保險人）對承運對象（包括旅客或貨物）在運輸過程中因疏忽或過失導致的人身傷亡或財產損失依法應承擔的經濟賠償責任。其中承運人是指根據運輸合同、規章或提貨單的條款等與發貨人或乘客建立承運關係，並承擔客戶、貨運輸義務的單位或個人，如民用航空公司、出租車公司、鐵路局、汽車運輸公司等。

承運人責任保險合同承保的標的是合同責任，這是其與貨物運輸保險合同和財產保險合同之根本區別之處。

由於運輸對象有客、貨之分，運輸方式又分為直達和聯運，運輸工具有飛機、火車、汽車、船舶等，因此承運人責任保險需要根據不同的運輸工具、運輸對象設計不同的險種，常見的險種有旅客責任保險、承運貨物責任保險、運送人員意外責任保險等。

2. 承運人責任保險的幾個主要的險種

(1) 旅客責任保險。旅客責任保險承保在保險期間內，旅客在乘坐被保險人提供的交通工具的途中遭受人身傷亡或財產損失，依法應由被保險人承擔的賠償責任。其中交通工具是指客運飛機、客運列車、客船、客運汽車（不包括出租車、城區公共汽車）。財產損失指旅客托運行李及隨身攜帶物品的損失。旅客是指持有效運輸憑證乘坐交通工具的人員、按照運輸主管部門有關規定免費乘坐交通工具的兒童以及按照承運人規定享受免票待遇的人員。

旅客責任保險按保險區域劃分，可分為境內的旅客責任保險和國際運輸線上的旅客責任保險，前者由國家法律和保險合同規範，后者由國際公約或國家法律及保險合同規範。境內旅客責任保險按運輸工具劃分，又可分為飛機旅客責任保險、公路旅客責任保險、鐵路旅客責任保險、船舶旅客責任保險、公共汽車及市內輪渡旅客責任保險、其他運輸工具旅客責任保險。國際旅客責任保險，主要有飛機旅客法定責任保險和海運旅客責任保險。

旅客責任保險的保險費的確定除了要依據賠償限額外，還要考慮運輸工具、運輸區域、運輸中的風險以及運輸工具的座位數、賠償限額等因素。

(2) 承運貨物責任保險。承運貨物責任保險是指承保承運人對其所運貨物的損害賠償責任，它一般分為航空貨物責任保險和水陸貨物責任保險兩類。

航空貨物責任保險承保航空公司在受託運送貨物時可能發生的損害賠償責任，該項責任貫穿於從貨物交由航空公司承運時開始至到達目的地交付收貨或辦妥轉運手續時為止的整個運輸過程。

水陸貨物責任保險，適用於各種船舶、火車、汽車及其他各種水陸交通運輸工具承運

的貨物。參加這項保險后，如其所運的貨物因承運車、船等遭遇火災、爆炸傾覆以及船舶的觸礁擱淺、沉沒等意外事故所造成的貨物損失，在法律或合同中規定應由承運人負責賠償時，保險人予以負責。但承運貨物的損耗、貨物本質上的缺陷、霉爛、變質、裝卸過程中所致的損失以及運輸過程中的丟失、短量、被保險人或其代理人及其駕駛人員的違章裝卸和其他故意行為所致的損失，保險人不負責賠償。

(3) 運送人員意外責任保險。運送人員意外責任保險，是承運人責任保險的專用險種之一，它以已投保車輛保險或意外責任保險的運輸公司為被保險人。

(四) 個人責任保險

1. 個人責任保險的概念

個人責任保險承保在保險期間內，被保險人在居所及辦公場所以外的地方，因過失造成第三者的人身傷亡或財產損失，依法應由被保險人承擔的賠償責任。

個人責任是指自然人或其家庭成員因其作為或不作為造成他人的人身傷亡或財產損失所導致的依法應該承擔的經濟賠償責任，一般可以分為個人法律責任和個人合同責任。個人法律責任是指依法應由行為人承擔對他人的損害賠償責任，其受害方是不確定的第三者；個人合同責任是指行為人依據合同的規定對造成合同另一方的損害應該承擔的經濟賠償責任，其受害方是確定的合同相對方，即與致害人簽訂合同的另一方。

個人責任保險有：住宅責任保險、房東責任保險、獵人職業保險、高爾夫運動員責任保險、綜合個人責任保險、家庭責任保險、個人職業責任保險、汽車個人責任保險等險種。

2. 個人責任保險的特點

個人責任保險具有其他責任保險的共同特徵，如代致害人承擔損害賠償責任等，但作為獨立的保險業務還有如下特點：

(1) 個人責任保險的投保人僅限於自然人及其家庭，其被保險人可以是被保險人或被保險人的配偶、子女及與他們共同居住一起生活的親屬和其他人。

(2) 個人責任保險的承保區域範圍比其他公眾責任保險廣，它包括個人在單位工作時間之外的個人活動範圍，如被保險人的住宅內、住宅外活動和各種個人娛樂、職業活動等。

(3) 個人責任保險承保的一般是被保險人工作時間之外的活動引起的損害賠償責任，經過特別約定，也可以承保其在工作中的損害賠償責任。

此外，在厘定費率的具體依據及承保條件等方面與其他責任保險亦有區別。

3. 個人責任保險的主要險種

(1) 住宅責任保險。它是一種個人靜物責任保險，承保由於被保險人的住宅及住宅內的靜物（如家用電器、液化氣竈、陽臺上的花盆等）發生意外事故致使其雇傭人員（如保姆、家庭教師）或客人或通行的他人在住宅內部或附近遭受人身傷害或財產損失，根據法律應由被保險人承擔的經濟賠償責任。

(2) 運動責任保險。運動責任保險承保個人或其家庭成員在運動時由於意外事故或過失致使他人遭受的人身傷害或財物損失，根據法律應由被保險人承擔的經濟賠償責任。其中該險種中所指的運動一般指住宅外的運動，如戶外長跑、騎車、投擲標槍、鉛球等

活動。

（3）個人職業責任保險。個人職業責任保險承保私人醫生、律師、會計師及其他個體專業技術人員如攝影師、理髮師等的職業風險責任。其特點是責任事故的發生及損害后果與被保險人的職業活動有關，且不包括被保險人日常生活中的個人責任。

（4）綜合個人責任保險。它是普遍適用的綜合性個人責任保險，承保個人或其家庭成員在居住、從事體育運動及其他一切日常生活活動中致使他人遭受人身傷害或財產損失，根據法律應由被保險人承擔的經濟賠償責任。

第二節　產品責任保險

一、產品責任與產品責任保險

（一）產品責任

產品責任，是指由於產品存在的缺陷，在使用或消費過程中發生意外造成產品用戶、消費者或其他第三者的人身傷害或財產損失依法應由該產品製造商、銷售商或修理商承擔的經濟損害賠償責任。由於產品責任的存在，產品製造商、銷售商或修理商面臨被用戶、消費者或其他第三者就其遭受的人身傷害或財產損失索賠的風險，此為產品責任風險。產品缺陷是確定產品責任的前提條件。產品沒有缺陷，就沒有產品責任。

《中華人民共和國產品質量法（修訂）》[①] 第四十六條規定：「產品缺陷是指產品存在危及人身、他人財產安全的不合理的危險；產品有保障人體健康和人身、財產安全的國家標準、行業標準的，是指不符合該標準。」根據產品的生產和製造過程，產品缺陷可以分為四種：

（1）設計上的缺陷。產品設計時，如果對產品的可靠性、安全性考慮不周，可能導致產品責任事故的出現。

（2）材料的缺陷。產品原材料或配件的質量情況對產品的質量產生重大影響。如制藥原材料不純致使藥品含有影響人體健康的物質。

（3）製造裝配上的缺陷。產品在製作、裝配、鑄造過程中由於疏於監督、導致產品具有危險。如爆竹的引線長度不夠，容易導致炸傷人的事故。

（4）指示上的缺陷，也稱告知缺陷，指產品缺乏在使用上或危險防止上必要的、適當的說明或警告，致使該產品存在危及人身、財產安全的不合理的危險。

（二）產品責任的歸責制度

產品責任與各國的產品責任法律制度緊密相關。產品責任法律制度也可稱為產品責任歸責制度，指調整產品責任關係的法律規範，是產品責任保險的法律基礎。

產品責任歸責制度的發展經歷了合同責任原則、疏忽責任原則、嚴格責任原則三個階段。

---

① 1993年2月22日第七屆全國人民代表大會常務委員會第三十次會議通過，並根據2000年7月8日第九屆全國人民代表大會常務委員會第十六次會議《關於修改〈中華人民共和國產品質量法〉的決定》修訂。

1. 合同責任原則

最初的產品責任是一種合同責任，即產品生產者、銷售者不履行或不適當履行合同中規定的產品質量義務，而給消費者造成損害時應承擔的賠償責任。該原則規定，產品事故中的受害人，如果要提起訴訟，必須與被訴方存在契約關係，並且只能在契約規定的範圍內向被告索賠。事實上，產品最后的消費者往往與產品的生產者或銷售者沒有契約關係，從而無權向製造者或銷售者索賠。即使受害的一方與致害的一方存在契約關係，也只能在契約規定的範圍內要求賠償，通常所獲得的賠償以不超過有關產品的價值為限，遠不足以補償受害人遭受的損失。可見，合同責任原則是不利於受害人的。

2. 疏忽責任原則

隨著經濟的發展、商品的豐富，消費者的地位逐步得到提高，產品責任的歸責制度開始由合同責任原則向疏忽責任原則過渡。在疏忽責任原則下，受害方如果以疏忽責任提起訴訟，必須負舉證之責。即受害者必須證明：

（1）產品在設計、製造或銷售過程中存在著缺陷；
（2）自己受到的傷害是產品缺陷造成的；
（3）產品的缺陷是製造商或銷售商的疏忽造成的；
（4）傷害與缺陷之間具有因果關係。

疏忽責任原則的產生是產品責任歸責制度的進步，但是，受害者要證明產品有缺陷、指出產品製造商或銷售商的疏忽責任往往很困難。

3. 嚴格責任原則

隨著消費者利益愈來愈受到重視，疏忽責任原則指導下的產品責任法顯示出難以充分保護消費者的弱點。產品責任法開始逐步廢棄疏忽責任原則而轉為實行嚴格責任原則。

疏忽責任是以產品製造商、銷售商有無疏忽，即是否做到合理注意作為確定他們是否對受害方承擔經濟賠償責任的依據；而嚴格責任不考慮產品製造商或銷售商是否做到合理注意，即使他們在產品製造或銷售過程中已經做到一切可能做到的事情，但只要產品有缺陷，並使產品使用者或消費者受到傷害，他們仍然需要對此負責。而受害方不須承擔證明製造商或銷售商存在疏忽的舉證責任，只需要證明在使用或消費他們製造或銷售的有缺陷產品時受到傷害。與疏忽責任相比較，嚴格責任原則更有利於保護消費者的利益。

（三）產品責任保險及其特點

產品責任保險是指以產品製造商、銷售商、修理商因產品責任事故引起的依法應承擔的經濟損害賠償責任為標的的保險。

產品責任保險承保產品的製造商、銷售商、修理商因其製造、銷售、修理的產品有缺陷而造成用戶、消費者或公眾的人身傷亡或財產損失，依法應承擔的經濟賠償責任。

產品責任保險的特點主要表現在以下幾方面：

（1）產品責任保險強調以產品責任法為基礎。因為受害者與致害者之間存在著侵權關係，致害者的責任和受害者提出的索賠必須根據有關法律規定來劃分和確定。

（2）產品責任保險不承擔產品本身的損失，只承擔因使用或消費產品導致的人身傷害和其他財產損失。

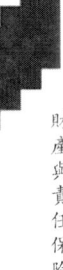

(3) 產品責任保險要求保險合同雙方有良好的協商和信息溝通。隨著產品更新的加快，新技術、新工藝、新材料的採用，生產商和銷售商在投保時要向保險人提供產品資料和數據，以便保險人準確評估風險。

(4) 隨著產品責任法律制度的不斷完善，產品責任保險對於生產性企業的作用日益重要。由於產品責任法律制度日趨完善，消費者的自我保護意識和索賠意識越來越強，產品責任的索賠案件越來越多，索賠金額越來越高，產品的製造商和銷售商投保產品責任保險的需求越來越大。

(四) 產品責任保險與產品質量保證保險的比較

(1) 保險人提供的業務性質不同。產品責任保險，保險人提供的是代替責任方承擔因產品責任事故造成的對受害方的經濟賠償責任，屬於責任保險範疇；產品質量保證保險，保險人提供的是帶有擔保性質的保證保險，僅僅承擔不合格產品本身的損失，而不負責因為產品缺陷導致第三者的損害責任。

(2) 保險標的不同。產品責任保險的保險標的是產品責任；而產品質量保證保險的保險標的是產品質量違約責任。

(3) 承擔責任的條件不同。產品責任保險賠償的前提是因產品缺陷導致消費者或使用者的損害發生；而產品質量保證保險不以消費者或使用者的損害為要件，只要產品不符合合同規定的質量要求即可提出索賠。

(4) 責任範圍不同。產品責任保險承保的是被保險人因產品缺陷造成消費者人身傷害或財產損失依法應負的經濟賠償責任。至於缺陷產品本身的損失，則不屬於產品責任保險的賠償範圍。產品質量保證保險承保的是被保險人因製造或銷售的產品質量有缺陷而對有缺陷的產品本身的賠償責任。

二、產品責任保險合同的基本內容

(一) 投保人與被保險人

生產商、出口商、進口商、批發商、零售商及修理商等可能對產品事故所致損害負有賠償責任的人，均可以投保產品責任保險。根據其體情況，可以由他們中間的任何一個人投保，也可以由他們中間的幾個人或全體聯名投保。產品責任保險的被保險人，除投保人外，經投保人申請，保險公司同意后，可以將其他有關方也作為被保險人，並規定對各被保險人之間的責任互不追償。

(二) 保險責任與除外責任

1. 保險責任

(1) 在保險有效期內，由於被保險人所生產、出售、修理的產品在承保區域內發生事故，造成使用、消費或操作該產品的人的人身傷害或財產損失，依法應由被保險人負責時，保險公司在保險單規定的賠償限額內負責賠償。

保險人承擔產品責任賠償責任以產品有缺陷為前提，而該缺陷必須是在離開生產者、銷售者、修理者控制以前已經存在。因產品存在缺陷造成他人的損害，保險人才負責賠償。產品責任保險人承擔缺陷產品損害賠償責任是需要限制條件的。一般而言，保險人在

產品責任保險項下承擔的賠償責任必須具備以下條件：

（1）必須有意外事故發生。

（2）產品責任事故必須具有「意外」和「偶然」的性質，不是被保險人事先所能預料的。

（3）產品責任事故必須發生在被保險人製造或銷售場所以外的地方，並且產品的所有權已經轉移給產品使用者或消費者。也就是說，如果造成傷亡、損失的有缺陷產品仍在被保險人的生產場地內，不屬於產品責任保險的承保責任。

（4）被保險人應支付索賠人的訴訟費用以及經保險公司事先同意的被保險人的訴訟費用及其他費用，保險人亦負責承擔。

2. 除外責任

（1）被保險人根據與他人的協議應承擔的責任。保險人根據相關的產品責任法規確定的法律責任來厘定費率、確定保險責任，然而被保險人與他人訂立的合同或協議則可能與保險人所瞭解的產品責任法規有出入，往往增大了風險。比如，如果被保險人提供的產品在各方面都完好無缺，消費者却因使用不當而受傷。但製造商根據與消費者訂立的賠償合同，接受賠償這種損失的條件。製造商承擔的這種合同責任就不在保險責任範圍之內。

本條除外責任可以應被保險人的要求、有條件地加保，但被保險人應在投保時將所有的契約責任向保險公司申報並提供契約的副本。保險人可根據被保險人所承擔的契約責任大小適當調整賠償限額、加收保險費。

（2）根據《中華人民共和國勞動法》或雇傭合同應由被保險人對雇員承擔的責任。根據雇傭關係，雇主對雇員既可能承擔法律規定的賠償責任，又可能承擔雇傭合同上規定的賠償責任。這種風險，可以由被保險人投保雇主責任險來轉嫁，所以在產品責任險中將此列為除外責任。

（3）保險產品本身的損失或退換回收的損失，這屬於產品質量保證保險的承保範圍。

（4）被保險人所有、保管或控制的財產的損失。被保險人可以投保財產保險來轉嫁此類風險。

（5）被保險人故意違法生產、出售的產品造成任何人的人身傷害、疾病、死亡或財產損失。從法律角度來講保險合同不能保護違法利益。保險人不能接受被保險人以牟取非法利益為目的的產品責任風險轉嫁。從風險角度來看，保險人無論從保單規定上，還是從公共準則方面均要求被保險人履行和遵守當局頒布的一切法規並應採取所有的合理預防措施，阻止有缺陷產品的生產或銷售以防止發生人身傷害或財產損失。產品責任保險的責任範圍中明確保險人負責的產品責任事故，應該是「意外的」「偶然的」。如果被保險人故意違法生產、銷售產品，那麼這種行為對於製造商或銷售商來說，造成產品責任事故就不是意外和偶然的了。所以，由此造成的責任，保險人不予承擔。

（6）產品仍在製造或銷售場所，其所有權尚未轉移至用戶或消費者的產品責任事故，屬於除外責任。

（7）保險產品造成的大氣、土地及水污染及其他污染所引起的責任。

（8）由於戰爭、類似戰爭行為、敵對行為、武裝衝突、恐怖活動、謀反、政變直接或

間接引起的任何后果所致的責任。

(9) 由於罷工、暴亂、民眾騷亂或惡意行為直接或間接引起的任何后果所致的責任。

(10) 由於核裂變、核武器、核材料、核輻射及放射性污染所引起的直接或間接的責任。

(三) 投保方義務

1. 被保險人在投保時負有如實告知義務

保險人在承保時必須根據被保險人、保險產品的情況作出風險評估。如果被保險人或其代表在投保時不如實告知，將使保險人在不準確的風險評估基礎上簽發產品責任保險單，嚴重損害保險人的利益。

2. 投保人按照約定繳納保險費的義務

投保人應根據保險單和批單中的規定按時繳納保險費。這是被保險人獲得保險單項下索賠權利的先決條件。

3. 保險期滿時申報產品銷售總額並按要求提供生產、銷售產品數量的義務

保險期滿時，被保險人應將保險期間生產、出售的產品的總值書面通知保險人，以便保險人計算實際保險費。另外，保險人還有權在保險期內的任何時間，要求被保險人提供一定期限內所生產、出售的產品總值的數據，並有權檢查被保險人的有關帳冊或記錄並核實上述數據。

4. 發生保險責任事故及其預知訴訟時按規定期限通知保險人的義務

一旦發生保險責任事故，被保險人或其代表應立即通知保險人，並在七天或經保險人書面同意延長的期限內以書面報告提供事故發生的經過、原因和損失程度；在預知可能引起訴訟時，立即以書面形式通知保險人，並在接到法院傳票或其他法律文件后，立即送交保險人，以便保險人及時確定應訴對策；根據保險人的要求提供作為索賠依據的所有證明文件、資料和單據。

(四) 賠償限額與免賠額

在產品責任保險中，通常規定兩個賠償限額，即每次事故賠償限額和保險期限內累計賠償限額，以上限額還可以分別劃分為人身傷害和財產損失兩個限額。因產品事故導致使用者或消費者人身傷害或財產損失時，分別適用各自的限額。

賠償限額應根據不同產品的銷售區域發生事故后可能引起賠償責任的大小來確定，有些產品，如食品、藥品、某些機電設備，發生事故后可能造成眾多的人員或財產的損害，應考慮設立較高的限額。

免賠額以內的損失保險人概不負責。免賠額的高低視風險的大小以及被保險人的承受能力並由保險雙方協商確定。免賠額的形式，可以設立為百分比（如免賠額為損失金額的5%）或確定免賠金額。

(五) 保險費率和保險費

1. 保險費率

產品責任保險承保的是各種不同類型的產品，產品的多樣化和風險程度的差異，均要求保險人對不同的產品制定不同的費率。在厘定費率時，保險人主要考慮以下因素：

（1）產品種類及其可能產生的危險。不同種類的產品對人體或財產的風險不同。如藥物的危險就比塗料大得多。

（2）承保的地區範圍。一方面，承保的地區範圍大，風險也大，費率就較高。如果產品不僅在國內銷售，還要出口，則其費率比僅供國內市場要高；另一方面，承保銷往產品責任嚴格的國家（如美國）或地區，比其他國家或地區風險大，費率相應也高。如出口美國與出口非洲國家的產品責任保險在費率上就應有所區別。

（3）產品製造者的技術水平和質量管理情況。產品製造者的技術水平高，質量控制好，產品檢測嚴格，其產品的合格率就高，產品責任風險相應降低，費率應低些。

（4）賠償限額與免賠額的高低。在產品其他條件相同的情況下，賠償限額越高，費率越高；與此相反，免賠額越高，費率越低。

（5）以往承保的經驗。根據保險人以往的承保經驗，某種產品的賠付率高，產品責任風險大，應在費率上反應出來。

（6）分保接受人的開價。為了保證保險人的財務穩定性，對於承保金額比較高的產品責任保險，往往尋求分保，因此需要參考再保險人的報價。

2. 保險費

產品責任保險保險費計算公式為：

保費 = 銷售額 × 費率

產品責任保險可實行預收保險費制，即在簽訂產品責任保險合同時，按投保生產、銷售的全部產品價值計算收費，待保險期滿後再根據被保險人在保險期內的實際生產、銷售的產品價值計算實際保險費，對預收保費實行多退少補，但實收保險費不得低於保險人規定的最低保險費。

（六）承保方式（承保基礎）

責任保險的承保基礎有「期內發生式」「期內索賠式」。傳統的產品責任險保單大多採用「期內發生式」作為承保基礎。期內發生式要求保險事故必須發生在保險有效期內，而不論受害方是否在保險有效期內提出索賠。但是，使用這種方式常會出現在保險期限內發生的事故，到保險期限結束後較長一段時間才提出索賠。因此，保險人必須隨時準備處理那些保險期限早已到期卻剛剛報來的索賠案子。為了避免這一弊端，目前產品責任保險多採用「期內索賠式」作為承保基礎。這是因為：很多產品責任事故的發生和損害后果的發現往往間隔一定時間。對於具有缺陷「潛伏期」的產品投保產品責任保險時，保險人以「期內索賠式」進行承保，有利於風險控制。

「以索賠提出為基礎」的產品責任保險條款規定，要求被保險人在保險期限內提出產品責任索賠，產品責任事故可能在保險期限以內，也可能在保險期限開始前。保險人為了防止出現過多的索賠，提出「追溯期」的概念，即產品事故造成人身傷害或財產損失而提出的索賠必須是在保險單追溯期以內、保險期限結束前發生的事故引起的。保險人提供的追溯期一般為 1~5 年，但對於第一年投保的產品（即新保險單）不給予追溯期。例如，某製藥廠從 2002 年 1 月 1 日開始投保其製造藥品的產品責任保險，當年沒有追溯期，而該廠在 2003 年續保時，保險單就可以規定追溯期從 2002 年 1 月 1 日起。

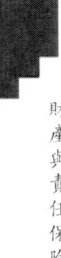

（七）承保區域

承保產品責任保險必須明確投保產品的銷售區域，保險人確認投保產品是在保險單規定的銷售區域內發生事故引起賠償責任才予以承擔，超出保險單規定的銷售區域發生責任事故引起的賠償責任保險人不予負責，這一規定的銷售區域就是承保區域。承保區域是保險人承擔賠償責任的地理範圍限制。因此，產品的承保區域必定是銷售區域，但產品的銷售區域並不一定是承保區域。承保區域的範圍大，風險就會相對增加、費率也會相應提高。如果是出口產品，承保區域擴展到北美、歐洲等產品責任事故賠償額和法律費用較高的國家，費率就應適當提高。

（八）產品責任保險的風險評估

產品責任保險是技術含量非常高的險種。保險人在承保前，必須對投保人的產品、經營性質等進行調查，並對調查得來的資料進行科學的分析研究，以科學評估該項業務的風險大小，開出合理的承保條件。調查項目主要包括：

1. 投保人和被保險人的情況

（1）投保人和被保險人的名稱、地址和分支機構；

（2）被保險人的營業性質；

（3）被保險人製造或銷售投保產品的時間。

2. 產品的總體情況

產品的總體情況是產品責任保險最重要的信息。包括：

（1）投保產品的具體名稱、型號、性能。

（2）投保產品的用途、使用或消費的對象、可能發生的事故和損失程度。

（3）投保產品的質量情況，即是否達到國家有關管理部門規定的標準或認證；若為出口產品，是否達到進口國家的有關規定或標準。

（4）投保產品的銷售方式和銷往地區。

（5）投保產品的包裝情況，即投保產品的包裝是否符合有關質量標準的規定以確保產品的安全可靠和性能完好。

（6）投保產品的說明書、招貼和廣告情況，即投保產品使用說明書是否有明確易懂的警告字句，如產品潛在的危險性或禁止使用的範圍。

3. 投保產品的歷史記錄

（1）以往產品和目前投保產品能否明顯區分。

（2）產品以往的投保記錄，如過去是否曾有保險人拒絕承保或加批特殊條款限制承保。

（3）投保產品的被索賠記錄。

4. 投保人的特別要求

（1）投保人要求的每次事故賠償限額以及保險期內累計賠償限額。

（2）其他需要擴展的特別責任。

（九）產品責任保險的風險控制

產品責任保險承保的風險巨大，如何控制、減少風險隱患、最大限度地降低發生事故

的可能性，是保險經營中的重要一環。保險人可以採取以下措施控制風險：

（1）督促被保險人嚴格按照產品的技術質量標準進行生產，並將其作為承擔保險責任的先決條件。

（2）要求被保險人的各種產品均備有明確、詳細的使用說明書，對其產品的品質、性能、技術指標、使用程序、注意事項給予充分說明；對使用不當可能危及人身、財產安全的產品，應當有警示標誌或相應的警示說明等。這樣可以有效地減少產品事故的發生，從而降低保險人對被保險人的損害賠償責任。

（3）要求被保險人將保險期內產品變更（如改變原有產品的成分用途）以及銷售情況的變化及時通知保險人，以便重新評估風險、調整承保條件，採取相應措施來控制新的風險。

（4）審議被保險人的各種產品廣告，保證產品廣告內容的真實、可靠，謹防虛假廣告及不規範廣告，以此避免不必要的糾紛或索賠。

（5）建立產品檢驗或抽查制度，隨時掌握被保險產品的質量變化。保險人可以與被保險人聯合檢驗或抽查，也可以委託有關部門或機構進行定期或不定期的產品檢驗或抽查。

（6）與工商、質檢、消費者協會保持經常聯繫，隨時掌握上述部門反饋的產品以及產品責任事故信息，並協同開展社會化的產品風險管理。

（7）運用賠償限額、免賠額、保險費率等承保條件來促使被保險人加強產品質量管理。

（8）做好產品責任保險的承保、理賠和各種產品責任事故的統計分析工作，逐步累積業務資料、建立完善的數據庫，探索各種產品責任風險的規律，為開展風險管理提供科學依據。

（9）充分利用分保手段，將產品責任保險的風險控制在自身承保能力的限度內，以此達到穩定財務和穩健經營的目的。

（十）產品責任保險的賠償處理

1. 理賠程序

產品責任保險的理賠程序可分為五個方面：

（1）受理案件。保險人接到被保險人出險報告後應要求被保險人填寫出險通知書，並及時進行保單的核實和立案。

（2）責任審定。核對承保方式、承保區域和司法管轄權，核查事故產品是否屬於保險產品，並根據保險單條款及批單內容，確認保險單的有效性。

（3）查勘檢驗。保險人接到報案後，應派員工或請代理人到現場查勘檢驗，並與受害方或其律師接觸，多方取證以證實責任事故的發生和損害後果。同時，注意瞭解受害方是否存在使用保險產品不當的問題。產品責任事故是否發生在保險產品的保質期或安全使用期內。

（4）取證。要求被保險人和受害人提供處理賠案所需的相關資料；必要時對損失或損害程度進行鑑定。

（5）賠償處理。保險人根據具體情況與受害方協商確定賠償金額並賠付結案；或聘請

律師準備辯訴材料，與索賠方以訴訟方式了結賠案。

2. 理賠規定

產品責任保險的理賠規定明確了保險人與被保險人之間在賠償處理過程中各自的權利與義務，規定了造成損害事故的劃分標準。

（1）規定了若發生保險單項下承保的任何產品責任事故或訴訟時應遵循的事項。①未經保險人書面同意，被保險人或其代表對索賠方不得作出任何責任承諾。必要時，保險人有權以被保險人名義接辦對任何訴訟的抗辯或索賠的處理，這是保險人承擔賠償責任的前提條件。②保險人有權以被保險人的名義自付費用向任何責任方提出索賠的要求。未經保險人書面同意，被保險人不得接受責任方就有關損失作出的付款或賠償安排、不得放棄對責任方的索賠權利。否則，由此引起的后果將由被保險人承擔。③在訴訟或處理索賠過程中，保險人有權自行處理任何訴訟或解決任何索賠案件，被保險人有義務向保險人提供所需的資料。

（2）規定生產出售的同一批產品，由於同樣原因造成多人的人身傷害、疾病或死亡，或多人的財產損失，應視為一次事故造成的損失。產品責任保險通常規定每次事故賠償限額和保險期限內累計賠償限額。

3. 訴訟案件的注意事項

中國的產品責任保險有相當比例是出口產品。處理訴訟案件時，一般應注意以下兩個方面：

（1）快速反應。產品責任事故發生后，銷售商或生產商必須以最快的速度進入案件的調查當中並盡快通知保險人。這不僅可以較快地瞭解事故的原因、準確搜集證據，也有利於盡快解決問題。

（2）訴訟文件的處理。法院在受理起訴后將按法定程序和方法將訴訟文件送交收件人（通常是被告）。被保險人收到訴訟文件，應立即通知保險人，並研究應訴之事。訴訟文件送達的目的是使被告瞭解送達文件的內容，以便參與訴訟活動，行使訴訟權利和履行訴訟義務。訴訟文件一經送達便發生一定的法律后果，因此，被告收到訴訟文件后要認真瞭解事故真相、搜集證據，積極應訴。

第三節　職業責任保險

一、職業責任與職業責任保險

（一）職業責任

1. 定義

職業責任（Professional Liability），是指提供專門技能或知識服務的人員因其疏忽或過失而提供的服務存在缺陷致人損害而應當承擔的民事賠償責任。

這裡所稱的「職業」和一般「工作崗位」意義上的職業有很大的不同，這種職業需要基於與其所處的職業範圍密切相關的專門學科教育和專業訓練背景，並需要通過政府有關

部門根據相關法規組織的專業技能考試后獲得從業資格，且從業活動須接受相關部門依據專業法規進行管理監督，具有高度的專門化。在美國法院對「職業」一詞的定義是：「該詞表示公開地掌握了某種特殊知識而不是純粹技術；實際操作非純學術的事務；為了滿足他人的要求，而不是為了實現自身目的去應用其知識。」在歐洲，保險人所指的「職業」「專業」具有如下特徵：①工作具有技能性和專業性，工作性質主要是腦力勞動而不是體力勞動；②專業人員應提供高標準的技術服務，須遵守某些道德原則；③開業的專業人員通常都參加「職業協會」，協會負責招收會員並維護職業的各項行業標準；④專業人員在其同行中應有較高地位。在很多國家，律師、醫生、會計師、美容師、部分領域的工程設計師等職業具備上述要求。

2. 分類

職業責任按產生的法律原因來分類，可以分為違約責任和侵權責任兩大類型。

（1）違約責任。在職業責任領域，由於委託人與專業人員或執業機構之間存在服務合同關係，專業人員或其執業機構不履行合同義務或者履行合同義務不符合約定，給對方造成損失的，應對委託人承擔違約責任。損失賠償額應當相當於因違約所造成的損失，包括合同履行後可以獲得的利益，但不得超過違反合同一方訂立合同時預見到或者應當預見到的因違反合同可能造成的損失。

（2）侵權責任。專業人員或執業機構因違反法律規定或專業服務規範，違法侵害委託人或其他第三人的人身、財產利益的，權利人可依侵權行為法，要求專業人員或其執業機構承擔侵權責任。例如，當會計師事務所出具虛假的審計報告，誤導證券投資者時，證券投資者可以要求會計師事務所承擔民事賠償責任。

3. 行為主體和責任主體

所謂行為主體，就是指具體從事專業活動的專業人員。所謂責任主體，就是指因專業活動存在瑕疵而引發賠償責任時的承受主體。在職業民事責任中，按照職業機構的種類的不同，職業民事責任的責任主體可能與行為主體相統一，也可能與行為主體相分離。

（1）行為主體與責任主體相統一的情形。當專業人員自己單獨或與他人共同開業，而不依附於某一執業機構時（如個體醫生），行為主體與責任主體相統一。在這種情況下，專業人員在執業活動中因故意或過失造成委託人或第三人損害的，應當由行為人承擔民事責任。兩名或者兩名以上專業人員共同簽署法律文件或者提出專業諮詢意見、做出專業決策造成他人損害的，應當承擔連帶責任。

（2）行為主體與責任主體相分離的情形。專業人員受雇於專門的執業機構並以該執業機構的名義對外從事執業活動的，在執業活動中給委託人造成損失或者給第三人造成損失的，由執業機構承擔民事責任。例如：律師、會計師、醫師等通常受聘於律師事務所、會計師事務所、醫院。在這種情況下，專業人員在執業活動中造成他人損害的，應當由其執業機構承擔責任，即行為主體與責任主體相分離。

（二）職業責任風險

職業責任風險即從事各種專業技術工作的單位或個人可能因工作上的失誤導致的損害賠償責任風險。它是職業責任保險的承保對象，也是職業責任保險存在和發展的基礎。

在從事專業技術工作中，損害賠償責任事故是不可能絕對避免的，其原因如下：

（1）現代工作設施不可能盡善盡美，離完全安全、保險的要求還相差甚遠。如診斷各種疑難病症還缺乏先進的設備等。

（2）原材料或產品有缺陷。如藥品大多有副作用，補藥也只能適度並根據具體對象科學地使用，少數西藥過敏性明顯，有的甚至全損傷肌體或人體器官；再如建築材料亦只能講相對合格。

（3）人們自身知識和技術、經驗的局限。人類認識客觀世界雖然在向深度發展，但生命、時間、精力的有限決定了人們自身的不足難以避免，而各種專業技術工作的本質決定了需要不斷創新並應用新技術，其工作本身的職業責任風險也就不可避免地存在。

（4）主觀上的疏忽或過失。「智者千慮必有一失」，無論什麼人在工作中都有可能出現失誤，如設計師在繪圖時可能出現細微偏差，藥劑員在司藥時可能誤拿藥品等。

由此可見職業責任風險不以人的主觀意志（除故意或惡意行為）為轉移的，是經常地隨機地發生在每個職業技術人員日常生活、工作中的一般疏忽行為所致的。它雖然是人為原因所致，但也與自然災害等風險一樣，有著存在的客觀性、發生的偶然性特徵。人們對於職業責任風險除採取各種預防措施進行積極防範並加強工作責任心外，還應該採取某些善後措施（如職業責任保險），以轉嫁或分散、控制風險，避免糾紛和利益損失，保障受害方的經濟權益不受損害。

(三) 職業責任保險

職業責任保險（Professional Liability Insurance），也稱為職業賠償保險（Professional Indemnity Insurance），承保各種專業技術人員因工作上的疏忽或過失造成合同對方或其他人的人身傷害或財產損失的經濟賠償責任。在國外較為普通的有醫生、設計師、工程師、會計師、律師等的職業責任保險，保險公司對不同專業人員的投保，制定不同內容和條件的保險單。

1. 醫療責任保險

該險種承保醫療機構及其醫務人員的過失行為、錯誤或疏漏或違反其業務上應盡的責任，直接導致病人死亡或傷殘、病情加劇、痛苦增加等，依法應承擔的賠償責任。醫療責任保險是職業責任保險中占主導地位的險種。

2. 律師責任保險

該保險承保律師在自己能力範圍內的執業服務中發生的一切疏忽行為、錯誤或遺漏行為，對第三者的經濟損害賠償責任。

3. 建築、工程技術人員責任保險

由於新型建築材料和建築技術的應用，使建築、工程（包括勘察、設計、施工）技術面臨著越來越大的風險，它既可能對合同對方造成損害，也可能損害沒有合同關係的其他人或法人的利益。在國外，法院維護第三者向建築、工程技術人員提出索賠的權利，對設計師、建築師、工程師的責任事故訴訟案以每年20%的增幅連年增長，從而使建築、工程技術人員責任保險成為職業責任保險中的獨立內容。該險種主要承保建築設計師、工程師、監理師等及其所在的單位由於工作的疏忽或過失而引發的工程質量事故造成物質損

失、人身傷亡或費用應承擔的賠償責任。

4. 會計師責任保險

承保會計師事務所在承辦審計業務過程中，因過失行為未盡其業務上應盡的責任及義務，造成委託人及其利害關係人的經濟損失，依法應承擔的賠償責任。這種賠償責任僅限於金錢損害，不包括身體傷害、死亡及實質財產的損毀。

5. 其他職業責任保險

在國外職業責任保險市場上，還有下列險種：

（1）美容師責任保險。該保險承保美容院工作人員因業務過失而致美容者的人身傷害的賠償責任。

（2）藥劑師責任保險。該保險承保藥劑人員在配方或出售成藥或遞送藥物時，發生錯誤而致他人人身傷害的賠償責任。

（3）教育工作者責任保險。該保險承保因教師工作的失職而引起的索賠糾紛。如美國曾有一個年輕的婦女對一所大學提出訴訟，要求退回學費，其理由是她在某一課程中因教學質量太差而沒有學到任何知識。

（4）保險代理人及經紀人責任保險。該保險承保保險代理人、經紀人由於業務上的錯誤、遺漏或其他過失行為，致使他人遭受損害的經濟賠償責任。該責任保險還可擴展承保保險代理人、經紀人對其保險人的責任，即由於其未能依照授權或指示所引起的保險人的損失。

（5）情報處理者責任保險。該保險承保由於情報處理業務上的失誤如情報不準等致使他人遭受經濟損失，依法應由其承擔的經濟賠償責任。

（6）退休人員責任保險。該保險承保已退休的各種專業技術人員的職業責任，它實質上是其在職時職業責任保險的延續。

二、職業責任保險的基本內容

（一）職業責任保險的被保險人

在職業責任保險中，被保險人可以為專業人員或者執業機構本身。

1. 專業人員個人

在中國的法律制度中，專業人員個人直接對委託人或者受害第三人承擔賠償責任的情形不多見，即前述「行為主體與責任主體相統一」的情形。目前，中國職業責任保險合同中只有少數險種將專業人員個人也列為被保險人。例如，《中國人民財產保險股份有限公司律師職業責任保險條款》規定：凡在中華人民共和國境內依法設立的律師事務所及持有有效律師執業證書的律師，均可作為被保險人投保該保險。此外，該公司的董事和高級職員責任保險合同條款，也將董事、監事及其他高管人員個人列為被保險人。

2. 執業機構

專業技術人員一般需要在相應的機構執行業務。在這種情況下，專業人員因疏忽、過失等原因致使委託人或者第三人損害的，其責任由執業機構承擔，即前述「行為主體與責任主體相分離」的情形。在中國，多數職業責任保險單通常只將執業機構列為被保險人。

凡經主管部門批准，取得相應資質證書、執業許可證或者經工商行政管理部門註冊登記，有固定執業場所，依法設立的執業機構，可作為職業責任保險合同項下的被保險人。例如：註冊會計師職業責任保險的被保險人是依法設立的各會計師事務所；保險經紀人職業責任保險的被保險人是依法成立的保險經紀公司。

(二) 職業責任保險的保險責任

職業責任保險並無統一條款及保單格式，一般由保險人根據不同種類的職業責任設計制定專門的保單承保。職業責任保險的保險責任通常包括：

1. 由於被保險人職業上的疏忽或過失行為而造成委託人或委託人及其利益相關者的人身傷害和經濟損失，依法應由被保險人承擔的經濟賠償責任

「疏忽或過失行為」可以理解為被保險人作為專業技術人員，因疏忽大意而未能按照職業要求的謹慎性標準行事，給受害人造成經濟損失的行為。通常，職業責任保險人將被保險人有無「過失」的行為作為理賠的要件，被保險人因無過失行為所承擔的經濟損害賠償責任一般不屬於保險責任範圍。被保險人可以與保險人經過特別約定，承保無過失行為所致的職業責任風險，如人保推出的醫療責任保險「附加意外醫療責任保險」險種即可承保無過失行為所致的責任風險。

2. 被保險人為縮小或減少對委託人或其他利害關係人的經濟賠償責任而支付的必要的、合理的費用

這些必要的、合理的費用，如保險公司同意支付的、在約定限額內的訴訟費用、鑒定費、取證費等。

法律訴訟費用一般在賠償限額以外另行賠付，但如果最終的賠償金額超過了賠償限額，保險人只能按比例分擔法律訴訟費用。

應賠法律費用 = 實際支付的法律費用 × （保險賠償限額/被保險人最終賠償金額）

例如：某設計院投保設計師責任保險，保險單註明每次賠償限額為 20 萬元。在保險期限內，一在建工程倒塌，建築單位向設計院提出索賠，其理由是圖紙有誤。經法院判決，該設計院應賠償建築單位損失 40 萬元，法律費用 2,000 元。

按賠償限額規定，保險人支付保險賠償金 20 萬元，餘下的 20 萬元應由被保險人自行承擔。保險人承擔法律費用 1,000 元，共計賠付 20.1 萬元。

(三) 除外責任

1. 一般責任保險的除外責任

直接或間接由下列原因造成的損失、費用和責任，保險人不負責賠償：

（1）被保險人的故意行為或非職業行為；
（2）戰爭、敵對行為、軍事行為、武裝衝突、罷工、騷亂、暴亂、盜竊、搶劫；
（3）政府有關當局的沒收、徵用；
（4）核反應、核輻射和放射性污染；
（5）地震、雷擊、暴雨、洪水等自然災害；
（6）火災、爆炸。

2. 因違法或故意等原因所產生的責任

下列原因造成的損失、費用和責任，保險人也不負責賠償：

（1） 被保險人無有效執業證書，或未取得法律、法規規定的應持有的其他資格證書辦理業務的；

（2） 未經被保險人同意，被保險人的從業人員私自接受業務；

（3） 被保險人或其從業人員超過委託人授權範圍所導致委託人的任何損失；

（4） 被保險人或其從業人員的故意、詐欺或犯罪行為導致的賠償責任；

（5） 被保險人被指控對委託人誹謗、中傷或洩露其商業機密所致的損失；

（6） 委託人提供的有關證據文件、帳冊、報表等其他資料的損毀、滅失或盜竊搶奪，但經特別約定加保的不在此限；

（7） 他人冒用被保險人的名義執業的；

（8） 被保險人承擔的連帶責任。

3. 其他除外責任情形

下列各項損失、費用和責任，保險人不負責賠償：

（1） 直接或間接由於計算機2000年問題引起的損失；

（2） 被保險人對委託人的精神損害；

（3） 罰款、罰金及懲罰性賠款；

（4） 保險單明細表或有關條款中規定的應由被保險人自行負擔的每次索賠的免賠額；

（5） 被保險人與他人簽訂協議所約定的責任，但應由被保險人承擔的法律責任不在此限。

（四） 特約承保責任

經過特別約定，下列職業責任風險也可以承保：

（1） 因雇員不誠實行為而使他人受到損害而應由被保險人承擔的法律責任，保險人可以擴展承保。值得指出的是，職業責任保險擴展承保的雇員不誠實行為不能與雇員誠實保證保險混為一談，因為前者承保的是雇員對他人的損害，而后者承保的是因雇員的不誠實行為而使被保險人自己受到的損失。

（2） 文件滅失造成損失引起的索賠，經過特別約定也可以擴展承保，但須加收保險費。如設計院因圖紙丟失或被盜造成委託單位的損失，可以通過擴展承保由保險人負責。

（3） 被保險人被指控對他人誹謗或惡意中傷行為而引起的索賠，也可以作為特別職業責任予以擴展承保，但因其故意所致的仍須除外。

（五） 費率釐定

1. 費率釐定應考慮的因素

保險費率的釐定是職業責任保險中十分複雜而又是很重要的問題。各種職業都有其自身的風險與特點。從總體來講，釐定職業責任保險的費率應著重考慮下列問題：

（1） 被保險人及其雇員所從事的業務類型、複雜程度及其主要職業風險；

（2） 被保險人承保前有無重大法律事務，如訴訟、顧問、調節等事務；

（3） 被保險人的類別、性質、級別及業務範圍；

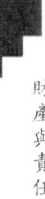

(4) 被保險人的經營歷史、管理水平、內控制度的建設及執行情況；
(5) 被保險人所屬的從業人員的數量、資質、技術水平；
(6) 被保險人職業責任事故的歷史統計資料及其索賠處理情況；
(7) 被保險人的業務量和主要服務對象；
(8) 被保險人所在行業的相關法律法規的變化及其對職業風險的影響；
(9) 被保險人所在地區及當地的物價指數；
(10) 賠償限額、免賠額和其他承保條件。

2. 保費的計算

保費的計算有兩種方式：

全年保費公式1：全年保費 = 費率(人均保費) × 專業人員數量

全年保費公式2：全年保費 = 費率 × 預計的全年的業務收入

費率的厘定通常與每次索賠的限額、累計賠償的限額或免賠額直接相關。

例1 中國人民財產保險股份有限公司2003年在保監會備案的美容師職業責任保險條款保險費率厘定的規定是：

(1) 醫療美容，如下表所示：

每次事故每人責任限額（萬元）	2	3	5	8	10
累計責任限額（萬元）	20	30	50	80	100
基本保險費（元）	2,000	2,500	3,000	3,500	4,000
每個美容師應收保險費（元）	600	650	700	750	800

(2) 生活美容，如下表所示：

每次事故每人責任限額（萬元）	1	2	3	4	5
累計責任限額（萬元）	10	20	30	40	50
基本保險費（元）	500	800	1,000	1,200	1,500
每個美容師應收保險費（元）	150	200	250	300	350

(3) 保險費計算方法

保險費 = 基本保險費 + 每個美容師應收保險費 × 美容師人數

假設某美容院有美容師5人，投保時確定醫療美容和生活美容的每次事故每人責任限額分別為5萬元和1萬元，累計責任限額分別為50萬元和10萬元。則：

全年保費 = 3,000 + 700 × 5 + 500 + 150 × 5 = 7,750（元）

例2 中國人民財產保險股份有限公司的1999年擬定的律師職業責任保險費的計算公式為：

全年保費 = 費率 × 預計的全年的業務收入

費率如下表所示：

律師職業責任保險費率表（基本費率）

每次索賠賠償限額（萬元）	50	100	200	300	400	500
累計賠償限額（萬元）	100	200	400	600	800	1,000
保險費率（％）	0.9	1	1	1.1	1.1	1.2

（六）職業責任保險的承保基礎

職業責任保險單必須清楚地載明承保的基礎。同普通的責任保險一樣，職業責任保險的承保基礎分為「期內索賠式」和「期內發生式」兩種。

1. 期內索賠式

職業責任保險通常採取「期內索賠式」承保，為了使風險責任有所控制，保單一般規定一個追溯日期，只有在追溯日期起發生的疏忽行為並在保單有效期內提出的索賠保險公司方可負責。追溯期以前的疏忽行為保險公司概不負責。用這種條件承保，被保險人在投保時必須如實將已明白掌握或覺察到在追溯期裡存在的可能索賠情況告知保險人，供保險人能估計、控制和核定保費。如被保險人有意隱瞞，可能影響被保險人的保險保障。

例如，某建築單位採取「期內索賠式」投保建築師責任保險，保險期從2003年1月1日至同年12月31日，追溯日期為2000年1月1日。那麼保險人僅對2000年1月1日以後發生的並在2003年內提出索賠的建築設計錯誤造成的責任事故負賠償責任。

又如，《中國人民財產保險股份有限公司醫療責任保險條款》規定：在保險單明細表中列明的保險期限或追溯期及承保區域範圍內，被保險人的投保醫務人員在診療護理活動中，因執業過失造成患者人身損害，在保險期限內，由患者或其近親屬首次向被保險人提出索賠申請，依法應由被保險人承擔民事賠償責任時，保險人根據保險合同的約定負責賠償。該責任保險採取的是期內索賠式的承保方式，即在保險有效期內提出賠償請求的，無論醫療過失是發生在保險期限內還是追溯期內，保險人均負責賠償。

2. 期內發生式

採取這種承保方式時，保險人只對保險期限內發生的保險責任事故負賠償責任，而無論受損害的第三者或被保險人何時提出索賠。

例如，《中國人民財產保險股份有限公司單項建設工程設計責任保險條款》規定：保險單明細表中列明的建設工程項目在保險合同期限內，因被保險人設計的疏忽或過失而引發工程質量事故造成損失或費用依法應由被保險人承擔的經濟賠償責任，保險人負責賠償。該保險採用的承保方式就是「期內發生式」，即保險人只對保險期限內發生的保險責任事故負賠償責任，而無論受損害的第三者或被保險人何時提出索賠。

由於「期內發生式」為基礎的承保方式要經過較長的時期才能真正結束保險責任，故又稱為「長尾巴責任保險」。其應用不如以「期內索賠式」為基礎的職業責任保險承保方式廣泛。因為貨幣貶值等因素，最終索賠額可能大大超過疏忽行為發生時的水平。因此，保險人可在確定保險責任後延截止日期的條件下採用以事故發生為基礎的承保方式。

第四節　雇主責任保險

一、雇主責任保險概述

（一）雇主責任

雇主責任是指雇員在受雇期間因發生意外事故或職業病而造成人身傷殘或死亡時，依法或按雇傭合同應承擔的經濟賠償責任。在雇傭過程中，如果雇主未能部分或全部履行自己對雇員安全的義務致使雇員遭受人身傷亡或疾病，雇員有權要求雇主賠償，這就構成了雇主責任風險。

雇主責任一般由國家通過立法規定雇主對其雇傭的員工在受雇期間從事與職業相關工作中因發生意外事故或因職業病而引起人身傷亡時應承擔的經濟賠償責任。如英國的《工廠法》《雇主責任強制保險法》，中國香港的《勞動賠償法》，中國的《勞動保險條例》《中外合營企業勞動管理規定》等。有關雇主責任的法律一般均對法律的實施範圍、雇主責任、雇員發生傷亡時雇主應賠償的標準以及申請賠償和雇主支付賠償的程序等作了具體和詳細的規定。

雇主對雇員的賠償責任標準各國和地區的法律都作了規定，內容也各不相同。中國各省、區、市的賠償標準也有差異。賠償的內容一般包括三個方面：

（1）雇員死亡后，按一定標準給予喪葬費用和家屬撫恤金。在中國，根據國家勞動部門的有關規定，職工因工傷或職業病死亡后，企業應向其家屬發放喪葬補助金、撫恤金、一次性死亡補助金。但支付的標準按各地的平均生活水平有所不同。

（2）按雇員永久性傷殘導致喪失勞動能力的程度給予一定標準工資支付以及非永久性傷殘停工期間的經濟補助。中國勞動管理部門對工傷致殘劃分了等級標準，企業根據標準支付賠償。

（3）醫療費用，一般按實際支出金額賠償。

（二）雇主責任保險及其特徵

雇主責任保險是以雇主（被保險人）對其所雇傭的員工在受雇期間從事相關工作時因意外事故或患職業病導致傷殘、死亡或其他損失的賠償責任為保險標的的保險。

雇主責任險與產品責任險、公眾責任險、職業責任險一起，構成目前中國責任險的四大主力險種。與其他險種相比，雇主責任險主要有以下特徵：

1. 雇主責任保險的業務覆蓋對象極其廣泛

外資企業、國有企業、私營企業等只要產生雇傭關係的單位或經濟組織，均可作為投保人向保險公司投保雇主責任險。凡被保險人所雇用的員工，不僅包括正式員工，短期工、臨時工、季節工和學徒工等只要在從事與被保險人業務有關的工作中遭受意外而致受傷、死亡或患與業務有關的職業性疾病，被保險人根據雇傭合同也必須負醫療費及經濟賠償責任，包括應支出的訴訟費用，均可由保險公司承擔並賠償。

2. 雇主責任保險屬於商業保險，但在社會保障體系中卻是一個重要補充

中國《工傷保險條例》中明確規定了各類企業必須為其職工向社會保險局辦理工傷保險，這是一種強制性保險規定，屬於政府保障。由於政府保障需兼顧社會各層面的保障需求，因此工傷保險的保障程度不高，屬於一種低層次的普及性保障。而雇主責任險的保障程度和範圍高於工傷保險，它是一種商業化的補充保障。在全社會範圍內推廣雇主責任險，可以加速構築由政府保障、雇主保障和個人保障組成的多層次的社會保障體系，緩解政府負擔過重的問題。從保障性來講，雇主責任險既有別於工傷保險，又有別於意外、健康險，由此也奠定了其在產險市場中不可或缺的地位。

3. 雇主責任保險業務發展與經濟和社會共同進步，體現了與時俱進的特徵

作為一種責任險，一方面只有隨著法律法規的日趨完善和人們維權意識的逐步提高，雇主責任險才會受到人們的普遍重視和關注；另一方面，隨著中國社會和經濟的不斷進步以及對外開放步伐的加快，各類性質的企業主體正迅猛增加，企業雇員規模也不斷增大，這為雇主責任險的發展提供了雄厚的物質保障和發展源泉，可以說雇主責任險與經濟、社會進步存在著同進退共興衰的關係。

4. 雇主責任保險的推廣，充分體現了保險業在社會管理中的作用

雇主責任險廣泛涉及企業經營風險的分散、企業對員工的福利保障和經營隊伍的穩定。雇主責任險的大力推廣，充分體現了保險業「服務大局、勇擔責任、團結協助、為民分憂」的行業精神，凸顯了保險業在社會穩定機制和為全面建設小康社會服務中的重要作用。

(三) 雇主責任保險的作用

雇主責任保險作為產生最早的一種責任保險業務，在經濟發展和社會穩定方面有著獨特的功效。

1. 雇主責任保險有效地轉嫁責任者的風險，維護其正常的生產經營和生活穩定

在現代社會，不斷完善的法律制度對相關責任者承擔損害賠償的要求愈加嚴格，使得責任方面臨的風險不斷增大。在企業日常生產中，意外事故在所難免。一旦發生責任事故，雇主必將耗費人力、物力、財力進行善後處理，從而影響其正常的生產經營活動。另外，由於雇主的經濟實力各不相同，對於大型的損害賠償事件，實力雄厚的大企業能夠承擔，而對於中小企業則可能無法承受，一次責任事故的損害賠償就可能導致其破產倒閉。投保雇主責任保險可以將事先無法確定的風險轉嫁給保險公司，以解除其後顧之憂，是雇主轉嫁和規避風險的上佳選擇。

2. 雇主責任保險保證民事賠償責任得以履行，確保受害雇員的經濟利益得到足夠的補償，從而有利於維護社會的安定

如果發生事故，雇主由於經濟實力所限，不能有效補償受害人的利益損失，則容易引起受害雇員的不滿，從而激化矛盾、影響社會安定。通過投保雇主責任保險，雇主可以轉嫁其民事損害責任風險，使受害人的經濟利益得到可靠的保障，從而有效地維護了社會的穩定。

3. 雇主責任保險不僅是損害賠償風險轉移機制，還成為損害賠償防治的社會化監督保障機制

保險人承保雇主責任風險後，出於風險管理的目的，會進行經常性的或不定期的監督檢查，督促企業及時排除隱患，能夠有效減少事故發生的機率、降低損失程度，減少賠償支出。因此，雇主責任保險可以成為社會防損工程建設的一個重要組成部分和有效機制。

二、雇主責任保險的基本內容

（一）雇主責任保險的保險責任

雇主責任保險的保險責任是雇主根據勞工賠償法等法令對雇員應負的賠償責任。它包括兩方面的內容：一是被保險人所雇傭的人員（包括長期固定工、臨時工、季節工、學徒工），在保單有效期間、在受雇過程中、在保單列明的地點從事保單列明的被保險人的業務活動時，遭受意外而受傷、致殘、死亡或患與業務有關的職業性疾病所致傷殘或死亡的經濟賠償責任；二是被保險人的有關訴訟費用。

在雇主責任保險的保險責任中，應注意下列問題：

（1）保險條款對「所雇傭的人員」有明確定義，即被保險人直接雇傭的員工，包括長期固定工、臨時工、季節工、學徒工。而被保險人是指與雇員有直接雇傭合同關係的一方，被保險人承擔著對雇員在受雇期間遭受傷害的法律賠償責任，這種雇傭關係是指雇主與所雇傭的員工之間有著直接的權利和義務關係，並且以勞動合同為依據。根據服務合同而非勞動合同為被保險人工作的人不屬於雇主責任保險範疇。

（2）職業性疾病是指被保險人所雇傭的員工在從事生產勞動及其他職業性活動中，接觸職業性有害因素引起的疾病。國家衛生部、勞動人事部、財政部和中華全國總工會早在1987年就聯合發布了《職業病範圍和職業病患者處理辦法的規定》，此規定是界定職業性疾病的依據，並根據中華人民共和國國家標準《職工工傷與職業病傷殘程度鑒定》確定具體傷殘程度。2002年5月1日起施行的《中華人民共和國職業病防治法》規定：「本法所稱職業病，是指企業、事業單位和個體經濟組織（統稱用人單位）的勞動者在職業活動中，因接觸粉塵、放射性物質和其他有毒、有害物質等因素而引起的疾病。」

職業病的分類和目錄由國務院衛生行政部門會同國務院勞動保障行政部門規定、調整並公布。截至2005年4月，衛生部會同勞動保障部公布的職業病目錄共有10大類，包括塵肺、職業性放射性疾病、職業中毒、物理因素所致職業病、生物因素所致職業病、職業性皮膚病、職業性眼病、職業性耳鼻喉口腔疾病、職業性腫瘤、其他職業病，共115種。該目錄基本囊括了中國當前各種主要職業危害導致的嚴重職業病。

（3）應支出的有關訴訟費用，包括律師費用、取證費用以及經法院判決應由被保險人支付的訴訟費用。此項費用必須是用於處理保險責任範圍內索賠糾紛或訴訟案件所產生的合理費用。保險人對訴訟費用的賠償限於該項賠償限額之內。

另外，雇主責任保險承保的對象是雇主對其雇員依法應承擔的責任，企業董事會成員視同雇主身分，不是雇主責任保險承保的對象。因此，他們在工作地點和工作期間的人身傷亡都不屬於雇主責任保險的責任範圍。

(二) 雇主責任保險的附加責任

中國雇主責任保險經保險雙方當事人約定后,可以擴展承保以下兩項保險責任:

(1) 附加醫療費保險。這項附加險承保雇員在保單有效期間,因患職業病以外的疾病(包括傳染病、分娩、流產)所需醫療費用,包括治療、醫藥、手術、住院費用,並規定只限於在中國境內的醫院或診療所就診和治療,憑單據賠付。

(2) 附加第三者責任保險。附加第三者責任保險保障被保險人在保單有效期內,因其雇員(或其本人)在從事保單列明的業務或有關工作時,由於意外或疏忽,造成第三者人身傷亡或財產損失以及由此引起的對第三者的撫恤金、醫療費用和賠償費用,依法應由被保險人承擔的賠償責任。

這項附加責任保險為雇主在經營業務活動中可能造成的對第三者責任的風險提供保障。

(三) 雇主責任保險的除外責任

中國雇主責任保險對下列各項風險與損失不負賠償責任:

(1) 戰爭、軍事行動、罷工、暴動、民眾騷亂或由於核子輻射所致被保險人所聘用員工傷殘、死亡或疾病。這些屬於不可抗力或巨災造成的損失,通常在各險種中都作為責任免除,其中部分風險經特別約定可作一定程度的擴展。

(2) 被保險人所聘用員工由於職業性疾病以外的疾病、傳染病、分娩、流產以及因此而施行內外科治療手術所致的傷殘或死亡。這些傷殘或死亡與從事的職業無關。但經過特別約定,可以作為附加責任予以保障。

(3) 由於被保險人所聘用員工自相傷害、自殺、違法行為所致的傷殘或死亡,這些屬於雇員本身的故意行為或犯法行為。

(4) 被保險人所聘用員工因非職業原因而受酒精或藥劑的影響所發生的傷殘或死亡,這部分責任免除強調了與職業病的區別。

(5) 被保險人的故意行為或重大過失。雇主責任保險的被保險人應認真履行對所聘用員工應盡的義務,包括勞動保護措施等。由於被保險人的故意或重大過失而造成員工傷害的責任,應由被保險人自己負責。此條作為除外責任的目的在於督促被保險人認真履行其職責。

(6) 除有特別規定外,在中華人民共和國境外所發生的被保險人所聘用員工的傷殘或死亡。對因需要負擔境外責任的被保險人,保險人可以在加收保險費的前提下,在保險單中加批員工公務(勞務)出國條款予以承保此部分風險。

(7) 其他不屬於保險責任範圍內的損失和費用。

(四) 雇主責任保險的被保險人義務

(1) 告知義務。在投保時,被保險人及其代表應對投保申請書中的事項以及保險人提出的其他事項作出真實、詳盡的說明或描述。

(2) 繳納保險費的義務。被保險人應在簽訂保險合同後,按照合同約定及時交付保險費。繳納保險費是被保險人轉嫁責任風險、獲得保險保障而應支付的對價。

(3) 危險增加的通知義務。鑒於責任保險的特點,保險公司對所承擔責任的任何變動

必須及時瞭解，以便相應地修改承保條件，保險人是在對被保險人填寫的投保申請書等情況的瞭解基礎上開具承保條件的，如果出現訂立保險合同時雙方當事人未曾估計到的危險發生的可能性，保險人有權要求提高保費或解除合同。例如，雇員原來從事普通工種改為從事高度危險的工種，從而增加可能受傷的機會。

被保險人有義務對任何與投保當時所申報的情況有變更或不同之處在五天內通知保險人，保險人可據此調整承保條件，出具批單，必要時還須加收保費。具體而言，當投保單或保險單明細表中所列的保險事項發生變化時，被保險人應按照規定通知保險人，同時保險人有權按照變化后的風險狀況調整保費在內的承保條件。否則，保險人對因保險事項的變化而發生的損害不負賠償責任。

(4) 保險事故發生后的通知義務。如果發生保險責任範圍內事故時，被保險人應及時通知保險人。有關事故的賠償問題，被保險人不得自行做出任何承擔賠償責任的表示或行為。

(5) 安全管理、積極施救的義務。被保險人不能因為參加了保險，就放松安全管理。被保險人必須遵守國家有關消防、安全、生產操作、勞動保護等方面的規定，採取切實有效的措施，盡可能地杜絕傷害事故的發生。而且，在發生保險事故后，被保險人應採取積極措施，盡力阻止危險事故的蔓延。

(五) 雇主責任保險的風險評估

保險人在承保時，應向投保人及有關方瞭解其詳細的業務和風險情況，以便對所承保的業務的風險作出科學評估。保險人應調查瞭解以下情況：

(1) 被保險人的全稱及詳細地址。

(2) 被保險人經營業務場所所處的地理環境和周邊情況，是否存在有損健康的危險情況。

(3) 被保險人的業務性質屬於哪類行業。如系生產企業，還應確定其工業風險等級。被保險人的生產過程，有無影響雇員安全生產或身體健康的特別危險存在，注意瞭解特殊企業的特別風險。如生產過程中是否有高空作業，是否有放射性物質、石棉製品、含硅粉塵、含鉛物質、易燃易爆或有毒腐蝕性氣體或液體，工作現場是否有嚴重的持續性噪音等。

(4) 員工工作場所的房屋、建築等級或結構，是室內作業還是露天或野外作業。在工作場所內，是否有損害員工身體健康的污染存在，具體是哪種污染類別。被保險人的雇員是否需要經常外出工作，外出工作的性質以及風險情況。

(5) 員工工種分類及其技術熟練程度。被保險人的雇員按照工種分類，如辦公文職人員、動力機械操作人員、外勤銷售人員等各類人員的比例。

(6) 員工工作場所的安全設施以及應急搶救措施或手段，與附近的醫院、消防隊的距離。

(7) 被保險人的管理人員結構以及水平。是否有專門的安全管理機構或人員，是否規定了詳細的安全生產規章，並有相應措施來保障實施。

(8) 被保險人以往的事故記錄、損害情況、員工以及家屬的索賠情況。

(9)被保險人以往的保險記錄,是否有被保險公司解除保險合同的情況發生。如果有,查明原因和以往的賠款情況。

(10)勞動合同中被保險人對所聘用員工因為意外或患職業病而造成傷、殘、死亡等規定的賠償原則。

(11)承保區域範圍有無特殊要求。

(12)被保險人有無擴展責任要求以及與擴展責任相應的風險情況。

通過對以上事項的瞭解,保險人對於被保險人及其所聘用員工的情況大致有了比較清晰的認識,這是保險公司開具承保條件的前提。當承保人員基本掌握了被保險人的風險情況后,就可以根據投保單中投保人的意願以及承保人員對風險的評估意見,擬定具體的承保方案。

(六)雇主責任保險的賠償限額

賠償限額是責任保險人承擔的最高賠償額度。保險人為了保證其經營的相對穩定性,通常在保單的明細表中對被保險人所聘用員工發生保險責任範圍內的事故造成的損失規定一個最高賠償限額。它以雇員工資收入為依據,由保險雙方當事人在簽訂保險合同時確定,並在保險合同中載明。目前,中國的雇主責任保險沒有法律規定的賠償標準,由被保險人根據雇傭合同的要求,以雇員若干個月的工資額制定賠償限額。現行的保險單通常將死亡的賠償限額確定為雇員36個月的工資;將傷殘的最高賠償限額確定為雇員48個月的工資。雇主責任保險保單分別規定死亡和傷殘兩種情況的賠償限額。

在保險單有效期間,不論發生一次或多次賠償,保險單對每位雇員的賠償累計不得超過保單規定的賠償限額。

附加醫療費用保險對每個雇員規定累計賠償限額。

附加第三者責任保險規定每次事故賠償限額。

(七)雇主責任保險的保險費和費率

1. 保險費

雇主責任保險採用預收保費制,即保費是按照不同工種雇員的適用費率乘以該類雇員年度工資總額計算出來的,在簽發保險單時一次收清。

在簽訂保險單時,保險費是根據被保險人估計的保險期間的工資總額計算的預付保險費交納的。在保單到期后的一個月內,被保險人應提供本保險單有效期間實際付出的工資和各項補貼的準確數字送交保險人,保險人根據這個數字對保險費用進行調整,預收保險費多退少補。

保險費計算公式如下:

預收保費＝甲工種年工資總額×適用費率＋乙工種年工資總額×適用費率＋……

附加醫療保險保費＝每人累計賠償限額×人數×費率

附加第三者責任保險保費＝每次事故賠償限額×人數×費率

2. 保險費率

保險費率即保險價格,具體制定雇主責任保險費率的依據有:

(1)行業特徵、工種特徵。保險費率往往因職業的危險程度不同而有所差異。

（2）責任範圍的大小，是否有擴展責任。經保險人與被保險人雙方同意，雇主責任保險可以擴大承保責任的範圍。例如，在保險期限內，本保險可以擴展承保本保險單明細表中列明的地點範圍內，直接由於罷工、暴亂、民眾騷亂而導致被保險人所雇傭人員在從事業務工作時所受傷害的賠償責任。

（八）雇主責任保險的保險區域、索賠期限和司法管轄

1. 保險區域

保險區域是指保險公司承擔賠償責任的地理範圍限制，即保險責任事故必須發生在規定的地域範圍之內，一般控制在被保險人企業的經營地址內。經保險公司書面同意，可以將地域範圍定為中國境內；經過保險公司特別約定並在加收一定保險費的基礎上，也可以擴展到境外特定的國家，以保障企業員工在國外的短期公干。

2. 司法管轄

司法管轄是指發生保險事故后，保險公司認可哪個司法機構的判決，並以此為賠償依據。中國的雇主責任保險條款規定，發生爭議訴諸法律時，保險單的司法管轄為中華人民共和國司法管轄。

對於爭議的處理，保險合同雙方可以進行選擇並在保險合同中約定。被保險人和保險人之間的一切有關本保險的爭議，應通過友好協商解決。如果協商不成，可以申請仲裁或向法院提出訴訟。如果選擇仲裁，保險雙方應在保險合同中事先明確一個仲裁機構，將來發生保險爭議后由事先選定的仲裁機構進行仲裁。除事先另有協議外，仲裁或訴訟應在被告方所在地進行。

3. 索賠期限

根據《保險法》和雇主責任保險單規定，雇主責任保險的索賠時效為兩年，即被保險人應自保險事故發生之日起兩年內向保險人提出正式索賠，並提供全套索賠單證。如果超過兩年未能做到有效索賠，則視同自動放棄權益。但對於訴諸法律的索賠，只要初次訴諸法律的行為發生在規定的兩年內，對超過此期間的法院判決，保險人仍然應予以負責。

（九）雇主責任保險的賠償處理

雇主責任保險的理賠只涉及雇員的人身傷殘或死亡，不涉及雇員的財產損失。發生保險責任事故后，保險人根據被保險人提供的受害雇員的醫院證明，按照保險單規定的條件賠付。如有必要，保險人有權要求被保險人提供其他證明材料。對於醫藥費用、訴訟費用以及暫時喪失工作能力超過5天以上的補償，保險人將據實賠付，保險人根據保險單列明的賠償金額表上規定的賠償限額的比例賠付。在賠償處理上，保險雙方均須承擔的權利與義務如下：

（1）被保險人在向保險人申請賠償時，應提交保險單、有關事故證明書、事故處理報告、保險人認可的醫療機構出具的醫療證明、傷殘證明（或法院判決書）、醫療費等費用的原始單據以及保險人認為必要的其他有效單證材料；若雇員發生死亡，還應提供死亡證明書和戶口註銷等證明文件，這些材料是保險人認定事故是否屬於保險責任的重要依據。

（2）保險人在接到被保險人的索賠申請和各項證明材料后，應當迅速審定核實，確定保險責任，計算賠償金額。保險賠償金額一經保險合同雙方確認，保險人應當在十日內一

次支付賠款結案。

在保險有效期內,發生保險責任範圍內的事件,保險人根據被保險人投保時提供的雇員名冊,對發生傷、殘、亡的雇員按下列標準賠償:

① 雇員因工傷或職業性疾病引起傷殘或死亡后,保險人根據醫院或有關單位和部門出具的相關證明文件,按照賠償金額表的規定計算賠償金額。

② 每一雇員均適用各自的賠償限額。

③ 雇員死亡、永久喪失全部工作能力,保險人按最高賠償金額進行賠償。

(3) 雇員喪失部分工作能力,保險人在規定的最高賠償限額內,按其傷殘程度,按一定的比例賠償。

(4) 雇員暫時喪失工作能力超過五天,在此期間,經過醫院證明,保險人按照當地政府公布的每人每天最低生活標準賠償工傷津貼,工傷醫療期滿或確定傷殘程度后停發,最長不超過一年。

(5) 醫療費用按照實際支出扣除免賠額后在賠償限額內賠付。保險人賠償包括掛號費、治療費、手術費、床位費、檢查費、非自費藥費部分。但不包括受傷員工的陪護費、伙食費、營養費、交通費、取暖費、空調費以及安裝假肢、假牙、假眼和殘疾用具費用。除緊急搶救外,受傷員工均應在縣級以上醫院或政府有關部門或承保公司指定的醫院就診。

(6) 訴訟費用在規定的賠償限額內根據實際支出賠付。

(7) 對每次事故的賠償按照傷害程度在賠償金額表中確定賠償金額的比例,並在約定的賠償限額內賠償。累計賠償限額是保險人在保險單有效期內承擔的最高的賠償金額。一旦達到累計賠償限額,就表明保險人已經履行了保險單規定的全部賠償義務,保險單即行終止。

復習思考題

1. 解釋概念:
   (1) 公眾責任　　　(2) 公眾責任保險　　(3) 產品責任
   (4) 產品責任保險　(5) 職業責任　　　　(6) 職業責任保險
   (7) 雇主責任　　　(8) 雇主責任保險　　(9) 合同責任
   (10) 疏忽責任　　 (11) 嚴格責任
2. 簡述公眾責任保險的特點。
3. 產品責任保險費率確定的主要依據有哪些?
4. 職業責任保險的被保險人是專業人員還是執業機構?
5. 談談職業責任保險的保險責任、除外責任和特約承保責任。
6. 簡述開展雇主責任保險的作用。

第十章　信用保險與保證保險

內容提要：信用保險和保證保險是經濟和社會發展的產物，因承保對象都是信用風險，二者既有聯繫也有區別，屬於廣義的財產保險範圍。本章分別介紹了信用保證保險的概念、特徵、發展簡況，並詳細介紹了信用保險和保證保險中幾類主要的險種。

第一節　信用保險、保證保險概述

一、信用保險、保證保險的概念

隨著經濟社會的發展，尤其是隨著各類信用在經濟活動中的廣泛運用，信用風險發生的日益頻繁，經濟單位尋求以保險的方式轉嫁風險，以減少經濟活動中的損失。信用保險和保證保險都是以保險人作為保證人為被保證人向權利人提供擔保的一類保險業務，兩者既有相同之處也存在著區別。由於自身的一些特性，信用保險和保證保險區別於一般的財產保險，是保險領域中相對獨立的組成部分，屬於廣義的財產保險的範疇。

（一）信用保險的概念

就目前來看，信用保險（Credit Insurance）在各類教材中並沒有一個標準的定義。臺灣袁宗蔚教授將信用保險定義為：保障被保企業應收帳款遭受不正常損失之保險，承保的是被保險人因其債務人無力償付或拒絕償付之損失[1]。中國保險業標準化技術委員會（簡稱保標委）制定的《保險術語》中將信用保險定義為：以債權人因債務人不能償付或拒絕償付債務而遭受的經濟損失為保險標的的保險[2]。以上定義突出了信用保險的保險標的和保障的風險，卻沒有將信用保險的當事人關係清晰地呈現出來。

本書將信用保險定義為權利人向保險人投保義務人信用的保險。具體來講，是權利人投保義務人不履行義務而對其造成的損失的保險。在信用保險業務運作過程中存在著相互關聯的兩種責任關係：一種是義務人對權利人履行義務的責任；另一種是保險人根據上述

---

[1]　袁宗蔚. 保險學——危險與保險 [M]. 北京：首都經濟貿易大學出版社，2000：631.
[2]　全國保險業標準化技術委員會. 保險術語 [M]. 北京：中國財政經濟出版社，2009：34.

義務人的全部或部分責任由保險合同設定的向權利人進行賠償的責任，即當義務人不按照合同中關於其責任的約定作為或不作為時，保險人將負責賠償義務人對權利人造成的損失，其后，保險人從權利人處取得代位求償權，可就已向權利人賠償的金額向義務人追償。

(二) 保證保險的概念

對於保證保險是否是保險業務的一種，業界對此頗有爭議，但一般的教材中均將其作為一個險種進行介紹，實踐中保險公司也將其作為一個獨立的險種。中國保標委制定的《保險術語》中將保證保險 (Surety Bond) 定義為：以權利人因被保證人不履行合同義務或者犯罪而遭受的經濟損失為保險標的的保險[1]。

保證保險其實質上是一種擔保行為，是被保證人 (義務人) 借保險人的信用向權利人提供擔保。本書將保證保險定義為：保險人為被保證人 (或義務人或投保人) 向權利人提供擔保，當權利人由於被保證人的作為或不作為遭受經濟損失時，保險人承擔賠償責任的一種保險。

二、信用保險的特點

由於參與主體的複雜性和保險標的、保障風險的特殊性，信用保險和一般的財產保險相比有著自身的特徵。

(一) 主體涉及三方當事人

一般財產保險合同是投保人與保險人之間簽訂的雙方協議，通常不涉及第三方。信用保險會涉及對投保人 (權利人) 有經濟責任的第三方當事人 (即義務人)，即：保險合同中的投保人 (同時也是權利人、被保險人) 與保險人簽訂信用保險合同，義務人是保險合同之外的第三方當事人。

(二) 特殊的業務處理方式

信用保險承保的是信用風險，這種無形的利益標的與有形的物質財產比較起來，其風險預測的難度較大，經營具有一定的不穩定性和經營技術的複雜性。因此，為了控制風險，保險人一般在事先對義務人資信狀況進行嚴格審查的基礎上決定是否承保。隨著信用體系的不斷完善，資信調查已越來越便捷，現已成為保險公司控制信用風險的主要方法。一般而言，通常需出面或委託資信部門調查義務人的支付能力、信用、經營管理等情況，以調查的結果為承保決策服務。如果是涉外業務，還要調查被保證人所在國的政治經濟狀況。

(三) 保險費率的厘定及保額的確定

在厘定保險費率時，一般的財產保險以投保財產歷史損失發生概率為基礎，以大數法則為基本原則；而信用保險的費率厘定主要與義務人的資信狀況有關。一般的財產保險保額通常以保險標的的保險價值為基礎；而信用保險的保險金額決定於義務人對權利人的經濟責任，一般由保險人和權利人根據義務人的責任限額進行事先約定，保險人也只對其為

---

[1] 全國保險業標準化技術委員會. 保險術語 [M]. 北京：中國財政經濟出版社，2009：36.

義務人預先設定的限額內的損失負責賠償。

（四）對義務人的追償是信用保險業務的重要組成部分

一般的財產保險業務，保險人在賠付后的追償不是必須發生的，除非損失由第三者造成才適用代位追償原則，保險人取得向責任人追償的權利；而在信用保險中，由於保障風險的特殊性，保險人通過向義務人進行追償來減少損失是業務流程的重要組成部分。

（五）對經營該業務的保險人的要求較嚴格

在國外，信用保險必須由政府指定或批准的保險人或專門經營信用保證保險業務的保險人辦理，禁止一般保險人承保該項業務。例如，美國財政部每年公布一次被批准的保證保險人名單，並規定各公司承保的限額。這樣的規定是因為：①該業務的經營較複雜，必須由專業人員辦理；②保證保險人有可靠的償付能力；③有些信用保險業務本身具有較強的政策性，如為了促進本國商品出口而開辦的出口信用保險業務，必須由指定的保險人或機構來辦理。

三、信用保險的發展

（一）世界信用保險市場的產生和發展

信用保險是隨著現代社會商業信用的普遍化和道德風險的頻繁出現而發展起來的，它起源於19世紀中葉的歐洲，最初開辦的是國內信用保險業務。19世紀下半葉，英國海外貿易不斷開拓，收匯風險也日益增大，逐漸使國內信用保險向出口信用保險延伸。第一次世界大戰后，信用保險得到了迅速發展，歐、美等國出現了眾多的商業信用保險公司，一些私營保險公司聯合組織了專門承保出口信用保險的機構。1919年，英國成立了出口信用擔保局（Export Credit Guarantee Department，ECGD），最先推出官辦的出口信用保險機構。其后，比利時於1921年成立出口信用保險局，荷蘭政府於1925年建立國家出口信用擔保機制，挪威政府於1929年建立出口信用擔保公司。西班牙、瑞典、美國、加拿大分別於1929年、1933年、1934年和1944年相繼建立了以政府為背景的出口信用保險和擔保機構，專門從事對本國的出口和海外投資的政策支持。1946年法國正式成立的法國外貿保險公司（COFACE，「科法斯」）現為全球出口信用保險業之翹楚。

信用保險市場的發展與經濟的發展和信用風險的出現有關。1929—1933年的世界經濟危機，使整個資本主義國家的工業生產下降了37％，世界貿易額減少了2/3，經濟危機同時造成了空前的信用危機，各國信用保險業務受到了致命的打擊，大批經營商業信用保險業務的保險公司紛紛破產，只有少數經營穩健、實力雄厚的公司幸存下來。但經過這次衝擊，信用保險制度得以進一步完善，許多西方國家效仿英國的經驗，先後成立了專門的國營機構來經營出口信用保險。幸存的少數私營保險公司只承保商業風險，對政治風險退避三舍。1934年，各國私營和國營出口信用保險機構在瑞士伯爾尼聯合成立了國際信用和投資保險人聯合會（簡稱「伯爾尼聯盟」）。此后，各國的信用保險業務雖屢屢受到經濟動盪的衝擊，但都逐步穩定的發展起來，至今在世界各國（特別是發達國家）形成了信用保險制度和固定的信用保險機構。

191

（二）中國信用保險的產生和發展

中國的信用保險起步較晚，首先開展的是出口信用保險，於20世紀80年代末開始發展。1989年，國家責成中國人民保險公司負責辦理出口信用保險業務，當時是以短期業務為主。1992年，人保公司開辦了中長期業務。1994年，政策性銀行成立，中國進出口銀行也有了辦理出口信用保險業務的權利。中國出口信用保險業務開始由中國人民保險公司和中國進出口銀行兩家機構共同辦理。

加入WTO后，2001年12月18日，中國出口信用保險公司（簡稱中國信保）正式揭牌營運，成為目前中國唯一的一家政策性出口信用保險機構。當前中國信保的主要產品包括：短期出口信用保險、中長期出口信用保險、投資保險、國內貿易信用保險、擔保業務等。隨著經濟的發展，中國信用保險市場也得到了很大的發展，2009年中國信保全年承保金額達到1,166.0億美元，出口信用保險承保規模占中國一般貿易出口額的18.6%，為維護中國進出口貿易的穩定起到了重要作用。中國信用保險的承保規模一直在穩步上升，2004—2014年，中國出口信用保險公司原保費收入占全部中資財產保險公司的原保費比例從1.45%上升到2.46%①。根據伯爾尼協會公布的2010年協會成員業務數據，中國信保出口信用保險承保規模為1,792億美元，占協會總業務規模的13.3%，名列官方出口信用保險機構首位。② 2012年中國出口信用保險公司實現承保金額3,256.5億美元，同比增長31.7%。③ 2013年，中國出口信用保險公司實現總承保金額3,969.7億美元，同比增長14.8%，直接和間接拉動中國出口5,200多億美元，約占中國出口總額的24%。④ 2015年上半年，承保規模達到2,291.2億美元，同比增長19.2%，其中短期出口信用保險承保規模為1,813.8億美元，中長期出口信用保險承保規模為76.2億美元，海外投資保險承保規模為188.8億美元。⑤ 隨著中國進出口貿易的擴大、各類新風險的產生、市場化的深入，也有學者建議學習信用保險發達的歐洲經驗，逐步鼓勵和引導商業保險公司經營出口信用保險，為保持國民經濟持續快速增長提供強有力的支持。這一建議逐漸變為現實，國務院國發〔2012〕15號《關於加強進口促進對外貿易平衡發展的指導意見》（以下簡稱「意見」）中明確了：「完善進口信用保險體系和貿易結算制度，鼓勵商業保險公司根據企業需要、研究開展進口信用保險業務，推出有利於擴大進口的保險產品和服務，降低企業進口風險。」截至2015年年底，在保監會備案的各類信用保險產品共計104個，經營主體包括各類中資和外資財產保險公司。⑥ 在互聯網金融快速發展的背景下，眾安在線財產保險公司還在2013年12月推出了「互聯網個人消費信用保險」。

四、保證保險的發展

保證保險的發展起源於保證業務，保證業務可追溯到幾千年前。當某項具體的承諾由

---

① 中國保監會主頁統計數據：http://www.circ.gov.cn/web/site0/tab3059/module5192/page3.htm.
② 中國保監會主頁：http://www.circ.gov.cn/tabid/106/InfoID/166942/frtid/3871/Default.aspx.
③ 中國出口信用保險公司主頁：http://www.sinosure.com.cn/sinosure/xwzx/xbdt/155658.html.
④ 人民日報網路版．政策性出口信用保險拉動出口5,200多億美元［EB/OL］．http://hb.people.com.cn/n/2014/0130/c192237-20500262.html.
⑤ 中國出口信用保險公司主頁．金融時報，http://www.sinosure.com.cn/sinosure/xwzx/tpxw/166314.html.
⑥ 根據中國保監會主頁公布的備案產品查詢計算得出。

於承諾人自身的信用或能力不能兌現承諾時，人類交易就需要保證業務來支持，所以保證業務一般由第三者（交易雙方之外的人）提供，保證業務為保障交易的可持續和約束承諾人行為起到了重要作用。隨著人類交易範圍的擴大，保證業務的提供者從自然人向企業擴散，從最初的無償演變為一種收費的專業服務。保證合同的合同當事人包括三個，即保證人（Surety）、被保證人（Principal）和合同中指明的權利人（Obligee）；被保證人在商業交易合同中是義務人的角色，根據商業交易合同約定承諾向權利人（保證合同的受益人）履行某些特定的合同責任，在保證合同的約束下，保證人保證被保證人恪守承諾以保障權利人的權利。

保證業務的發展對保證保險業務的發展產生了直接的影響，最早的保證保險業務就類似於支付費用的保證擔保業務。1901年美國馬里蘭州的誠實存款公司在英國提供了合同保證業務，隨后英國的多家保險公司開展了該項業務，這標誌著商業保證保險的誕生。20世紀60年代以後，保證業務成為保險業一個新的業務增長點而快速發展。中國的保證保險最早由中國人民保險公司（PICC）於20世紀80年代開始辦理，已有各類保證保險產品，經營主體也從最初的一家發展為多家，截至2015年年底，在保監會備案的各類保證保險產品共計271個，經營主體包括各類中資和外資財產保險公司。[1]

從起源上看，保證業務可以理解為由保險公司充當保證人的一種擔保或者保證業務，同時也是一項以信用為基礎的業務，是在商業信用普遍化和信用危機頻繁發生的背景下產生的，其保險標的就是被保證人（義務人）的信用風險。因此，保證人（保險人）往往通過被保證人（投保人/義務人）提交的保證保險投保書中所呈現的承保信息來判斷其信用風險等級來確定保證保險費率。

五、信用保險與保證保險的區別

信用保險和保證保險都是對義務人的作為或不作為致使權利人遭受損失負責賠償經濟損失的財產保險，但信用保險是權利人向保險人投保義務人的信用，以保證自己的經濟損失能夠得到賠償，保證保險是義務人向保險人投保自己的信用，以保證權利人的經濟損失能夠得到賠償。兩者在以下幾個方面存在著區別：

（一）涉及當事人及業務結構不同

信用保險中，義務人是保險合同當事人（包括投保人和被保險人）之外的第三人，不直接涉及保險合同；而保證保險中的當事人包括投保人（或義務人或被保證人）、保險人（或保證人）和被保險人（或權利人），在整個保證保險業務活動中投保人有時候甚至還充當反擔保人的角色。兩種業務結構如圖12-1所示。

---

[1] 根據中國保監會主頁公布的備案產品查詢計算得出。

信用保險業務結構示意圖

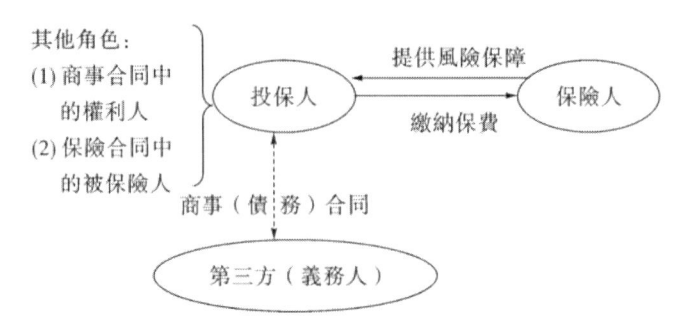

保證保險業務結構示意圖

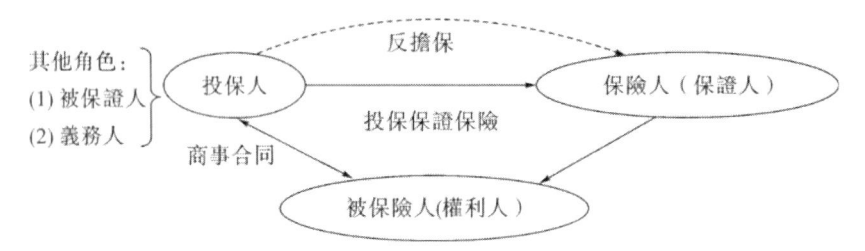

圖 12-1　信用保險和保證保險的業務結構示意圖

(二) 保險費的性質不同

如上所述，保證保險存在著反擔保，保險人支付的賠款要由被保證人如數退還。因此，從理論上講，保證保險的保險人並沒有真正承擔賠償責任，並沒有完全意義上的實現風險轉移，屬於「零風險」業務，保險人收取的保險費，實際上是一種手續費或服務費。但在信用保險中，保險人往往難以得到義務人的反擔保，只能事後向義務人追償，這取決於保險人對義務人資信的審查。故信用保險的保險費是投保人向保險人轉移風險的支付的成本，與其他財產保險保險費無差異。

(三) 實務操作中承保形式不同

在實務操作中，信用保險一般以保險單的形式來承保，其保單和一般財產保險保單並無太大區別，規定了責任範圍、除外責任、保額（責任限額）、保費等內容。而保證保險通常以出具保函的形式辦理，其中保函類保證和司法類保證以此形式居多，多有擔保性質；其他的保證保險，如消費信貸保證保險、產品質量保證保險一般採用標準保單形式進行承保，與其他財產保險類似。

第二節　信用保險

信用保險業務主要有出口信用保險、商業信用保險、投資保險、信用卡保險、貸款信用保險等幾大類。其中，商業信用保險是信用保險領域的主體部分，出口信用保險是最早的險種之一，有利於穩定貿易出口和資本性貨物及服務出口，投資保險有較強的政策性。

一、出口信用保險

(一) 出口信用保險的概念和種類

出口信用保險（Export Credit Insurance）是以國際貿易中國內出口商在經營出口業務過程中，因進口商方面的商業原因或進口國方面的政治原因而遭受經濟損失為保險標的的信用保險。承保風險主要包括出口商在經營出口業務過程中買方的商業風險和政治風險。出口信用保險與商品輸出緊密相連，並以支持商品出口為宗旨，是國際貿易中各國爭奪國際市場競爭加劇的產物，是各國政府推動本國貿易出口發展的一種重要的經濟保障措施。

出口信用保險起源晚於國內信用保險，在19世紀末產生於西歐諸國，隨后北美和日本也開辦此業務，建立了本國的出口信用保險體系。中國出口信用保險業務自1989年開始開辦，在政府的支持下，中國人民保險公司曾作為國家授權辦理該業務的保險機構。當前中國的出口信用保險主要由2001年成立的政策性保險公司——中國出口信用保險公司經營。國發〔2012〕15號「意見」印發之后，商業財產保險公司也逐漸進入出口信用保險（主要是短期出口信用）領域，中國人民財產保險股份有限公司（簡稱「PICC」）於2013年1月份獲得財政部批准，可從事短期出口信用保險業務，成為國內首家具有資格從事該業務的財產險公司，也標誌著打破了中國出口信用保險公司獨家承保的壟斷格局。[1]

出口信用保險可按不同的標準分類。根據保險期限的不同，可分為短期出口信用保險和中長期出口信用保險。短期出口信用保險（Short－Term Export Credit Insurance）是以信用期在一年以內的出口收匯風險為保險標的的信用保險。中長期出口信用保險（Medium－and－Long Term Export Credit Insurance）是以信用期在1年以上，最長可以10～20年的出口收匯風險為保險標的的保險。[2]

中國短期出口信用保險適用於出口企業從事以信用證（L/C）、付款交單（D/P）、承兌交單（D/A）、賒銷（OA）結算方式自中國出口或轉口的貿易。一般以綜合保險的形式辦理，承保風險包括出口企業所有以信用證和非信用證為支付方式出口的收匯風險。當前中國的短期出口信用保險主要包括綜合保險、統保保險、信用證保險、特定買方保險、買方違約保險、特定合同保險等險種。中長期出口信用保險旨在鼓勵出口企業積極參與國際競爭，特別是高科技、高附加值的機電產品和成套設備等資本性貨物的出口以及海外工程承包項目，支持銀行等金融機構為出口貿易提供信貸融資。中國的中長期出口信用保險是中國人民保險公司於1992年6月開辦的，旨在支持大型成套機電設備、船舶、飛機等資本性或半資本性貨物等出口的保險業務，具有較強的政策性。就目前的實踐來看，中國的中長期出口信用保險主要包括出口買方信貸保險和出口延付合同再融資保險等險種。

根據保險責任起止時間不同，出口信用保險可分為出運前出口信用保險（Pre－shipment Export Credit Insurance）和出運后出口信用保險（Post－shipment Export Credit Insur-

---

[1] 黃晶華. 短期出口信用保險「破冰」［OL］. 國際金融報，2013年01月16日第05版，http://paper.people.com.cn/gjjrb/html/2013-01/16/content_1186418.htm? div = -1.

[2] 全國保險業標準化技術委員會. 保險術語［M］. 北京：中國財政經濟出版社，2009：34-35.

ance）。前者是指以出口合同生效后、貨物實際出運前的買家信用風險可能造成的經濟損失為保險標的的信用保險。后者是指以貨物出運后的買家信用風險可能造成的經濟損失為保險標的的信用風險[1]。

(二) 出口信用保險的特徵

出口信用保險與一般的信用保險不同，其特徵主要體現在以下幾個方面：

1. 不以盈利為經營的主要目標

出口信用保險產生的直接原因是出口貿易發展的需要，國家支持保險人開辦出口信用保險是為了保護本國出口商的利益。在國家支持下，各經營出口信用保險的機構不惜虧損來支持出口，以實現國家整體經濟利益的要求。

2. 風險大且難以控制

出口信用保險承保的是出口商的收匯風險，造成出口商不能安全收匯的風險主要是指政治風險和商業風險。由於出口商所在國與買方所在國分屬於不同的國家，彼此在政治、經濟、外交、法律以及經營作風和貿易習俗等方面有差異，造成買方違約的原因較為複雜。所以，出口信用保險業務出險概率大且難以控制。

3. 政府支持和參與辦理

出口信用保險的經營目標、所承保風險的性質及承保標的的特殊性，決定了它是一種離不開政府支持與參與的政策性很強的險種。為了充分發揮出口信用保險對國家出口的促進作用，政府的支持和參與表現在：①規範經營和管理。國家頒布法律法規，對辦理出口信用保險的宗旨、經營目標和方針政策、財務核算辦法、機構及歸屬等方面作了明確規定。②政府在財政上的支持。各國政府通過貸款、設立賠款準備金、貼現票據和再保險等不同的方式，向出口信用保險注入資金。③提供各項優惠政策。為了扶持出口信用保險業務的開展，幾乎所有的國家都為此項業務提供了優惠政策，如免徵一切稅賦、賦予較大的資金運用權限等。

出口信用保險還具有以調查信息為依據承保、再保險、損失可追償等特點。

(三) 出口信用保險的經營模式

由於各國政治、經濟、法律制度以及辦理出口信用保險歷史沿革上的差異，根據政府支持的程度不同，大致可分為以下幾種經營模式：

1. 政府直接辦理

該模式的特點是政府在其機構中設立一個特別的部門，專門辦理出口信用保險。英國、日本、瑞士等國是由政府直接辦理。如日本通產省國際貿易管理局下屬的進出口保險課（簡稱 EID）經營出口信用保險業務。

2. 政府間接辦理

該模式的特點是由政府投資設立一個獨立經營的專門機構負責辦理出口信用保險。政府只負責制定經營政策、方針和提供資金上的支持，但不直接經營。加拿大、印度、中國香港和韓國是該種模式的典型。

---

[1] 全國保險業標準化技術委員會. 保險術語 [M]. 北京：中國財政經濟出版社，2009：35.

3. 政府委託私營保險機構辦理

該模式的特點是政府制定政策，私營保險機構辦理，國家承擔最終風險。該模式既體現了國家的支持，又利用了私營保險機構的經營機制。實行這種模式的有美國、德國等國家。

4. 政府機構控股辦理

該模式的特點是辦理出口信用保險業務的機構是一家股份公司，政府部門佔有該公司超過半數以上的股權，政府作為該公司最大的股東控制其經營。此類機構一般開立兩個經營帳戶：國家帳戶和商業帳戶，在國家帳戶上做風險大的業務，在商業帳戶上做風險小的業務。此類公司一般經營比較靈活，除經營出口信用保險和擔保業務外，還經營其他保險及相關業務。法國、荷蘭等的出口信用保險公司均採用這種模式。

中國出口信用保險業務自 1989 年開辦，國家授權中國人民保險公司辦理該業務，2001 年成立的政策性出口信用保險公司是當前唯一一家承辦政策性出口信用保險的保險機構，其經營理念是「以政策為依據，以市場為導向，以客戶為中心」。

(四) 出口信用保險的責任範圍

1. 出口信用保險承保的風險

出口信用保險承保的主要包括商業信用風險和政治風險，由這兩種風險導致的損失一般由保險公司承擔，屬於保險責任。商業信用風險（Credit Risk）又稱買方風險，是指在經濟交往中因義務人違約或違法致使權利人遭受經濟損失的風險。政治風險（Political Risk），又稱國家風險，是指因種族、宗教、利益集團和國家之間的衝突，或因政策、制度的變革與權力的交替造成損失的風險。

商業信用風險主要包括：

（1）買方破產或無力償付債務，具體指法院已宣布買方破產，或買方已接到法院關於破產清算的判決或裁定，或已由法院委任的清算人或破產接管人接管，或買方已做出將其全部資產用於清償債務的安排，或買方債權人已接收買方的全部或大部分資產。

（2）買方收貨逾期不付款。但經買方要求，被保險人同意，買方在付匯期限上可以增加付匯展延期，此展延期仍然屬於放帳期。

（3）買方拒絕收貨及付款，但其原因並非由於被保險人的過錯，且被保險人已採取措施，包括必要時向買方起訴，迫使買方收貨付款等，買方拒收貨物付款的原因是因為買方喪失信用或有其他不道德意圖而拒收。

政治風險包括：

（1）在被保險人和買方均無法控制的情況下，買方所在國（或地區）頒布法律、法令、命令、條例或行政措施，禁止或限制買方以貨物發票上寫明的貨幣或其他可自由兌換的貨幣向被保險人支付貨款。

（2）在被保險人和買方均無法控制的情況下，買方所在國頒布法律、法令、命令、條例、或行政措施，禁止買方所購的貨物進口。

（3）在被保險人和買方均無法控制的條件下，買方所在國撤銷已頒發給買方的進口許可證或不批准進口許可證的展期。

（4）買方所在國或貨物須經過的第三國頒布延期付款令。

（5）買方所在國發生戰爭、敵對行動、內戰、叛亂、革命、暴動或其他騷亂。

（6）在中國以外的國家或地區發生被保險人和買方均無法控制的其他非常事件，認定為政治風險的其他情況。

2. 出口信用保險的除外責任

出口信用保險的除外責任通常包括：

（1）在交付貨物時已經發生或通常能夠由貨物運輸保險或其他保險承保的損失。

（2）由匯率變更引起的損失。

（3）由被保險人或其代表違約或違法行為導致買方拒付貨款所引起的損失。

（4）在貨物交付前，買方已有嚴重違約行為，被保險人有權停止發貨，但仍向買方發貨而造成的損失。

（5）在交付貨物時，由於買方沒有遵守所在國法律、法令、命令或條例，因而未得到進口許可證或進口許可證展期所引起的損失。

（6）由於被保險人或買方的代理人或承運人破產、詐欺、違約或其他行為引起的損失。

（7）買賣合同規定的付款貨幣和金額違反買方國家外匯管理規定而發生的損失。

（8）被保險人在發貨前信用限度已被取消、失效，或未經保險人批准信用限額並且不適用被保險人自行掌握的信用限額的買方出口所發生的損失。

3. 責任限額、免賠額和保險費的確定

保險人為了控制風險，通常在保險單上規定三種責任限額，一般而言，當風險發生重大變化時，保險人有權以書面的形式通知被保險人撤銷或者修改信用限額。在出口信用保險單上通常規定一個絕對免賠額，若被保險人的一筆出口損失金額不超過規定的免賠額，保險公司可免予賠償。三種責任限額分別是：

（1）保險單的累計最高賠償限額。此限額是保險人在保險期限內累計賠償的最高金額。被保險人遭受保險單上約定的出口信用風險所造成的損失，從保險人處得到的賠償不能超過此限額。

（2）買方信用限額，指保險人對被保險人向特定買方所承擔的最高賠償限額，即對某一特定買方對賣方所造成的損失，保險人承擔的最高賠償限額。對與被保險人進行貿易的每一買方都有一個關於買方信用限額的申請與審批過程。買方信用限額的控制是出口信用保險的關鍵，它既要盡量滿足出口商對外放帳的需要，又要在一定程度上控制超量的放帳情況，以避免可能導致的外匯風險。如果出口商的買方信用限額超過規定的限額，由其自行承擔損失。

（3）被保險人自行掌握的信用限額。保險人在實際工作中，對那些有豐富經驗並擁有廣大市場的被保險人，可能並不對每一買家都仔細調查，而是在保險單中規定一個小數額作為被保險人自己掌握的信用限額。被保險人發生損失時，可在此信用限額內向保險人索賠。這樣規定可以使被保險人具有在一定範圍內靈活處理日常業務的權利，鼓勵出口商同買方進行更多的交易。

出口信用保險承保的風險主要是買方的商業信用風險和其所在國的政治風險，因此出口信用保險保險費釐定的主要依據是買方及其所在國風險的評估、支付方式、信用期限長短等。

4. 出口信用保險有關承保理賠的其他規定

（1）被保險人必須是資信良好，具有相當好的出口經驗和管理水平、會計帳冊健全的出口商。保險人根據其提供的資料及通過調查掌握的情況，決定是否承保。

（2）短期出口信用保險一般實行全額投保的方式，即出口商有義務將以商業信用方式出口貨物按全部業務額投保。這樣規定有利於防止逆選擇，以達到分散風險和保持業務經營穩定的目的。

（3）定損核賠等待期的規定。由於出口信用保險單所承擔的責任範圍不一，因而確定標的是否為實際損失所需的時間也不相同。除保險條款規定的買方被宣告破產或喪失償付能力后即可定損核賠外，對其他原因引起的標的損失，保險人要視不同情況規定一個「觀察期」。此觀察期稱為定損核賠等待期，待觀察期滿，保險人才予以定損核賠。

二、商業信用保險（國內貿易信用保險）

商業信用保險是隨著商品交易的發展而發展起來的信用保險。它主要承保在商品交易採取延期付款或分期付款時，賣方因買方不能如期償還全部或部分貨款而遭受的經濟損失。商業信用保險的被保證人是買方，被保險人通常是賣方，保險人向賣方提供買方信用風險的保障。《保險術語》中將商業信用保險定義為以商品活動中賣方的應收帳款回收風險可能造成的經濟損失為標的的保險[1]。據此定義，商業信用保險應該包括國內信用保險和出口信用保險，出口信用保險有一定的特殊性，這已在前面進行了專門介紹。因此，此處所指的商業信用保險主要指國內信用保險，其承保的風險多為商業風險，一般不承保政治風險。本節僅對國內信用保險進行介紹。

國內信用保險，又叫國內貿易信用保險（Domestic Credit Insurance）是以國內買賣雙方在交易過程中由買方原因造成賣方無法收回貨款而遭受的經濟損失為保險標的的信用保險[2]。國內信用保險是中國開展較早的一個信用保險險種，在這種業務中，投保人是賣方（權利人，通常也同時是被保險人，往往是製造商和銷售商），保險人承保的是買方（也就是義務人，往往是購貨商）的信用風險，負責賠償被保險人在延遲或分期付款過程中由於買方拖延、逃避或無能力支付應該承擔的付款義務而給賣方所造成的經濟損失。

從實踐上看，若被保險人於保險期限內交付貨物或提供服務，且於本合同保險單所載明的最長發票期限內向買方開具相關發票，而買方於付款日不付款所導致的債款的損失，保險人依照保險合同承擔賠償責任[3]。保險責任主要包括買方無力償還和延期付款導致的損失，除外責任主要是被保險人的故意或過失行為，買賣雙方共同進行的欺騙行為和一些政治風險導致的損失。由於適用對象的特殊性，國內貿易信用保險根據延期或分期付款行

---

[1] 全國保險業標準化技術委員會.保險術語 [M].北京：中國財政經濟出版社，2009：34.
[2] 全國保險業標準化技術委員會.保險術語 [M].北京：中國財政經濟出版社，2009：36.
[3] 選自平安保險公司國內貿易短期信用保險基本條款。

為的特性，實務中保險金額一般採取變額保險的方式，即保險金額與延期或分期付款過程中未付的款項保持一致。

該險種對保障商業貿易順利進行有重要的意義。在商業經濟活動中，一旦買方拖延、逃避或無力償還分期支付的貨款，就會造成製造商、銷售商、服務提供商或供應商的經濟損失，形成經營壓力，因此國內貿易信用保險可以彌補賣方在國內貿易過程中因買方破產或買方拖欠貨款而遭受到的應收帳款損失，可以有效化解國內貿易應收帳款的風險，拓寬融資渠道，提升信用風險管理水平，從而延長商業信用鏈，保障商業貿易順利進行。

三、投資保險

投資保險（Investment Insurance），也稱為政治風險保險，保險人承保本國在外國進行投資的投資者在投資期間，因對方國家的政治風險所造成的投資損失。因此，一般意義上的投資保險保障的是本國投資者的利益，被保險人是本國投資者，一般是由國家出資經營或由國家授權商業保險機構經營的政策性保險業務。第二次世界大戰以後，美國於1948年4月3日根據《對外援助法》制定了《經濟合作法案》，實施馬歇爾計劃，設立了經濟合作署，專門管理外援及海外投資事務，開始實施投資保險制度，鼓勵資本輸出，保障私人投資者在外的投資利益。為了適應對外開放和引進外資的需要，中國人民保險公司於1979年開辦了投資保險，但中國當時的投資保險業務主要保障的是外國（含中國港、澳地區）投資者的利益，被保險人是外國（含中國港、澳地區）投資者。直到2003年9月，中國出口信用保險公司簽發了第一張海外投資保險單，才開始為中國在外投資者尋求保障。

當前中國投資保險業務主要由中國出口信用保險公司承保，包括海外投資保險（Overseas Investment Insurance）和來華投資保險（Inbound Investment Insurance）兩大類。海外投資保險是指以海外投資面臨的風險可能造成的經濟損失為保險標的的保險[1]。該險種是針對中國投資者進行海外投資，保障投資者的海外投資因受徵收、匯兌限制、戰爭和政府違約等事件造成的損失進行承保的保險，是鼓勵中國企業進行境外投資的一種措施。來華投資保險是保障投資者的來華投資免受政治風險（尤其是次主權政治風險）造成損失進行承保的保險產品[2]。

(一) 投資保險的保險責任

上述兩種投資保險的保險責任類似，保險人負責賠償被保險人由於以下原因導致的損失：

(1) 戰爭、類似戰爭行為、叛亂、罷工及暴動。

(2) 政府有關部門徵用或沒收，又稱國有化風險，指投資者在國外的投資資產被投資所在國徵用或國有化的風險。因徵用、沒收所受到的損失，如投資者已從東道國得到全部或部分補償，保險人在計算賠償金額時，應將已得到的補償金額在賠款中扣除。

(3) 外匯風險又叫禁止匯兌風險，是投資者因投資所在國的突發事變使其在投資國與

---

[1] 全國保險業標準化技術委員會. 保險術語 [M]. 北京：中國財政經濟出版社，2009：35.
[2] 中國出口信用保險公司網站：http://www.sinosure.com.cn/sinosure/cpyfw/tzbx/cpyfw/lhtzbx/lhtzbx.html.

投資有關的款項無法兌換貨幣轉移的風險。

（4）政府違約風險，主要指投資所在國政府非法的或者不合理地取消、違反、不履行或者拒絕承認其出具、簽訂的與投資相關的特定擔保、保證或特許權協議等。

（二）投資保險的除外責任

保險公司對下列被保險人的投資損失不負賠償責任：

（1）被保險人的投資項目受損后造成被保險人的一切商業損失。

（2）被保險人及其代表違背或不履行投資合同，或故意違法的行為導致政府有關部門的徵用或沒收造成的損失。

（3）被保險人沒有按照有關部門所規定的匯款期限匯出匯款所造成的損失。

（4）原子彈、氫彈等核武器造成的損失。

（5）投資合同以外的任何其他財產的徵用、沒收所造成的損失。

（三）投資保險的保險期限

投資保險分為一年期和長期兩種。一年期保險單到期后，經雙方協商同意可以續保，條件另議。長期保險期限最長為 15 年，最短為 3 年。3 年以後，被保險人有權要求註銷保險單。但如未滿 3 年提前註銷保險單的，被保險人須交足 3 年的保險費。

（四）保險金額的確定

保險金額分為最高保險金額和當年保險金額。前者適用於長期投資保險，長期投資項目需確定一個在項目總投資金額下的最高保險金額；后者一般適用於一年期的短期投資保險，保險金額是該年的投資金額乘以保險雙方約定的百分比，一般為投資金額的 90%。

（五）理賠處理

1. 賠償金額的規定

在發生保險責任範圍內的損失時，一般按投資金額與保險金額的比例進行賠償；由於保險金額一般為投資金額的 90%，因此被保險人所受的損失若將來追回，也由被保險人與保險人按各自承擔損失的比例分攤。

2. 賠償期限的規定

由於各種政治風險造成的損失有可能在不久后通過不同途徑予以挽救，被保險人的損失發生與否需要經過一段時間才能確定。因此，投資保險有賠償期限的規定，且不同的保險責任有不同的賠償期限。

（1）政府有關部門徵用、沒收引起的投資損失，在徵用、沒收發生滿 6 個月后賠償。

（2）戰爭、類似戰爭行為、叛亂、罷工及暴動造成投資項目的損失，在提出財產損失證明后或被保險人投資項目終止 6 個月后賠償。

（3）政府有關部門匯兌限製造成的投資損失，自被保險人提出申請匯款 3 個月后賠償。

四、其他信用保險

（一）信用卡保險

信用卡保險（Credit Card Insurance）是隨著銀行開辦新型的支付工具——信用卡的發

展而產生的一種信用保險業務。它承保銀行在開展信用卡業務中所產生的壞帳損失。保標會在《保險術語》中將其定義為以持卡人使用信用卡時由於非善意透支、信用卡遺失或被盜后被他人冒用、發行行員工利用信用卡貪污或挪用公款造成的損失為保險標的的保險[①]。因此，中國信用卡保險的責任範圍主要包括：

(1) 持卡人使用信用卡時由於非善意透支所造成的損失。
(2) 信用卡遺失或被盜后被他人冒用所造成的損失。
(3) 被保險人的職工單獨或與他人串通利用信用卡營私舞弊、貪污或挪用公款。

1. 信用卡保險最高賠償額的確定與保險費的計算

信用卡保險單的有效期限為一年，投保人在投保時須將當年的信用卡預計總交易額書面通知保險公司。保險公司根據總交易額確定保險單的累計賠償限額，即信用卡保險的最高賠償額。如果一年內損失超過此限額，超出部分由被保險人自己承擔。

信用卡保險費以當年信用卡預計總交易額為基礎計收。當年預計總交易額是指所有使用被保險人簽發的被保險信用卡於保險單有效期內換取現金、購買貨物和獲得服務的總發生額。由於保險費是在每年年初依據被保險人的預計總交易額基礎上收取的，而被保險人在保險單有效期內的實際交易額要到第二年年初統計后才能得出，因此實際操作中，如果實際交易額高於或低於預計當年總交易額的10%以上，保險公司按實際高於或低於的數額補收或退還一定的保險費。

2. 信用卡保險被保險人的義務

被保險人在發現保險責任範圍內的損失時，應及時通知保險人並應採取一切措施向有關方追償。在被保險人無法向責任方追回遭受的壞帳損失時，保險公司按條款規定負責賠償。被保險人在發現損失發生或可能發生時，應當採取以下措施：

(1) 盡快通知各取款點和特約單位按規定程序採取行動，防止損失的進一步擴大。
(2) 積極配合司法部門對案件進行調查和審理，查出責任人。
(3) 採取一切可能採取的措施，包括運用法律手段，凍結或封存責任者的財產，並責令其退賠。被保險人未經保險公司同意不得單方面減免責任者的退賠款額。

(二) 貸款信用保險

貸款信用保險是保險人對貸款人（銀行或其他金融機構）與借款人之間的借貸合同進行擔保並承保借款人信用風險的保險。該保險是在市場經濟條件下，為了轉移商業銀行的貸款風險的一種措施。在貸款信用保險中，貸款方（權利人）是投保人，保險合同成立后成為被保險人，但借款人無法歸還貸款時，保險人對貸款方進行償付，並從貸款人處取得代位追償權。這樣，既可保證銀行信貸資金的正常週轉，也有利於保證維持借款方（通常是各類企業）良好的信用狀況。例如：2006年6月，針對國家助學貸款和一般商業助學貸款，華安保險公司與中國農業銀行、中國建設銀行等銀行合作推出國家助學貸款信用保險，以保險形式轉嫁及控制貸款風險，解除了銀行的風險顧慮，擴大了貸款覆蓋面，同時也在一定程度上體現了保險業的社會責任，為學生入學提供了較好的信用支撐。

---

① 全國保險業標準化技術委員會. 保險術語 [M]. 北京：中國財政經濟出版社，2009：36.

貸款信用保險的保險責任一般包括決策失誤、政府部門干預、市場競爭等風險，一般將投保人或被保險人的故意行為和違法行為所導致的貸款損失作為除外責任。其保額的確定一般以銀行貸出的款項作為依據，保險期限為自借貸合同開始到償清全部貸款（包括本金和利息）的時間。厘定保險費率應與銀行利率相聯繫，並注重下列因素：貸款人的資信狀況、貸款人的經營管理水平和市場競爭力、貸款項目的期限和用途、不同的地區等。

第三節　保證保險

一、保證保險的分類

保證保險是被保證人（義務方）借保險人的信用向權利人提供擔保。這一特性決定了人們對其重視程度、其自身的發展一般與信用風險或者信用危機有一定的關聯，由於2008年的「次貸」危機，2010年學界對保證保險的研究最為熱烈。保證保險通常分為確實保證保險和誠實保證保險兩大類。

（一）確實保證保險

確實保證保險，是被保證人不履行義務而使權利人遭受損失時，由保險人負賠償責任的保證保險。確實保證保險的投保人是被保證人自己，保費亦由被保證人自己承擔，承保的風險是被保證人履行一定義務的能力或意願。確實保證保險的種類繁多，大致可分為以下幾類：

1. 合同保證保險，又稱契約保證保險（Contract Bond）

合同保證保險由於內容較多，將在本節第二部分以具體險種單獨舉例介紹。

2. 司法保證保險（Judicial Bond）

司法保證保險是因法律程序而引起的保證業務，這類保證在美國法院審判過程中廣為使用。按其內容可分為訴訟保證（Litigation Bond）和受託保證（Fiduciary Bond）兩種。

（1）訴訟保證是訴訟當事人（原告或被告）要求法院為其利益採取某種行動或措施，如扣押、查封、凍結某些財產等，而由可能傷害另一方的利益時，法院為了維護雙方的合法權益，通常會要求申請人提供某種訴訟保證。訴訟保證又可以分為保釋保證、上訴保證、扣押保證、禁令保證等。

保釋保證（Bail Bond），即在訴訟中擔保被保釋人在規定時間回到法庭出庭受審，如不出庭，所有保釋保證保險金額就由法院沒收[①]。上訴保證（Appeal Bond），即擔保上訴人如果上訴失敗，由上訴人負擔的所有原訴和上訴費用。一般需要上訴人提供100%的擔保品，該擔保保險的主要目的在於阻止僅為了拖延時間或者毫無理由的上訴行為。

（2）受託保證是承保經由法院命令為他人利益管理財產的人因其不盡職盡責而造成委託人的財產損失。被保證人可以是財產受託人、破產管理人、遺囑執行人、遺產管理人或是缺乏完全行為能力的人的監護人等。這些人為他人利益管理財產的人因其不盡職責而造

[①] 袁宗蔚．保險學——危險與保險［M］．增訂三十四版．北京：首都經濟貿易大學出版社，2000：626．

成被管理人的財產損失，由保險人負賠償責任。

3. 許可證保證保險（License and Permit Bond）

在一些國家，從事某種經營活動的人在向政府申請執照或許可證時，往往需要提出保證，保證對因任意或不善經營業務或行使特權而導致許可當局遭到損失及第三者的損害賠償。這種保證保險擔保領取執照從事特定經營的人遵守法規或履行義務的保險，主要適用於屠宰業、電器業、典當業、特許經營菸酒或娛樂業等行業中。

常見的許可證保證保險有兩種：①在被保證人（領照人）違反政府法令或其行為有損於政府或公眾利益時，由保險人承擔由此引起的賠償責任。②保證被保證人（領照人）將按國家法律規定履行納稅義務。

4. 公務員保證保險（Public Official Bond）

一種對政府工作人員提供保證的保險，分為誠實保證（Honesty Blanket Form）和忠實執行職務保證（Faithful Performance Form）兩種。前者主要對公務員因不誠實或詐欺行為所造成的損失承擔賠償責任；后者主要是對公務員因工作中未能忠於職守而給政府造成的損失承擔賠償責任。

5. 存款保證保險

指符合條件的存款式金融機構（主要是商業銀行）為投保人，保險人對其吸收的合格存款提供信用保證，一旦投保的金融結構倒閉，存款人可得到一定的賠償。

6. 產品保證保險，又稱產品質量保證保險

產品保證保險將在本節第二部分單獨介紹。

（二）誠實保證保險

誠實保證保險（Fidelity Bond），又稱為雇員忠誠保險，承保被保證人（雇員）的不誠實行為使權利人（雇主）遭受的損失。誠實保證保險通常為雇主提供保障，雇主是被保險人，雇員是被保證人。這種保證保險以被保險人的雇員的不誠實行為為保險標的，承保雇員由於詐欺、偽造、貪污、侵占、非法挪用、違背職守等行為造成的雇主的損失，實質上是承保雇員的人品。誠實保證保險的投保人既可以是雇主，也可以是雇員。誠實保證保險可以分為以下幾類：

1. 一般誠實保證保險（Bonds available to all insureds）

一般誠實保證保險分為個人保證（Individual Bond）和表定保證（Schedule Bond）。前者一般對特定個人保證；後者適用於各種企業組織，同一保證合同中承保兩個以上的雇員，每個人都有其保證金額，又可分為指名表定保證（Name Schedule Bond）和職位表定保證（Position Schedule Bond）。

指名表定保證是以特定的雇員為被保證人的保證保險，在表內列舉被保證人姓名，各人有不同的保證金額，當雇主遭受被保證人造成的損失時，由保險人負責賠償。職位保證保險，保險人承保某一職位上的若干被保證人，但不列明被保證人的姓名，並按職位確定保證金額。凡擔任有關職位的人，都按約定的保證金額自動承保，職位表定保證包括以下兩種形式：

（1）單一職位保證，同一保險合同只承保某一職位上的若干被保證人，無論誰擔任此

職均有效。擔任同一職位的被保證人都有按職位確定的保證金額。因此，在承保的職位與被保證人的人數不變時，被保證人如有更換，可以不通知保險人；如果被保證人人數有變動時，必須通知保險人。一般任何職位都可以投保這種保證保險，但相同職位中如果有一人投保，其餘人員也必須投保。

（2）職位表定保證，同一保證合同承保幾個不同的職位，每一職位都確定有各自的保證金額。其餘規定與單一職位保證基本相同。

2. 總括保證保險（Blanket Bond）

總括保證保險在一張保險單上承保雇主的所有正式員工，並不區分指名或者職位。在總括保證合同中，一般所有雇員的擔保金額均相同。它分為普通總括保證和特別總括保證。

（1）普通總括保證（General Blanket Bond），對全體雇員不指名和不確定職位的保證，只要認定雇主的損失是由雇員的不誠實行為造成的，保險人就要承擔賠償責任。

（2）特別總括保證（Special Blanket Bond），一般承保各種金融機構的雇員的不誠實行為造成雇主的損失，保險人承擔賠償責任。它最早起源於英國倫敦勞合社的保險人開辦的銀行總括保證，以后逐漸擴展到各種金融機構。保險人承保金融機構的金錢、有價證券、金銀條塊以及其他貴重物品，因工作人員的偷竊、詐欺、偽造等不誠實行為造成的損失。每一張保單具有一定的保證金額作為最高賠償額。

3. 偽造保證保險（Forgery Bond）

偽造保證保險承保因偽造或篡改背書、簽名、收款人姓名、金額等造成損失的保證保險。它又有兩種形式：

（1）存戶偽造保證（Depositors' Forgery Bond），承保被保證人或被保證人往來的銀行因他人以被保證人名義偽造或篡改支票、匯票、存單及其他憑單票據等所致的損失。這種保險的票據僅指支付票據。

（2）家庭偽造保證（Family Forgery Bond），承保個人在收支款項時因他人偽造所致損失的保險。與存戶偽造保證不同的是，這裡的票據包括支付票據、收入票據及收入偽鈔。

4. 三D保單（Three-D Policy）

三D保單是指不誠實（Dishonest）、損毀（Destruction）及失蹤（Disappearance）的綜合保險單，簡稱三D保險單。它包括誠實保證和盜竊保險在內，承保企業因他人不誠實、盜竊、失蹤、偽造或篡改票據遭受的各種損失。三D保單包括的內容如下：

（1）職員不誠實保證；
（2）屋內財物的盜竊保險；
（3）屋外財物的盜竊保險；
（4）保險箱盜竊保險。

除以上部分外，還可用附加條款的方式承保一些風險，如收入票據的偽造、貨物被盜竊、發放的薪金被盜、偽造倉庫收據等風險。

二、保證保險的險種介紹

鑒於業務實踐，此處以上文提及的合同保證保險和產品保證保險兩個具體險種為例介

紹保證保險的基本內容。

合同保證保險、又稱契約保證（Contract Bond），是確實保證保險的一種。承保因被保證人不履行各種合同義務而造成權利人的經濟損失。該險種是適應投資人對建設工程要求承包人如期履約的需要而開辦起來的，因此最普遍的業務是建築工程承包合同保證保險，隨著信用經濟的發展，最近發展較好的還有貸款保證保險（Loan Bond）。產品保證保險承保的是產品責任保險保單項下不承保的被保險人因製造或銷售的產品質量有缺陷而產生的賠償責任。在此保險中，產品的生產者或銷售者是投保人，產品的購買者或消費者是權利人。

（一）建築工程合同保證保險

1. 建築工程合同保證保險的險種

建築工程合同保證保險具體包括：

（1）投標保證，承保工程所有人（權利人）因中標人不繼續簽訂承包合同所造成的損失。

（2）履約合同保證，承保工程所有人因承包人不能按時、按質、按量交付工程而遭受的損失。

（3）預付款保證，承保工程所有人因承包人不能履約而遭受的預付款損失。

（4）維修保證，承保工程所有人因承包人不履行合同所規定的維修任務而受到的損失。

2. 建築工程合同保證保險的責任範圍

（1）保險人在合同保證保險中承保的責任：合同保證保險承保被保證人因違約行為所造成的經濟損失，依法應承擔的經濟賠償責任。賠償的數額以工程合同中規定的承包人應賠償的數額為限。履約保證保險的擔保金額一般為承包合同總金額的90%以下。

（2）確定違約責任的條件：①要有不履行合同的行為。②要有不履行合同的過錯，過錯包括被保證人的故意或過失，是承擔法律責任的必要條件。如果合同無法履行是由於不可抗力造成的，被保證人通常可按合同規定免責。保險人也不承擔賠償責任。③權利人要有遭受損害的事實。④權利人所遭受的損害事實與被保證人不履行合同的行為之間有直接的因果關係。

3. 合同保證保險的承保

（1）承保的方式。採用指名保證方式，以特定個人或企業作為被保證人，當權利人因指名的被保證人的行為而遭受損害時，由保證人（保險人）負責賠償。

（2）合同保證保險的承保調查。首先，要衡量承包人的資格，包括其能力與經驗、設備器材條件、財務狀況、從業歷史等。其次，要考慮投標合同的有關內容，如工程計劃、竣工時間、擔保證書（承包人是否向權利人提供了任何擔保證書）、合同價格、支付方式等。

（3）中國現行工程履約保險的承保規定。由於國內的工程項目往往因材料設備的供應、運輸、能源、施工力量、技術水平、工程管理以及市政工程配套的種種原因不能如期竣工，風險較大，因此中國工程履約保險只有符合下列規定才能承保：①投資項目已得到政府有關部門批准，工程列入國家計劃，施工力量、設備材料及市政配套工程等均已落實。②承包人向保險公司提供反擔保或對違約方有把握追償。③工程項目已投保工程保

險。④承保範圍僅以工程合同規定承包人應對工程所有人承擔的經濟責任為限，包括損失產生的原因和賠償的金額兩部分內容。

(二) 貸款保證保險

貸款保證保險一般包括以下險種：

(1) 個人消費貸款保證保險，主要針對機動車輛和個人住房消費貸款以外的其他個人消費信貸業務的保證保險。中國華安財產保險公司於2006年推出的助學貸款保證保險就屬於此類。

(2) 機動車輛消費貸款保證保險，為向銀行或其他金融機構借貸購買機動車輛的自然人和法人提供還款保證的保險。

(3) 個人購房抵押貸款保證保險，為以貸款購買的商品房向銀行抵押的個人提供還款保證的保險。

(4) 企業貸款保證保險。

貸款保證保險事實上是一種為了配合金融部門開展貸款活動而產生的一種保險，保險人一般承保由於被保證人（投保人）沒有按照貸款合同的約定歸還貸款而給銀行或其他金融機構造成的經濟損失，一般對於「無用途」的貸款不予承保。

(三) 產品保證保險

以中國某財產保險公司的產品質量保證保險為例說明此險種的基本內容①。

1. 責任範圍

在追溯期起始日之后，保險人對以下原因造成的損失予以賠償：

(1) 不具備產品應當具備的使用性能而事先未作說明的；

(2) 不符合在產品或者其包裝上註明採用的產品標準的；

(3) 不符合以產品說明、實物樣品等方式表明的質量狀況的。

另外，由於保險產品的修理、更換或退貨引起的必要的、合理的應由被保險人承擔的鑒定費用、運輸費用和交通費用也由保險人負責賠償。

2. 責任免除

保險人對下列原因造成的損失和費用不負責賠償：

(1) 投保人及其代表的犯罪、故意行為或詐欺行為；

(2) 戰爭、軍事行為、恐怖活動、罷工、騷亂、盜竊、搶劫、政府的沒收；

(3) 核反應、核輻射、放射性或其他形式的污染、自然災害和意外事故；

(4) 權利人不按使用說明違規操作；

(5) 產品的自然消耗或磨損、產品召回；

(6) 運輸或倉儲過程中外來原因；

(7) 產品生產時國內市場技術水平尚不能發現的缺陷。

3. 賠償處理

(1) 當被保險人獲悉，可能因產品質量問題引起本保險合同項下的損失或訴訟后，須

---

① 在此借鑑了平安保險集團的產品質量保證保險基本條款。

以書面形式通知保險人。一旦保險人接受該通知，則今后因該事故造成的索賠，如由權利人在保險期限屆滿之日起一年之內通過被保險人向保險人提出索賠，該索賠視同為在保險期限內提出。

（2）權利人認為產品存在質量問題的，經被保險人（必要時須經過保險人）鑒定確認后由被保險人向保險人提出索賠。被保險人向保險人進行索賠時，應提交保險單正本、銷售發票、權利人的索賠報告、產品質量檢驗報告、維修費用憑證以及其他必要的單證材料。

（3）賠償限額的確定。其賠償金額一般以所需賠償產品項目的重置價為限，負責賠償因產品修理、更換、退貨引起的鑒定費用、運輸費用和交通費用，合計賠償金額在同一賠案中不得超過賠償金額的30%。

（4）若有重複保險，則按比例分攤。若存在其他責任人，保險人向責任人追償時，權利人和被保險人應當積極協助。

延伸讀物一：

伯爾尼聯盟

為了促進出口信用保險在承保技術、信息交流和共同關心的問題上進行合作，1934年，英國、法國、義大利和西班牙的出口信用保險人在瑞士伯爾尼聯合成立了國際信用和投資保險人聯合會（International Union of Credit and Investment Insurers）。由於該聯合會初創在伯爾尼，所以簡稱為伯爾尼聯盟。

根據該聯盟章程規定，伯爾尼聯盟將致力於：出口信用保險的基本原則得到國際的普遍承認；建立和維護國際貿易的信用規範；在培育良好的投資環境、發展和維護海外投資準則方面進行國際合作。為了實現上述目標，聯合會成員將彼此交流信息，並向聯合會提供其完成出口信用保險和投資保險任務所掌握的信息；在協商的基礎上，研究執行共同計劃；密切協作，在適當的情況下，採取協調行動；密切與其他國際組織在出口信用保險和海外投資保險上的合作。該組織現已發展到30多個國家的40多個信用保險機構，承保的出口額已達世界貿易總額的1/7左右。

延伸讀物二：

國家風險與國家風險評級

國家風險（Country Risk）最早起源於20世紀50年代的跨國信貸業務，當時可能出現的海外信貸風險被稱為國家風險或主權風險（Sovereign Risk）。納吉（P. J. Nagy，1978）將國家風險定義為「跨邊界貸款中導致損失的風險，這種風險是由某個特定的國家發生的事件所引起的，與企業或個人無關」。國際商務辭典（2010）中將國家風險定義為「是指一國因政治、經濟或社會不穩定而引致的金融交易風險」。因此，國家風險一般受經濟環境、政策制度、地理位置等方面的影響，經合組織（OECD）、標準普爾（Standard and Poor）、穆迪（Moody's）、國際國別風險評級指南機構（ICRG）

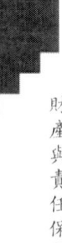

等評級機構都對國家風險進行不同框架下的評測，對國際之間的投資貿易活動產生重要的影響。中國社科院開發的「中國海外投資國家風險評級體系」（CROIC）是中國對外投資和進出口交易中衡量國家風險重要的參考體系，該評級體系共選擇了「經濟基礎、償債能力、社會彈性、政治風險和對華關係」五個指標，37個子指標作為評價基礎，將國家風險分為9個等級，用AAA、AA表示低風險，A、BBB表示中風險，BB、B表示高風險，CCC、CC、C表示極高風險。國家風險的重視和科學評級為出口信用保險等涉外的信用保證保險產品的費率厘定提供了重要的參考標準。

復習思考題

1. 名詞解釋。
   - （1）信用保險
   - （2）保證保險
   - （3）合同保證保險
   - （4）誠實保證保險
   - （5）出口信用保險
   - （6）產品保證保險
   - （7）投資保險
2. 信用保險和保證保險有何區別？
3. 簡述保證保險的分類及主要險種。
4. 簡述出口信用保險的特點和經營模式。
5. 投資保險的保險責任有哪些？
6. 談談你對中國信用保證保險市場化競爭的認識和理解。

國家圖書館出版品預行編目(CIP)資料

財產與責任保險(第3版) / 蘭虹 主編. -- 第三版.
-- 臺北市：崧燁文化, 2018.08

　面　；　公分

ISBN 978-957-681-558-4(平裝)

1.財產保險 2.責任保險

563.75　　　　107014214

書　名：財產與責任保險
作　者：蘭虹 主編
發行人：黃振庭
出版者：崧博出版事業有限公司
發行者：崧燁文化事業有限公司
E-mail：sonbookservice@gmail.com
粉絲頁　　　　　網　址：
地　址：台北市中正區重慶南路一段六十一號八樓815室
8F.-815, No.61, Sec. 1, Chongqing S. Rd., Zhongzheng
Dist., Taipei City 100, Taiwan (R.O.C.)
電　話：(02)2370-3310　傳　真：(02) 2370-3210
總經銷：紅螞蟻圖書有限公司
地　址：台北市內湖區舊宗路二段121巷19號
電　話：02-2795-3656　傳真：02-2795-4100　網址：
印　刷：京峯彩色印刷有限公司（京峰數位）
　　本書版權為西南財經大學出版社所有授權崧博出版事業有限公司獨家發行
　　電子書繁體字版。若有其他相關權利及授權需求請與本公司聯繫。

定價：350 元
發行日期：2018 年 8 月第三版
◎ 本書以POD印製發行